古文今讀

（增訂版）

楊曉菁 著

序

文言文的相關討論近來極為熱門，從存廢與否、比例多寡到實用價值，都有諸多正反不同的見解。

日常生活中我們需要一個共同的載體以便人際之間進行溝通，溝通的形式可以是口語，也可以是文字，「中文」便是擔負起這樣責任的載體，在過去它就稱之為「文言文」，而現代就是「白話文」，無論是文言或白話，都是歷史演進軌跡中應運而生的產物，我們可能覺得韓愈滿口之乎者也，難以理解，或許古人也不懂「宅男」、「洗錢」到底是什麼意思呢！

「文言文」既然是古代語彙文字的呈現方式，透過它的載錄我們得以一窺古人生活的樣貌與生命的情操。因此，「文言文」是一種媒介，是一艘引領我們回到過去時空的推進器。於是乎，我們看見孔子斥責學生宰予晝寢（早上睡覺）而說了：「朽木不可雕也，糞土之牆不可圬。」原來孔子也是會動氣罵人呢！又如：子路被剁成肉醬而死，自此孔子覆醢（倒掉肉醬），從此再也不吃肉醬，師生兩人情誼之深厚，可見一斑。再看一例，與現代人息息相關的就業失業問題，我們也可以在文言文中尋覓到「同構關係」，歷來文人多少都遭受到貶謫外放的命運，遠離京城，離開家園，歸鄉之路迢迢，豈不讓人悵然，這和我們投了履歷卻遲遲沒有下文，或是被資遣的命運是不是雷同，面對生命的困境，有人可以超脫達觀安然處之，等待下一波浪起；有人則是鬱鬱寡歡惆悵以終。在這些不同的貶謫篇章中，我們看到面對逆境時異樣的生命情調，也學會找出屬於自己的安身立命之道。

從小學、中學到大學，我們從「國語」學到「國文」，它的意義是學習的層次已經從「語言」進展到「文學」，也從單純習字走到了綜合多元的思辨。因此，我喜歡這樣定義國文教學的內涵，以「文字」為基底地磚，浸濡在「文學」的廣域裡，享受「文化」的洗禮與辯證，逐步遞進而涵養出豐厚的人格底蘊。

教育部在高中國文課綱中頒定經典古文四十篇，這些文章經歷時間淘洗而能夠勝出，必然有它的獨到之處，筆者嘗試將這些經典與時代結合，以新穎的視角加以重新詮釋，有認同也有疑問，期待在文學欣賞之外，還能兼具文化的批駁與理解。

本書是以培養閱讀思考及激發創意想像為出發點而設計撰寫，共蒐羅有四十三篇古文，編排成三十一回次，有單獨成回者，也有性質相似得以合併析論者。每一回次，除了原有報載專欄的內容之外，還錄有原文、註釋、翻譯、現代放大鏡、閱讀動動腦及相關試題等等，期待讀者藉由閱讀經典、品賞文學並能省思文化，進而激發思辨的能力。

「閱讀」是個在最短的時間之內，在最簡省的空間之中，自由穿梭「遠古與現代」、「東方與西方」、「逝去或未知」的活動，此刻，邀請您跨越時空的侷限，與經典古文來場約會吧！

楊曉菁

目次

替台灣寫歷史

舌粲蓮花——說服文章大剖析

燭之武退秦師

《左傳》

原文

(一)晉侯、秦伯圍鄭，以（因為）其無禮於晉，且貳於楚（對晉有二心，親近楚國）也。晉軍（駐紮，動詞）函陵，秦軍氾南。

(二)佚之狐言於鄭伯曰：「國危矣！若使燭之武見秦君，師（軍隊）必退。」公從之。辭曰：「臣之壯也，猶不如人。

翻譯

(一)晉文公、秦穆公圍攻鄭國，因為鄭文公曾經對流亡的晉文公無禮，而且和楚來往親近，對晉有二心。當時晉軍駐紮在函陵，秦軍駐紮在氾南。

(二)佚之狐告訴鄭文公說：「國家的情勢非常危險！如果可以派燭之武去見秦穆公，秦軍一定會撤兵的。」鄭文公聽從佚之狐的建議(去見了燭之武)。燭之武推辭說：「臣壯年時還不如他人，現在年老了，更是不中用，無法有作為了。」鄭文公說：「我不能及早任用你，

今老矣，無能為也已。」公曰：「吾不能早用子，今急而求子，是寡人之過也。然鄭亡，子亦有不利焉。」許之。

（三）夜縋（ㄓㄨㄟˋ，以繩繫物，垂之而下）而出，見秦伯曰：「秦、晉圍鄭，鄭既知亡矣！若亡鄭而有益於君，敢以煩執事（尊稱秦君）。越國以鄙遠，君知其難也。焉用亡鄭以陪（倍也，增加）鄰？鄰之厚，君之薄也。若舍鄭以為東道主（主人），行李（使者）之往來，共（ㄍㄨㄥ，供給）其乏困，君亦無所害。且君嘗（曾經）為晉君賜矣，許君焦、瑕，朝濟（渡河）夕設版（版築）焉，君之所知也。夫

如今國家危急才來求你，這是我的過錯。但是假如鄭國滅亡了，對你也不利啊！」燭之武答應了。

（三）夜裡，燭之武用繩子綁住身體，垂降到城外，見了秦穆公說：「秦、晉圍攻鄭國，鄭國已經知道遲早要滅亡了。如果滅掉鄭國而對秦國有利的話，那就煩勞你們來攻打吧。越過他國（晉國）的國境而以遠方的鄭國作為邊邑，您知道這不是件容易的事。何必要滅掉鄭國來增加鄰國（晉國）的實力呢？鄰國（晉國）的土地擴充，實力變大，就等於是您自己的實力變弱了！如果秦國可以放過鄭國，讓鄭國作為您東征途中的主人，秦國使者的往來，鄭國都可以供應所缺，這樣對您也沒有害處啊。而且您曾經對晉惠公有恩，晉惠公曾經許諾割焦、瑕二地作為報答，結果您早上才護送他渡河（回晉國），傍晚晉國就在河邊築牆設防了，這是您所知道的。晉國，哪裡會有滿足的時候呢？當他在東邊滅了鄭國開拓

晉，何厭（通「饜」，滿足）之有？既東封（動詞，開拓領土）鄭，又欲肆（擴充）其西封（邊界），若不闕（損害）秦，將焉取之？闕秦以利晉，唯（希望）君圖（考量）之。」

（四）秦伯說（ㄩㄝˋ，通「悅」），與鄭人盟，使杞（ㄑㄧˇ）子、逢孫、楊孫戍（ㄕㄨˋ，防守）之，乃還。

（五）子犯請擊之（秦國），公曰：「不可，微（沒有）夫人力不及此。因人之力而敝（動詞，擊敗）之，不仁；失其所與（親近），不知（ㄓˋ，通「智」）；以亂易（代替）整，不武。吾其還也。」亦去（離開）之。

疆域之後，一定又想往西邊擴展領土，往西，如果不侵犯秦國，那怎麼能取得土地呢？損害秦國而有利於晉國，希望您仔細考慮啊。」

（四）秦伯聽完燭之武的話後十分高興，便和鄭國締結盟約，並派杞子、逢孫、楊孫留在鄭國協助防衛，然後就撤軍了。

（五）晉國大夫子犯請晉文公截擊秦軍，晉文公說：「不可以，當年如果沒有秦穆公的幫助，我就沒有今天的位置。依靠別人的力量而又回過頭來攻擊他，這是不仁；失去親近盟國的友好，這是不智之舉；以分裂取代完整，這不是用兵之道。我們還是回去吧。」於是，晉國也撤軍了。

現代放大鏡

「燭之武退秦師」一文選自《左傳》。《左傳》成書的目的是為了解釋孔子《春秋》一書，《春秋》是中國最早的一部編年史，它一共記載二百四十二年（公元前七二二年至公元前四八一年）間的史事，但全書只有一萬六千五百餘字，在文字紀錄上孔子使用地極為簡省，因此後人讀《春秋》時，難免因為這樣微言的形式，而無法了解事實的真相，所以左丘明便寫就《左傳》一書，替《春秋》做註解。《左傳》富於詞藻，詳於史事，長於敘事，善述征戰、會盟之事，與《公羊傳》、《穀梁傳》合稱「春秋三傳」。

「燭之武退秦師」故事的背景是公元前六百三十年，當時秦、晉打算包圍鄭國，因為，在此之前，鄭國做了兩件對不起晉國的事：一是晉文公當年流亡路過鄭國時，鄭國沒有以禮相待；二是在西元前六百三十二年的晉、楚城濮之戰中，鄭國曾出兵幫助楚國，結果楚國大敗，鄭國有感於形勢不利，派人出使晉國，想與晉結好，但未感化晉國。秦、晉此番合兵包圍鄭國，迫於情勢危急，鄭國大夫佚之狐便向國君推薦燭之武出使秦國進行遊說，以解除危機。

整篇文章是利用「說服」策略以解決國際間衝突的故事，可分為兩組說服情節來看，首先是鄭伯謙虛下人商請燭之武往見秦君（因為燭之武年輕時未受重用，此時國家有難才找他，他有些微詞，而鄭伯如何化解燭之武的心結是說服上的重點）；其次便是全文最重要的部分——燭之武說服秦伯，希望他不要和晉國一起攻伐鄭。燭之武的說服策略極其高妙，完全站在秦國的角度立論，為秦伯設想，且從不同角度分析，層層遞進，終於使秦國撤軍，而晉國也不敢進逼。自此之後，秦、晉間的聯盟破裂，彼此互相猜忌，而留守在鄭國協助戍防的三位秦國將領（杞子、逢孫、楊孫），後來也暴露出野心，在魯僖公三十二年杞子便派人捎書信回到秦國密報說：「鄭人使我掌其北門之管（鑰匙），若潛師以來，國可得也。」（鄭國讓我掌管他們國家北城門的鑰匙，如果秦軍偷偷來襲，便可以將鄭國拿下）秦穆公聽到這個消息後大為心動，便打算攻打鄭國，於是請大夫蹇叔來問問他的意見如何，沒想到蹇叔極力反對此一軍事行動，還認為一定會失敗，這就是有名「蹇叔哭師」。秦國最後不僅沒能攻下鄭國，還引發歷史上著名的秦、晉「殽」之戰。

全文發展的脈絡可以從危機→處理→結果三個歷程來推展，我們以表格來分析它的脈絡。

段落	主要旨趣	與課文對照
第一段	危機的發生	當時狀況→秦晉圍鄭 包圍原因→因鄭曾無禮於晉，且貳於楚 秦晉駐軍方位→晉軍函陵，秦軍氾南
第二段	說服一： 鄭伯說服燭之武出使秦國	策略A→引咎自責 吾不能早用子，今急而求子，是寡人之過也。
		策略B→曉以利害 然鄭亡，子亦有不利焉。 結果：燭之武應允。許之，夜縋而出。
第三段	說服二： 燭之武往說秦伯的過程	策略A→說以利害 ①地理方位上：越國以鄙遠，君知其難也。焉用亡鄭以陪鄰。 ②利益條件上：若舍鄭以為東道主，行李之往來，共其乏困。
		策略B→挑撥離間 ①秦晉歷史恩怨：君嘗為晉君賜矣，許君焦、瑕，朝濟而夕設版焉。 ②晉欲擴張西方領土，必攻秦：既東封鄭，又欲肆其西，若不闕秦，將焉取之？
第四、五段	說服二： 燭之武往說秦伯的結果	秦國與之結盟→秦伯說，與鄭人盟。使杞子、逢孫、楊孫戍之。 晉國亦退→晉子犯請擊之，晉文公曰：「不可。」

閱讀動動腦

一、鄭文公成功地說服燭之武往說秦君，試問他採取了什麼方式？他的態度如何？

二、燭之武說服秦伯一段的文字中（課文中第三段），共提到「君」字幾次？反覆提及「君」字有何用意？

三、閱讀完本文之後，請你概略說明以下表格中人物的性格，並以文中句子加以說解標註。

人物	性格分析	課文文句對應
鄭文公		
佚之狐		
燭之武		
秦穆公		
晉文公		

參考答案

一、鄭文公先放下身段引咎自責，後又以「覆巢之下無完卵」的利害共同體的面向，讓燭之武知道這是一個必要且重要的任務，鄭文公可謂恩威並濟。

二、共八次提到「君」字，表示燭之武的說詞都是為秦謀畫，不為自己，增加了說詞的感染力，也增加秦伯對他的信任。

三、

禮賢下士、察納雅言、勇於認錯	公曰：「吾不能早用子，今急而求子，是寡人之過也。然鄭亡，子亦有不利焉。」
見識卓越、知人善任	佚之狐言於鄭伯曰：「國危矣！若使燭之武見秦君，師必退。」
析理精確、顧全大局、思辨清晰	課文第三段全段。
接納雅言、謹慎思考	秦伯說，與鄭人盟。使杞子、逢孫、楊孫戍之，乃還。
處事周嚴、思慮縝密	公曰：「不可，微夫人力不及此。因人之力而敝之，不仁。失其所與，不知。以亂易整，不武。吾其還也。」亦去之。

歷屆大考試題

一、下列文句中的「以」字，意義與其他選項不同的是：

(A)《左傳・燭之武退秦師》：晉侯、秦伯圍鄭，「以」其無禮於晉，且貳於楚也

(B)范仲淹〈岳陽樓記〉：不「以」物喜，不以己悲。居廟堂之高，則憂其民；處江湖之遠，則憂其君

(C)曹丕〈典論論文〉：西伯幽而演《易》，周旦顯而制《禮》；不「以」隱約而弗務，不以康樂而加思

(D)曾鞏〈墨池記〉：推王君之心，豈愛人之善，雖一能不以廢，而因以及乎其跡邪？其亦欲推其事「以」勉學者邪

95年大學指考

二、下列引用《論語》文句詮釋經典名篇的敘述，正確的選項是：

(A)諸葛亮於〈出師表〉中，充分展現「其行己也恭，其事上也敬」的行事態度

(B)蘇轍於〈上樞密韓太尉書〉中，表述基於「仕而優則學」的體悟，進京求師

(C)韓愈〈師說〉中舉孔子師郯子、萇弘、師襄、老聃等人為例，寓有「三人行，必有我師焉」之意

(D)蘇軾〈赤壁賦〉「哀吾生之須臾，羨長江之無窮」的心理，等同於「未知生，焉知死」的生死觀

(E)〈燭之武退秦師〉中，燭之武深知「及其壯也，血氣方剛，戒之在鬥；及其老也，血氣既衰，戒之在得」的道理，故向鄭伯委婉推辭曰：「臣之壯也，猶不如人；今老矣，無能為也已。」

99年大學學測

解答　一、D　二、A, C

古人的烏托邦世界

大同與小康

《禮記・禮運篇》

原文

（一）昔者，仲尼與（ㄩˋ，參與）於蜡（ㄓㄚˋ，歲末大祭）賓，事畢，出遊於觀（ㄍㄨㄢˋ，宮闕）之上，喟然而歎。仲尼之歎，蓋（大概）歎魯也。言偃（ㄧㄢˇ）在側曰：「君子何歎？」

（二）孔子曰：「大道之行（五帝時代）也，與三代（夏商周）之英，丘未之逮（ㄉㄞˋ，趕得上）也，而有志（記載）焉。

翻譯

（一）從前，孔子參加魯國的歲末大祭，並且擔任助祭者，祭祀完畢，走到宮門外，在宮闕上參觀，非常感慨地歎息起來。孔子的歎息，大概是為了魯國而慨歎吧！弟子言偃陪侍在旁，問孔子說：「老師您為什麼歎息呢？」

（二）孔子說：「大同政治施行的世代，和夏、商、周三代賢君當政的小康時期，我都沒能趕上，但從古書的記載上可以知道當時的情況。大同政治施行的時候，

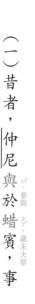

大道之行也，天下為公：選賢與能，講信修睦。故人不獨親其親，不獨子其子；使老有所終，壯有所用，幼有所長，矜、寡、孤、獨、廢、疾者皆有所養。男有分，女有歸。貨惡其棄於地也，不必藏於己；力惡其不出於身也，不必為己。是故謀閉而不興，盜竊亂賊而不作，故外戶而不閉，是謂『大同』。

(三)今大道既隱，天下為家，各親其親，各子其子，貨力為己，大人

政治制度
與：通「舉」
社會制度
不獨親其親：不只有親愛自己的親人
矜：ㄍㄨㄢ，通「鰥」，老而無妻
寡：老而無夫
孤：幼而無父
獨：老而無子
分：ㄈㄣˋ，職業
歸：歸宿
經濟制度
惡：ㄨˋ，厭惡
謀：計謀
作：興起
隱：隱沒
家：個人家產
為：ㄨㄟˋ

天下是眾人所共有的：社會上選用賢才，拔擢能人；講求信用，倡導敦睦。所以，人們不只孝敬自己的父母，不僅愛護自己的子女；老年人都得以安享天年，壯年人能發揮所長，貢獻社會，年幼之人也能獲得好的照顧而順利成長，那些鰥夫、寡婦、孤兒、沒有子女的老人家，以至殘廢有病的人，亦能得到妥善看護。男子都有適當的工作，女子都有歸宿的家庭。不想讓財貨資源白白浪費丟棄在地上，但也不必據為己有；不希望個人的心力沒有發揮的空間，但也不是只考慮自己的利益。因此，陰謀詭計就不再興起，盜竊亂賊不法的勾當也不會發生，於是，外邊的大門就可以不用關閉了。這就是所謂的『大同』世界。

(三)後來大道無法再實現了，天下成為一家一姓的財產，人人只孝敬自己的父母，只愛護自己的子女，資源的開發和勞力的付出，都只為了自己的利益，在位

世及以為禮。城郭溝池以為固，禮義以為紀。——以正君臣，以篤父子，以睦兄弟，以和夫婦，以設制度，以立田里，以賢勇知，以功為己。故謀用是作，而兵由此起。禹、湯、文、武、成王、周公，由此其選也。此六君子者，未有不謹於禮者也。以著其義，以考其信，著有過，刑仁講讓，示民有常。如有不由此者，在勢者去，眾以為殃，是謂『小康』。」

世及：父死子繼，兄終弟及
禮：制度
紀：綱紀
正：端正
篤：篤厚
立：制定
賢：動詞，尊崇
知：ㄓˋ，通「智」
謀：謀略巧計
著：ㄓㄨˋ，明示
過：過錯
刑：通「型」，動詞，典型
示：昭示
勢：在位
殃：禍害

者以父死子繼或兄終弟及的方式來傳承位置。以建築城郭壕溝來鞏固領土，並且以禮義作為一切的綱紀——用來端正君臣的名分，用來篤厚父子的情誼，使兄弟關係和睦，讓夫妻關係和諧，並依此設立各種制度，劃定田里界域，表彰勇敢與聰明的人，也獎勵為在位者效力的人。如此一來，陰謀詭計就應運而生，而戰爭也因此連續不斷。夏禹、商湯、周文王、周武王、周成王和周公，都是推行這種禮義教化的代表人物。這六位賢君，沒有一個不是嚴守禮制治國的。他們以禮來確立百姓行事的標準，以禮考驗百姓是否誠實守信，也以禮來明示人們的過錯所在，以仁愛為典型，講求謙讓，昭示人民生活的一切常規。如果有人不遵行這套規範，即使是有權有勢的，也會被免職，而眾人也都會視為禍根。這就是『小康』世界。」

桃花源記

東晉・陶淵明

原文

（一）晉太元中，武陵人，捕魚為業，緣（沿著）溪行，忘路之遠近（偏義複詞，「遠」），忽逢桃花林。夾（兩岸）岸數百步，中無雜樹，芳草鮮美，落英（花）繽紛，漁人甚異（感到奇異）之。復（又）前行，欲窮（窮盡）其林。林盡水源，便得一山。山有小口，彷彿若有光，便舍（ㄕㄜˇ）船，從口入。

翻譯

（一）東晉孝武帝太元年間，武陵郡有一個人靠捕魚為生，有一天，他順著溪流划船前行，忘記划了多遠的路，突然眼前出現一片桃花林。小溪兩岸數百步之內，除了桃花樹，沒有其他樹種，地上碧草如茵，落花交錯紛雜，十分美麗，漁夫對這樣的美景感到好奇。又繼續往前划行，想要走完這片桃花林。桃花林的盡頭，就是溪流的源頭，那裡有一座小山。山上有個洞口，隱隱約約透出光亮，漁人於是下了小船，走進洞口。

（二）初極狹，纔通人，復行數十步，豁然開朗。土地平曠，屋舍儼然。有良田、美池、桑、竹之屬，阡陌交通，雞犬相聞。其中往來種作，男女衣著，悉如外人，黃髮垂髫並怡然自樂。見漁人，乃大驚，問所從來，具答之，便要還家，設酒、殺雞、作食，村中聞有此人，咸來問訊。自云：先世避秦時亂，率妻子邑人來此絕境，不復出焉，遂與外人間隔。問今是何世？乃不知有漢，無論魏、晉！此人一一

纔：ㄘㄞˊ，通「才」
儼然：整齊貌
屬：類
阡陌：田間小路
交通：交互相通
黃髮：老人
垂髫：ㄊㄧㄠˊ，小孩
具：詳細
要：一ㄠ，同「邀」
咸：都
絕境：與外界隔絕之地
復：再
乃：竟然

（二）山洞起初很狹窄，僅能容一人通過，又走了數十步之後，整個視線一下子開闊明朗起來。只見土地平坦廣袤，房舍排列整齊。有肥沃的土地，清澈的池塘，錯落有致的桑竹，田間小路交錯相通，處處都可以聽到雞鳴狗吠的聲音。在其間來來往往辛勤耕種的人，不論男女，他們的穿著和外界的人一樣，老人和小孩都怡然自得，非常快樂。大夥看見了漁人，都非常驚訝，便問他從哪兒來，漁人據實回答，村人便邀請漁人到他們家中作客，準備酒食，殺雞，做飯來招待他，村民聽說來了個外人，紛紛來打探消息。村民說：他們的祖先為了躲避秦朝的暴亂，於是帶著妻子兒女和同鄉來到這個與世隔絕的地方，從那時候開始就再也沒有出去過了，於是就和外界隔絕了。問現在是什麼年代？他們竟然連漢朝都不知道，更不用說魏、晉了！漁夫便把自己所知道的詳細地告訴村民，他們聽了之後都相當的感慨驚

為具言所聞，皆歎惋。餘人各復延至其家，皆出酒食。停數日，辭去，此中人語（ㄩˋ）云：「不足（不值得）為外人道也。」

（三）既出，得其船，便扶向（沿著先前）路，處處誌（動詞，記）之。及郡下，詣（ㄧˋ，拜見）太守，說如此。太守即遣人隨其往，尋向（先前）所誌，遂迷不復得路。南陽劉子驥，高尚士也，聞之，欣然規往（計畫前往），未果（實現），尋（不久）病終。後遂無問津（問路）者。

歎。其他的村民也各自邀請漁人到家中作客，並準備酒菜招待。漁人停留了幾天後就告辭離開了，臨走前，村民對他說：「這裡面的一切情況不值得對外面的人提起。」

（三）漁人出來之後，找到自己的船，就沿著先前來時所走的路，處處做記號。一回到郡城裡，漁人馬上去拜見太守，報告這件桃花源奇遇。太守立刻就派人跟他一起去，尋找先前所做的記號，竟然迷失了方向找不到那條路了。南陽名士劉子驥是個品德高尚的人，他聽說了這件事情，高興地計畫前往，也未能實現成行，不久就病死了。後來，就再也沒有人去尋訪桃花源了。

現代放大鏡

人類對於理想世界的追求，不分古今時空，也沒有中外地域之別。西方的「理想國」、「烏托邦」、「香格里拉」，東方老子的「小國寡民」、陶潛的「桃花源」、孔子「大同世界」都標誌著一個美好人生境界的追尋。此回我們就〈大同世界〉與〈桃花源記〉兩篇，來一探美麗境界的樣貌。

〈大同世界〉一文其實是節選自《禮記》書中的〈禮運〉篇，俗稱〈禮運大同篇〉。孔子身處春秋末期的混亂世局，面對世風的衰敗，對於實行大同之治的五帝時期與小康之治的三代（夏商周）充滿嚮往。孔子寫這篇文章運用對照的手法，將大同與小康兩者的政治制度、社會各階層關係，還有經濟現象進行ＰＫ比較，如果你用表格式稍加整理，會很清楚看出兩者的差異與發展。

大同世界裡天下為公（天下是眾人共享的），人們「不獨親其親，不獨子其子」；而小康世界時天下為家（天下是天子可以世襲的財產），各人為自己利益謀畫，於是發展出一套禮義制度來作為綱紀（「禮義以為紀」），以確立社會各組織階層運行得當且順利。

文章中出現許多名句，現在都廣為使用，如：「大道之行」、「天下為公」、「選賢與能」、「男有分，女有歸」皆出自這篇文章，另外「夜不閉戶」一詞更是從「故外戶而不閉」脫胎而來。

值得思考的問題是，大同世界是孔子心嚮往之的境界，他無法親臨，所以繪製藍圖。但小康之治呢？是否為孔子所處時代的寫照呢？答案是「否定」的，因為文章中提到小康時期的代表人物六君子為：夏禹、商湯、周文王、武王、成王、周公等人，這些人的時代斷限到西周，東周的春秋自然不在此列。大同是一種夢想，而小康又無法親臨，孔子對他所處春秋時代的評斷，自然是不言而喻了。

此外，文中更提到小康時期社會上依照禮義而「正君臣、篤父子、睦兄弟、和夫婦」，展現一派祥和之氣，更是和孔子對春秋時期禮制淪喪的歎息相呼應，《論語》中曾有一段記載：「齊景公問政於孔子，孔子曰：『君君、臣臣、父父、子子。』公曰：『善哉！信如君不君，臣不臣，父不父，子不子，雖有粟，吾得而食諸？』」從上可知孔子主張「禮義以為紀」的信念。而春秋時期依據司馬遷統計，「弒君三十六，亡國五十二。」的確驚人，因此，如果要在小康之後再加上一個分野來標註孔子所處時代，應該是「大同→小康→亂世」這樣的脈絡吧！

相較於孔子以說明的方式告訴我們大同世界的理想樣貌，東晉文人陶淵明則選擇採用故事型的方式勾勒一幅世外桃源的具體藍圖，供我們欣賞，也就是〈桃花源記〉一文。許多人對於桃花源故事的真假虛實一直有高度的興趣，一個無心插柳的漁夫誤入桃花源世界，那裡並非奇山異水、金沙鋪地，而是「土地平曠，屋舍儼然。有良田、美池、桑、竹之屬，阡陌交通，雞犬相聞。」平實之中有股靜謐之美，桃花源裡的人衣著素樸，耕種自足，沒有心機，熱忱待人，與漁夫自在的交談，種種描述呈現出的是和平寧靜的村莊，原來桃花源並不是一個渺遠高深、難以企及的仙境。這樣的村莊對於身處東晉紊亂社會的陶潛而言，竟是難得的想望。也因為這樣的描述方式，桃花源顯得盡在咫尺且平易近人，更增加全文的真實感。

故事的最後發展是個轉折，答應不跟外人提起的漁夫，歸途上沿路做了記號，並引了太守想要再次造訪桃花源，後來無功而返；而後，一位素有高尚清譽的隱士劉子驥，聽說這個消息，也興致勃勃計畫前往，結果失敗了。陶淵明為何要在故事的結局安排兩個人刻意尋找桃花源又都鎩羽而歸呢？他或許想要說明，機關算盡的人終究被阻擋於桃花源之外，也暗喻了他對現實社會的不滿。

這兩篇文章主旨都在呈現作者內心神往的生活境界，孔子採直接敘述，條理分明，臚列制度；而陶淵明則以故事的型態勾勒一個真善美的世界，最後這個美麗的桃花源還是消失了。兩文寫作手法不同，但立意構思相似，不妨仔細咀嚼，它們在表現手法、審美情趣及主體思想的異同。

閱讀動動腦

一、大同時期與小康時期在國君人選的決定上有何差異？

二、小康時期的整體制度與秩序的建立主要奠基在什麼基礎上？

三、〈桃花源記〉一文的記載虛實相錯，請問文中何處的敘述，會讓你以為這個故事是真的呢？

參考答案

一、大同時期是選賢與能的推舉；而小康時期則是父死子繼、兄終弟及的世襲方式。

二、禮義以為紀。

三、①漁夫是晉太元中武陵人

②問今是何世？乃不知有漢，無論魏、晉！

③南陽劉子驥，高尚士也。

這些確切的地點時間的敘述會讓人以為真有此事。

歷屆大考試題

一、近年知性之旅甚為流行，或依據作家生平經歷、作品內容規畫文學之旅；或依據歷史掌故、地理環境規畫古蹟之旅。下列藝文之旅的主題，與作品內容相關的配對選項是：

(A)右軍書藝之旅——曾鞏〈墨池記〉

(B)遊園賞花之旅——陶淵明〈桃花源記〉

(C)農田酒鄉之旅——歐陽脩〈醉翁亭記〉

(D)民俗曲藝之旅——劉鶚〈明湖居聽書〉

(E)赤壁泛舟之旅——蘇轍〈黃州快哉亭記〉

95年大學學測

二、作者敘事寫人時，常藉由動作的描繪，讓讀者體會言外之意。關於下列文句畫底線處動作描繪的說明，正確的選項是：

(A)〈桃花源記〉：(桃花源居民)問今是何世？乃不知有漢，無論魏、晉！此人(漁人)一一為具言所聞，皆歎惋。

——藉歎惋表達桃花源居民對漁人見多識廣的欣羨

(B)〈左忠毅公軼事〉：廡下一生(史可法)伏案臥，文方成草。公(左光斗)閱畢，即解貂覆生，為掩戶。

——以左光斗毫不猶豫地解下貂裘相贈，暗示左光斗家境優渥，出手大方

(C)〈明湖居聽書〉：那彈弦子的，亦全用輪指，忽大忽小，同她(王小玉)那聲音相和相合；有如花塢春曉，好鳥亂鳴，耳朵忙不過來，不曉得聽那一聲的為是。

——藉聽眾在弦音和說書聲之間難以選擇，既凸顯彈弦子者的技藝高超，更以之烘托王小玉說書的精妙

(D)〈劉姥姥〉：便伸箸子要夾(鴿子蛋)，哪裡夾得起來，滿碗裡鬧了一陣，好容易撮起一個來，才伸著脖子要吃，偏又滑下來滾在地下，忙放下箸子要

親自去撿，早有地下的人撿了出去了。

——以下人搶先一步撿蛋，點出賈府平日待下人苛刻吝嗇，故下人遇美饌則爭食

98年大學學測

解答　一、A, D　二、C

《孫子》選

春秋・孫武

《孫子》一書又稱《孫子兵法》，歷來被人譽為「兵學鼻祖」，有《兵經》之稱，作者是春秋末期的齊國人孫武（人稱「兵聖」）。孫武因為對齊國時局失望，於是從齊奔吳，結識了為逃避楚亂也來到吳國的伍子胥，兩人都選擇隱居，韜光養晦。在這段期間孫武寫就了十三篇兵法，它的內容依序為「始計」、「作戰」、「謀攻」、「軍形」、「兵勢」、「虛實」、「軍爭」、「九變」、「行軍」、「地形」、「九地」、「火攻」、「用間」等，以精鍊的語言建立了古代軍事理論的基礎架構。後經伍子胥「七薦孫子」，孫武將兵法十三篇進呈給吳王闔閭，受到重用，共同輔佐吳王，使吳成為強國。後來夫差繼位，兩人仍協力整頓吳國，卻因重臣伯嚭的中傷離間，夫差賜劍令伍子胥死，孫武目睹此現象，極為痛心，便悄然歸隱，繼續將《孫子兵法》加以修整。

歷史上另有《孫臏兵法》一書，常被人誤解與《孫子兵法》的異同，孫臏為戰國時期齊國人，為孫武的後世子孫，曾和龐涓師事鬼谷子習得兵法。

《孫子兵法》一書曾翻譯多種語言，在國外頗具知名度，它不僅是軍事方面的經典，對於企業管理、經濟問題……都有可堪借鑒之處。而一部兵書能有如此多面向的功能，實在是因為它的內容是從心理層次討論作戰的原則及觀點，不僅適用於軍事，其他應用心理的組織也可以參考，尤其企業在進行管理與行銷時，若能熟稔心理的建構更是無往不利，據悉日本企業進行教育訓練時便常引用《孫子兵法》一書。

以下我們來看幾則《孫子・謀攻》的內容：

（一）孫子曰：凡用兵之法，全國為上，破國次之；全軍為上，破軍次之；全旅為上，破旅次之；全卒為上，破卒次之；全伍為上，破伍次之。是故百戰百勝，非善之善也；不戰而屈人之兵，善之善者也。

孫子眼中的戰爭可不僅是求勝負而已，更重視的是怎麼勝，勝了之後又該如何？這才是兵術的高明處。兩方交戰，若是硬拚死活，一定是兩敗俱傷的局面，雖然最後仍能分出輸贏，但敵人傷一千，我軍損八百，勝利者還是損兵折將，這種「慘勝」不是孫子認為理想的狀態，因此如何使敵國完整歸順才是上策，即使是「百戰百勝」還不如「不戰而屈人之兵」（不戰而使人屈服）。

（二）故上兵伐謀，其次伐交，其次伐兵，其下攻城（用兵的上策是以謀略克敵；其次是折衝樽俎，利用外交手段制敵；再其次是展示兵威嚇阻敵人戰力，最下下策是攻打敵人城池），攻城之法，為不得已。

戰爭的理想形式是通過謀略和外交手段達到取勝的目的，兵戎相加，攻城拔寨，只是不得已而採取的辦法。

（三）故善用兵者，屈人之兵而非戰也。拔人之城而非攻（強攻）也，毀人之國而非久（持久戰）也，必以全爭於天下（必須要用保持完整的戰略爭勝於天下），故兵不頓（通「鈍」），而利可全，此謀攻之法也。

（四）故用兵之法，十則圍之，五則攻之，倍則分之，敵則能戰之，少則能逃之，不若則能避之。故小敵之堅，大敵之擒也。（用兵作戰的法則是有十倍於敵人的兵力就包圍它；有五倍於敵人的兵力就進攻；有多於敵人一倍的兵力，便想辦法分散分化它的力量；兩方勢均力敵，要根據狀況決定是否開戰；若兵力少於敵方便要考慮撤退一途；至於兵力完全趕不上敵方，就當避免交鋒。弱小的軍隊若一味堅持力抗，終究會成為強大敵人的俘虜。）

孫子依據敵我的實際戰況提出不同的因應策略，所謂識時務者為俊傑，大概也近似於這樣的意思吧？

（五）故曰：知己知彼，百戰不殆；不知彼而知己，一勝一負；不知彼不知己，每戰必殆。

從上述的兵法概念看來，孫子其實並非以提供實際作戰斬殺的方法為主要目的，他提出許多心理層次的模擬與推敲，藉由了解敵方的心態與思路，企圖「攻心為上」才能達到出奇制勝的作戰目的，所以如史料所載項羽坑殺秦降卒二十餘萬人的事例，絕對不是孫子所認同的作戰策略，如何保全我軍然後讓敵軍也全員完整歸降，是孫子的終極目標，因此玉石俱焚的激烈做法，亦非孫子所願。

《孫子兵法》始於〈始計〉，〈始計〉本身即是完整的概念，總括了全書十三篇的內涵，全篇重點在於內容先知的工夫，先知必須來自於情報，因此本書最後以〈用間〉為末篇來首尾呼應，頗為巧妙。

延伸閱讀站

閱讀完下文後，請依據內容判斷它應該是《孫子兵法》一書中哪一篇的內容？為什麼？

> 凡興師十萬，出征千里，百姓之費，公家之奉，日費千金；內外騷動，怠於道路，不得操事者，七十萬家；相守數年，以爭一日之勝。而愛（吝惜）爵祿百金，不知敵之情者，不仁之至也。

翻譯：動員十萬大軍，遠征千里之遠的地方，人民的負擔，國家的耗費，一日數以萬計；舉國上下都擾攘不安，忙著在道路上奔走，因而無法從事生產工作者，達到七十萬戶的人家；兩軍對峙數年之久，祇為了爭取最後那一天的勝利。耗費如此多人力物力，卻因吝惜區區百金的賞金，以致無法瞭解敵情，這是非常不仁的作為。

參考選項：始計篇、作戰篇、謀攻篇、軍形篇、兵勢篇、虛實篇、軍爭篇、九變篇、行軍篇、地形篇、九地篇、火攻篇、用間篇。

如何勉人讀書

勸學

戰國·荀子

原文

（一）君子曰：學不可以已（停止）。青，取之於藍（藍草），而青於（比）藍；冰，水為之，而寒於水。木直中（ㄓㄨㄥˋ，符合）繩（測量直線的工具），輮（ㄖㄡˇ，水浸火烤使木材彎曲）以為輪，其曲（ㄑㄩ，曲度）中規，雖有（ㄧㄡˋ）槁（枯乾）暴（ㄆㄨˋ，日曬），不復挺者，輮使之然（如此）也。故木受繩則直，金就礪（磨刀石）則利，君子博學而日參（ㄘㄢ）省乎己，則知（ㄓˋ，同「智」）明而行無過矣。故不登高

翻譯

（一）君子說：「學習不可停止。」青色，是從藍草中提煉出來的，卻比藍草的顏色更青；冰，由水凝結成的，卻比水更寒冷。一根筆直合於墨線標準的木材，將它水浸火烤加工彎成車輪，它的曲度合乎圓規的標準，即使再加以曝曬，也不會再挺直，這是「輮」的工夫使它變成這樣的啊！所以木材受過繩墨的矯正就變筆直，刀劍經過磨刀石琢磨後就鋒利，君子廣博地學習，每天多次地反省自己，智慧

山，不知天之高也；不臨深谿（ㄒㄧ），不知地之厚也；不聞先王之遺言，不知學問之大也。干（ㄏㄢˊ，外族名）、越、夷、貉（ㄇㄛˋ，外族名）之子，生而同聲，長而異俗，教使之然（如此）也。【小結論】

(二)吾嘗終日而思矣，不如須臾（ㄩˊ，片刻）之所學也。吾嘗跂（ㄑㄧˋ，踮起腳跟）而望矣，不如登高之博見也。登高而招，臂非加長也，而見者遠；順風而呼，聲非加疾也，而聞者彰（清楚）。假（借助）輿馬者，非利足也，而致千里；假舟檝（ㄐㄧˊ，通「楫」，船槳）者，非能水也，而絕（橫渡）江河。君子生（ㄒㄧㄥˋ，天性）非異也，善假於物也。【小結論】

就會清明，行為也就沒有過失了。所以不爬到高山上，就不知道天有多高；不靠近深谷邊，就不知道地有多厚；沒聽過古聖先王留下的遺訓，就不知道學問有多廣大啊！干、越、夷、貉的嬰兒生下來時哭聲相同，長大之後他們的生活習慣卻大不相同，這是教育所造成的結果！

(二)我曾經整天苦思，還不如片刻的學習有益啊！我曾經踮起腳跟向遠望，卻不如登上高處視野寬廣啊！在高處向人招手，手臂並沒有加長，可是遠方的人卻可以看得見；順著風向呼喊，聲音並沒有更加宏亮，可是很遠的人都聽得清楚。乘駕馬車的人，並沒有變得更善於行走，卻能到千里之遠；坐船的人，並沒有變得善於游泳，卻能橫渡江河。君子的天性和別人並沒有不同，只是善於利用外物罷了。

（三）南方有鳥焉，名曰「蒙鳩」，以羽為巢，而編之以髮，繫之葦苕（ㄊㄧㄠˊ，蘆葦的花），風至苕折，卵破子死。巢非不完也，所繫者然也。西方有木焉，名曰「射（ㄧㄝˋ）干」，莖長四寸，生於高山之上，而臨百仞之淵，木莖非能長也，所立者然也。蓬生麻中，不扶而直；白沙在涅（ㄋㄧㄝˋ，黑泥），與之俱黑。蘭槐（ㄏㄨㄞˊ）之根是為芷（ㄓˇ，香草），其漸（浸泡）之滫（ㄒㄧㄡˇ，臭水），君子不近，庶人不服（佩戴）。其質非不美也，所漸者然也。小結論 故君子居必擇鄉，遊必就士，所以防邪辟（ㄆㄧˋ）而近（接近）中正也。

（三）南方有一種鳥，叫做「蒙鳩」，用羽毛做巢，並以頭髮（茅草）編紮，然後將巢繫在蘆葦花穗上，大風吹來蘆葦折斷，蛋摔破了小鳥也死了。牠的巢並不是造得不好，只因築巢的地方不對，才導致這樣的結果啊！西方有種植物，叫做「射干」，莖長四寸，長在高山上，下面臨著百丈深淵，看起來那麼的高大，並不是射干的莖真的很長，只是所處的環境使它變這樣啊！蓬草生長在麻稈中間，不用扶持自然能夠挺直；白沙放在黑泥裡，便會和黑泥一起變黑。蘭槐的根是芷，如果將它泡在臭水中，君子就不會接近它，普通百姓也不會佩戴它。這不是因為它的本質不美，只是所泡的臭水使它如此啊！所以君子居家一定要選擇鄉里，交遊一定要接近賢士，為的是防止邪惡的侵誘而接近正道啊！

（四）萬物的生成，必定有它的原因；榮辱的到

(四)物類之起，必有所始；榮辱之來，必象其德。肉腐出蟲，魚枯生蠹。怠慢忘身，禍災乃作。強自取柱（折斷），柔自取束（約束）。邪穢在身，怨之所構（聚集）。施（平放）薪若一，火就（接近）燥也；平地若一，水就溼也。草木疇（ㄔㄡˊ，同類）生，禽獸群焉，物各從其類也。是故質（箭靶）的（ㄉㄧˋ，靶心）張而弓矢至焉；林木茂而斧斤（斧頭）至焉；樹成蔭而眾鳥息焉。醯（ㄒㄧ，醋）酸而蚋（ㄖㄨㄟˋ）聚焉。故言有召禍也，行有招辱也，君子慎其所立乎！【小結論】

(五)積土成山，風雨興焉；積水成淵，蛟龍生焉；積善成德，而神明（清明的智慧）自得，

來，一定與他的德性相稱。肉腐爛了就生出蟲來，魚枯乾了就生出蠹蟲。懶惰傲慢忘了修身，災禍就會來到。事物太過剛強，就容易折斷；東西太過軟弱，就必須加以束縛。行為歪邪污穢，是怨怒聚結的對象。柴木平均的放在地上，火總是燒向乾燥的地方；同樣平坦的地面，水總是流向潮溼的地方。草木類聚而生，禽獸也是群聚一起，所有萬物都是同類相聚的啊！所以箭靶張開，弓箭就會射過來了；林木茂盛，斧頭就跟著來砍伐了；綠樹成蔭，鳥群就飛來棲息；醋酸腐壞，蚊蟲就會聚生了。所以說話有時會招來災禍，行為有時會招來恥辱，君子要謹慎啊！

(五)累積土壤形成高山，風雨就因此產生；聚集水流形成深淵，蛟龍就在此出現；積聚善行成為美德，心靈自然能達到澄明的境界，如此，聖人的

聖心備焉。故不積蹞（ㄎㄨㄟˇ，舉足一次）步，無以致千里；不積小流，無以成江海。騏驥（ㄑㄧˊ ㄐㄧˋ，千里馬）一躍，不能十步；駑馬十駕（駕車十天所走的路程），功在不舍。鍥（ㄑㄧㄝˋ，雕刻）而舍之，朽木不折；鍥而不舍，金石可鏤（ㄌㄡˋ，雕刻）。螾（ㄧㄣˇ，蚯蚓）無爪牙之利，筋骨之強，上食埃土，下飲黃泉，用心一也。蟹六跪（蟹腳）而二螯（ㄠˊ），非蛇蟺（ㄕㄢˋ，通「鱔」）之穴，無可寄託者，用心躁也。是故無冥冥（專心一志）之志者，無昭昭之明；無惛（ㄏㄨㄣ）惛之事者，無赫赫（顯赫的樣子）之功。行衢（ㄑㄩˊ，歧路）道者不至，事兩君者不容。目不能兩視而明，耳不能兩聽而聰。螣（ㄊㄥˊ）蛇無足而飛，梧鼠五技而窮。詩曰：「尸鳩（ㄐㄧㄡ）在

修養也就具備了。所以不一步一步的走下去，就不能到達千里的遠方；不積聚小水流，就不能成為江海。千里馬一跳，不能超過十步；駑馬連走十天，因為不放棄也能成功到達遠方。雕刻若是半途而廢，即使朽木也無法折斷；雕刻若能持之以恆，就算金石也可以雕鏤成功。蚯蚓沒有銳利的爪牙，沒有堅強的筋骨，卻能夠向上鑽食土壤，向下喝飲泉水，這是因為心思專一的緣故啊！螃蟹有六隻腳，兩隻螯，若不借住蛇鱔的窟穴，便無處藏身，這是因為牠心思浮躁的緣故啊！所以沒有專默的心志，就沒有清明通達的智慧；沒有專一精誠的行事，就沒有顯赫的成就。在歧路徘徊的人永遠不會達到目的地，同時事奉兩個國君的人是不被容許的。眼睛同時看兩種景物，兩者都看得不清楚，耳朵同時聽兩種聲音，兩種都聽不明白。螣蛇沒有腳卻會飛

桑，其子七兮。淑人君子，其儀一兮。其儀一兮，心如結（纏結）兮。」【小結論】故君子結於一（專一）也。

（六）昔者瓠（ㄏㄨˋ）巴鼓（彈奏）瑟，而沉魚出聽；伯牙鼓（彈奏）琴，而六馬仰秣（ㄇㄛˋ，動詞，吃草）。故聲無小而不聞，行無隱而不形。玉在山而草木潤，淵生珠而崖不枯。【小結論】為善不積邪（ㄧㄝˊ），安（何）有不聞者乎！

（七）學惡（ㄨ，何）乎始？惡乎終？曰：其數（方法）則始乎誦經，終乎讀禮；其義（意義和目的）則始乎為士，終乎為聖人。真積力（力行）久則入（深造有得）。學至乎沒（ㄇㄛˋ，死亡）而後止也。故學數有終，若其義則不可須臾

行，梧鼠有五種技能卻沒有一種堪用。詩經上說：「桑樹上的布穀鳥，很專一的餵養七隻雛鳥。善人君子，行事也要專一。行事專一，用心就如繩結般堅固。」所以君子要學會專一啊！

（六）從前瓠巴彈瑟，潛伏在水底的魚兒都游出來靜聽；伯牙彈琴，正在吃草的馬群都抬起頭來傾聽。所以聲音無論多細微，沒有聽不到的；行為無論多隱密，沒有不現形的。山裡蘊藏美玉，草木都因而得到潤澤；水中長著珍珠，河岸就不會乾枯。行善只怕不能持久，若能持久積德，哪有不為人知的呢？

（七）學習要從哪裡開始？又到何處結束呢？我認為：為學的方法是從讀經書開始，最後是讀禮書結束；為學的目的及意義從做士人開始，到成為聖人為止。為學若能真誠力行、持之以恆，時間久

舍也。為之，人也，舍之，禽獸也。故書（尚書）者，政事之紀也；詩者，中聲之所止也；禮者，法之大分（ㄈㄣˋ），群類之綱紀也，故學至乎禮而止矣，夫是之謂道德之極。禮之敬文也，樂之中和也，詩、書之博也，春秋之微也，在天地之間者畢矣。

（八）君子之學也，入乎耳，箸（ㄓㄨˋ，同「著」，停留）乎心，布（分布）乎四體（四肢），形乎動靜（行為舉止）。端（ㄔㄨㄢˇ，細微）而言，蝡（ㄖㄨㄢˇ，蟲之蠕動）而動，一（全部）可以為法則。小人之學也，入乎耳，出乎口；口耳之間則四寸耳，曷（ㄏㄜˊ，何）足以美七尺之軀哉！古之學者為己（為了個人修養德行），今之學者為人（為了炫耀於人）。

了自然深造有得，一直要到死才停止學習呢！所以為學的方法有終了的時候，至於為學的目的則片刻都不可以放棄啊！堅持下去，就是人；中途放棄，就淪為禽獸了。尚書是政事的記錄；詩經是心聲的抒發；禮經是法律的前提，各種條例的總綱，所以學習要到禮經才算結束，這樣便是達到了道德之頂峰。禮經注重各種禮儀及綱紀，樂經屬於中正和平的樂章，詩經、尚書的內容博大廣闊，春秋具有微言大義，天地間的學問都囊括其中了。

（八）君子的學習，是聽進耳朵裡，記在心裡，傳達到四肢，表現在行為舉止上。哪怕是極細微的言行，都可以成為他人的典範。小人的學習，從耳朵聽進去，就從嘴巴說出來，嘴和耳朵之間的距離不過四寸而已，怎麼能夠用來美化七尺的身體呢？古人的學習是為了自己修養德行，現在人的學習卻

君子之學也，以美其身；小人之學也，以為禽犢（獵取功名的工具）。故不問而告謂之傲（急躁），問一而告二謂之囋（ㄗㄢˋ，繁瑣）。傲、非也，囋、非也；君子如嚮矣。

只是為了向別人炫耀。君子學習是為了進德修業，小人學習是為了獵取功名。所以，不等別人發問而去告訴他叫做急躁；別人問一件事你回答兩件事的叫囉嗦；急躁不對，囉嗦也不對，君子答問應該像鐘一樣，敲一下響一聲，流暢和諧的回響。

傷仲永

北宋・王安石

原文

（一）金谿民方仲永，世隸（屬於）耕。仲永生五年，未嘗識書具（文具），忽啼求之。父異焉，借旁近（鄰居）與之，即書（寫）詩四句，並自為其名。其詩以養父母、收族（團結族人）為意，傳一鄉秀才觀之。自是指物作詩立就（立刻完成），其文理皆有可觀者。邑人奇之，稍稍賓客（註解①）其

翻譯

（一）金谿縣人方仲永，家裡世世代代務農。仲永五歲時，沒有見過筆墨紙硯等文具，有一天忽然哭哭啼啼吵著要這些東西。父親感到非常奇怪，就向附近的人借來給他，他立即寫了四句詩，並且寫上自己的名字。詩的內容主要以奉養父母、團結族人為旨意，而且傳給全鄉的秀才觀看。從此，人們指著東西叫他作詩，他都能立刻寫成，而且詩中的文采、義理都有值得欣賞的地方。鄉里的人對他感到驚訝，漸漸地有

父，或以錢幣乞（請求）之。父利（註解②）其然（結果）也，日扳（ㄅㄢ，拉）仲永環謁（ㄧㄝ，拜見）於邑人，不使學。

（二）余聞之也久。明道中，從先人（已逝父母）還家，於舅家見之，十二三矣。令作詩，不能稱（符合）前時之聞。又七年，還自揚州，復到舅家，問焉。曰：「泯（ㄇㄧㄣˇ，消失的樣子）然眾人矣。」

（三）王子曰：「仲永之通悟受之天也。其受之天（指天賦才華）也，賢於材人（有才能之人）遠矣，卒（最後）之為眾人，則其受於人（指後天教育）者不至也。彼其受之天也，如此其賢也，不受之人，且

人以賓客之禮來接待他的父親，有人還用錢財來請求他寫詩。父親認為這樣有利可圖，便每天帶著仲永四處拜訪鄉親，不讓他學習。

（二）這件事我已聽說很久了。宋仁宗明道年間，我跟隨先父回家，在舅舅家見到了他，當時已經十二三歲了，讓他作詩，他的作品已不如過去聽說的那麼好了。又過了七年，我從揚州回來，再到舅舅家，問起仲永的事。大家都說：「他的才華已經消失，和普通人沒有兩樣了。」

（三）王先生說：「仲永的聰明穎悟，是上天所賦予的。他與生俱來的天賦才華，遠比一般有才能的人好得太多了，最後卻還是成為平常人，這是因他後天所接受的教育不夠的緣故。像他的天賦才華如此的好，只因後天的教育不夠，尚且成為普通人。今天那些沒有天賦才華的人，本來就是平常人，如果又不接受後

為眾人。今夫不受之天，固（本來）眾人；又不受之人，得為眾人而已邪？」

天的教育，那還能成為一般人嗎？（想要成為一般人都不可能了）

註解①：解為「以……為賓客」，屬於意謂動詞用法
註解②：解為「以……為利」，屬於意謂動詞用法

現代放大鏡

大家都知道學習的重要，但每當父母或師長耳提面命不停地叮嚀提醒時，我們還是常常感到不耐，主要是因為學生時代不太容易意識到學習的重要性，除了應付考試之外。而諄諄的教誨與叮嚀為何提不起學習的樂趣呢？古人又是如何勸勉學子讀書呢？不妨來看看荀子〈勸學〉及王安石〈傷仲永〉這兩篇文章，它們的主旨都在揭示學習的重要性，但表現方式不同，一個是以說理加譬喻來論述觀點，另一個則用人物實例故事來呈現。

〈勸學〉在《荀子》一書中列為首篇，中心內容是闡述學習的重要性、環境對學

習的影響、學習的態度、原則和方法等等，荀子在文中的企圖是很大的，關於學習從內到外該注意的事項，他都在〈勸學〉篇中臚列，所以我們看見這篇文章的寫作特點是：每一段落談論一項學習的要旨，然後在該段中以多重的例子反覆說了再說，來補強驗證該項旨趣。例如：第五及第六段，主要在說明「論學的態度：專一與累積」這件事，就使用了二十一個例子來佐證，而這些例證也造就了許多名句，像：「積土成山，風雨興焉；積水成淵，蛟龍生焉」、「不積蹞步，無以致千里；不積小流，無以成江海」、「騏驥一躍，不能十步；駑馬十駕，功在不舍」、「鍥而舍之，朽木不折；鍥而不舍，金石可鏤」等等都是，荀子以苦口婆心式的反覆論述，認為只有專心一志、義無反顧，才能獲得成功。但其中有些例子關係到生物學概念，是否合乎邏輯的推論呢？如：「螾無爪牙之利，筋骨之強，上食埃土，下飲黃泉，用心一也。蟹六跪而二螯，非蛇蟺之穴，無可寄託者，用心躁也。」其中所談到「蚯蚓、螃蟹」的生態習性與牠們的用心靜躁有關，這樣的說詞似乎顯得牽強而附會了，值得再加以深思探討。

本文以譬喻為主力，用許多例子佐證來取代嚴肅的勸勉口吻，期待激勵學習的欲望，這些例句分擔了純粹說理的分量，反而更擲地有聲，引起興趣。

而王安石的〈傷仲永〉一文則透過神童方仲永的故事來說明先天資質過人，卻因為後天學習的怠惰，最終淪為庸碌凡人的警惕。全文先敘述再議論，以時間遞進的方式呈現五歲、十二三歲、二十歲不同時期的方仲永，從天資聰穎漸漸成為凡人的歷程，以說明不學的害處。文末的警語是作者對方仲永故事所下的結論，令人一震：「今夫不受之天，固眾人；又不受之人，得為眾人而已邪？」一個人「受之天」（先天資質）與「受於人」（後天學習）的比重不同，資質聰明如仲永者因為不學習而成為一般眾人，平凡如我輩者，如果也不學習，還能成為一般人嗎？

綜合以上兩篇不同形式的作品，我們發現勉人向學各有巧法，荀子或王安石你中意何者？荀子學說中，最為人所熟知的就是他的性惡說，基於性惡，所以荀子重視後天的經驗之學，也就是教育，這也是〈勸學〉篇的主旨所在。而王安石的理論表現則喜歡先用故事記敘，再逐步說理，也就是先敘後議，像〈遊褒禪山記〉、〈傷仲永〉都是如此。

古人說：「取法於上，僅得為中；取法於中，故為其下」，這句話是說：「當我們訂定了一個極高的標的後，或許只能達到中等的程度；而一個人若只訂定中等的目標，最後可能只有低等的水準了。」主要涵義是希望我們立定高遠的志向，然後努力邁進，所以關於學習這件事我們也該如此惕勵自己。

閱讀動動腦

一、請嘗試翻譯「古之學者為己，今之學者為人」這句話。

二、「瓠巴鼓瑟，沉魚出聽；伯牙鼓琴，六馬仰秣」這句話跟學習有何關聯呢？

三、「蓬生麻中，不扶而直；白沙在涅，與之俱黑」又是在說明學習的何種內涵？

參考答案

一、古人學習是為自身的需求，期待修養德行，現在人的學習只是為了向人炫耀。

二、學問或德行累積久了自然能顯於外，一如「桃李不言，下自成蹊」，勉勵讀書人求學或為善當求累積。

三、強調環境對於學習的重要性。

歷屆大考試題

一、下列對《荀子・勸學》的解讀，正確的選項是：

(A)質「的」張而弓矢至焉——「的」是「之」的意思

(B)君子生非異也，善「假」於物也——「假」是偽裝、模仿的意思

(C)淑人君子，其儀一兮。其儀一兮，心如「結」兮——「結」用以形容心志之堅定

(D)「青」，取之於「藍」，而「青」於「藍」——兩個「青」字和兩個「藍」字都是名詞

96年大學指考

二、文章中常會以一、二關鍵字，作為凸顯該段或該篇文章主旨的樞紐。閱讀下文，選出其中的關鍵字：

積土成山，風雨興焉；積水成淵，蛟龍生焉；積善成德，而神明自得，聖心備焉。故不積蹞步，無以至千里；不積小流，無以成江海。

（《荀子・勸學》）

(A)山、海　(B)神、聖　(C)積、成　(D)不、無

97年大學指考

解答　一、C　二、C

我和皇帝這樣說

諫逐客書

秦·李斯

原文

（一）臣聞吏議逐客，竊以為過矣。

（二）史例一 昔繆（ㄇㄨˋ）公求士，西取由余於戎，東得百里奚於宛（ㄨㄢˇ），迎蹇（ㄐㄧㄢˇ）叔於宋，來（招致）丕豹、公孫支於晉。此五子者，不產於秦，繆公用之，并（吞併）國二十，遂霸西戎。史例二 孝公用商鞅之法，移風易俗，民以殷盛，國以富強，

翻譯

（一）臣聽說秦國的大臣們在討論要驅逐客卿，臣私底下認為這是錯誤的啊！

（二）從前穆公招攬賢才，從西戎那兒得到了由余，自東邊的宛地贖回了百里奚，並派人到宋國迎來蹇叔，又在晉國招來丕豹、公孫支。這五個人，都不是秦國的人，而穆公都重用他們，結果兼併了二十多個國家，於是稱霸了西戎。孝公採用商鞅的新法，改變秦國的風俗習慣，人民因此殷實繁

百姓樂用，諸侯親服（親近歸服），獲（戰勝）楚、魏之師（軍隊），舉地千里，至今治彊（ㄑㄧㄤˊ，同「強」）。

史例三

惠王用張儀之計，拔（攻取）三川之地，西并巴、蜀，北收上郡，南取漢中，包（兼併）九夷，制鄢（ㄧㄢ）、郢（ㄧㄥˇ，楚國），東據成皋（ㄍㄠ）之險，割膏腴（肥沃）之壤，遂散（ㄙㄢˋ）六國之從（合縱政策），使之西面事秦，功施（ㄧˋ，延續）到今。

史例四

昭王得范雎（ㄐㄩ），廢穰（ㄖㄤˊ）侯，逐華陽，彊（ㄑㄧㄤˊ，同「強」）公室，杜私門（豪貴之門），蠶食（逐步侵吞）諸侯，使秦成帝業。此四君者，皆以客之功。由此觀之，客何負（辜負）於秦哉？

小結論

向使（從前 假使）四君卻（拒絕）客而不內（ㄋㄚˋ，同「納」），疏士而不用，是使國無富利之實，而秦無強大之名也。

盛，國家也因此富強，百姓們都樂於為國效力，諸侯們紛紛親近歸服，先後戰勝了楚、魏的軍隊，奪得千里的土地，直到現在秦國仍然安定強大。秦惠王運用了張儀的計策，攻下三川的土地，往西併吞巴、蜀，往北收服上郡，往南攻取漢中，兼併許多的蠻夷部落，並且控制楚國，往東佔據成皋的險要地區，割取肥沃的土地，終於離散了六國合縱的聯盟，使各個諸侯爭相侍奉秦國，功績一直延續到現在。昭王得了范雎的輔佐，於是廢掉穰侯，驅逐華陽君，鞏固了王室的權力，杜絕了權貴的私人勢力，如蠶食桑葉般逐步侵吞諸侯的土地，使秦國成就帝業。以上這四位君主，都因為任用客卿而有顯著的功績啊！從這觀點來看，客卿有什麼對不起秦國的呢？假如從前這四位君王拒絕客卿而不接納，疏遠賢人而不重用的話，那麼秦國就沒有富利的事

（三）今陛下致（獲得）昆山之玉，有隋、和（隋侯珠、和氏璧）之寶，垂明月之珠，服（佩戴）太阿之劍，乘纖離（駿馬名）之馬，建（樹立）翠鳳之旗，樹（架設）靈鼉（ㄊㄨㄛˊ）之鼓。此數寶者，秦不生一焉，而陛下說（ㄩㄝˋ，同「悅」）之，何也？必秦國之所生然後可，則是夜光之璧，不飾朝廷；犀象之器，不為玩（ㄨㄢˋ）好（ㄏㄠˋ，賞玩）；鄭、衛之女，不充後宮；而駿良駃騠（ㄐㄩㄝˊ ㄊㄧˊ，駿馬名），不實外廄（ㄐㄧㄡˋ，馬房）；江南金錫不為用；西蜀丹青（顏料）不為采。所以飾後宮、充下陳（侍妾）、娛心意、說（ㄩㄝˋ）耳目者，必出於秦然後可，則是宛珠之簪（ㄗㄢ）、傅（通「附」，鑲嵌）璣之珥（ㄦˇ，耳環）、阿（ㄜ）縞（ㄍㄠˇ，白色生絹）之衣、錦繡之

實，也沒有強大的威名啊！

（三）現在陛下您得到昆山的寶玉，擁有隋侯珠與和氏璧，掛著明月珠，佩著太阿劍，駕著纖離的良馬，豎著翠羽的鳳旗，架起靈鼉的大鼓。這些寶物，沒有一樣是秦國出產的，可是陛下您卻喜歡它們，這是為什麼呢？如果一定要秦國所生產的然後才可以用的話，那麼夜光的璧玉就不該擺飾在宮殿上面；犀角象牙的器具，就不該成為賞玩的寶物；鄭國、衛國這些地方的美女，就不該納入後宮；駃騠這樣的良馬，就不該充滿馬廄；江南的金錫器具不該拿來使用，西蜀的丹青不該拿來彩繪。所有用來裝飾後宮、充作姬妾、娛樂心意、取悅耳目的事物，如果都一定要秦國出產的才可以，那麼鑲著宛珠的髮簪，嵌著珠璣的耳環，東阿絲綢裁成的衣服，用錦繡所製成的飾物，統統不該進呈到陛下

飾，不進於前；而隨俗雅化、佳冶窈窕（一ㄠˇ ㄊㄧㄠˇ，姿態曼妙），趙女不立於側也。夫擊甕叩（擊）缶（ㄈㄡˇ，瓦罐）、彈箏搏（拍打）髀（ㄅㄧˋ，大腿），而歌呼嗚嗚快耳者，真秦之聲也；鄭、衛、桑間、〈韶〉虞、武〈象〉者，異國之樂也。今棄擊甕叩缶而就鄭、衛，退彈箏而取〈韶〉虞，若是者何也？快意當前，適觀（適宜觀賞）而已矣。今取人則不然，不問可否（才能優劣與否），不論曲直（品德正直與否），非秦者去，為客者逐。

小結論

然則是所重者在乎色樂珠玉，而所輕者在乎民人（民眾）也，此非所以跨海內、制諸侯之術（方法）也。

您的眼前了；而那些時髦高雅、容貌嬌艷、體態美好的趙女們，統統都不該隨侍在陛下您的身旁。道地的秦國音樂，是敲擊瓦甕、瓦盆，彈奏秦箏、拍著大腿，嗚嗚地唱著歌以滿足聽覺之娛；至於鄭國、衛國、桑間的歌謠，虞舜的〈韶樂〉、周武王的〈象舞〉，都是異國的音樂啊！如今陛下捨棄了擊瓦甕、敲瓦盆而改聽鄭國、衛國的歌謠，不再彈奏秦箏而改採虞舜的〈韶樂〉，這又是為什麼呢？只因為快意當前，適合欣賞罷了！既然如此，為什麼任用人才就不一樣呢？不問他的才能好壞，不論品德高尚與否，只要非秦國人就捨棄不用，只要是客卿就驅逐。這麼說來，陛下您所看重的是美色、音樂、珍珠、寶玉了，而輕視的是人民百姓啊！這並不是用來雄霸天下、制伏諸侯的方法啊！

(四)臣聽說有廣大的土地，就能生產豐盛的糧

(四)臣聞地廣者粟多，國大者人眾，兵彊則士勇。是以（因此）泰山不讓（捨棄）土壤，故能成其大；河海不擇（挑選）細流，故能就（成就）其深；王者不卻眾庶（百姓），故能明（彰顯）其德。是以地無四方，民無異國，四時（四季）充美，鬼神降福，此五帝三王之所以無敵也。今乃棄黔首（百姓）以資（幫助，動詞）敵國，卻（退卻）賓客以業（使……成就功業）諸侯，使天下之士，退而不敢西向，裹足不入秦，此所謂藉（通「借」）寇兵（武器）而齎（ㄐㄧ，贈送）盜糧者也。

小結論

(五)夫物不產於秦，可寶者多，士不產於秦，而願忠者眾。今逐客以資敵國，

食；版圖大的國家，人口自然眾多；軍力壯盛，士兵就會勇敢。因此，泰山不排斥任何土壤，才能夠又高又大；河海不揀擇任何細小的水流，所以能夠又深又廣；君王不推拒任何百姓，所以能夠顯揚他的德行。因此，地沒有東西南北之分，百姓也沒有本國外國之分，一年四季都求充實美好，鬼神也降下福澤，這是五帝三王之所以天下無敵的原因。如今(我們秦國)卻要拋棄百姓幫助敵國，斥逐賓客讓他們去侍奉其他諸侯，使天下賢人都退縮而不敢西向，遲疑腳步不敢進入秦國來，這正是所謂借兵器給寇敵，送糧食給盜賊啊！

(五)東西不是秦國出產的，值得珍藏的卻很多；賢人不出自秦國，而願意效忠的也不在少數。如今您卻要驅逐客卿去幫助敵國，減損百姓的利益，去增加敵國的力量，對內虛耗自己的國力，對外又結

損民以益讎（ㄔㄡˊ，同「仇」），內自虛而外樹怨（結怨）於諸侯，求國之無危，不可得也。

怨諸侯，想要讓國家沒有危險，這是不可能的事情啊！

現代放大鏡

〈諫逐客書〉一文在高中國文裡一直是篇極具分量的作品，就文學角度來看，從先秦（春秋戰國）以來歷史散文及諸子散文多以說理敘述的方式直現，而〈諫逐客書〉一文轉以辭賦化、駢偶化的瑰麗樣貌展示，透過大量「論據」的堆疊鋪排來佐證李斯的「論點」——「逐客為非」的正確性，它提供了論說文章與說服技巧的另一典型。若就史學的觀點來看，〈諫逐客書〉寫成於秦王政十年，李斯於此次上書後政治實力更上層樓，在秦王政二十六年終於協助秦王吞併六國，一統天下，而此時建立的秦帝國是歷史上重要的時期之一。

若就文意的安排上可分五個段落來看，除了首尾兩段較短少，彼此呼應外，中間三段的概念推展從古而今，從人及物，有正有反，層次分明，尤其在每段結束時，還有小結論收束。

本文在寫作技巧上極為高明，由於目的在「說服」秦王，因此若僅是純粹不停的說理易使人不耐而生厭，李斯援引歷代秦王因重用賓客而強盛的史例，為他的說服策略先預行鋪墊，再以秦王日常生活的實例入手，以獲得共鳴，最後才以說理之姿規勸秦王唯有「**不卻眾庶，故能明其德**」，以「恩德廣被」的正向鼓舞來激勵秦王，而李斯也深知秦王的終極目標是國富兵強，兼併六國，一統天下，所以他不停地反覆說著：「**此非所以跨海**

段落	大意旨趣及寫作特色	課文文句對照
首段	開門見山說明逐客是錯誤	臣聞吏議逐客，竊以為過矣
第二段	以「古」為例，從「歷史」角度出發，援引昔日秦國四位國君任用客卿，而使得國力強盛，民富兵強	①秦穆公任用由余、百里奚、蹇叔、丕豹、公孫支。 ②秦孝公重用商鞅。 ③秦惠王任用張儀。 ④秦昭王任用范雎。
	小結論	向使四君卻客而不內，疏士而不用，是使國無富利之實，而秦無強大之名也

第三段	以「今」為例，從「物質」角度出發，說明秦王在食衣住行育樂各層次的生活日用，皆有異國之物。(採類比推論，若外國客卿都不進用，那異國之物為何可以用呢？) 註：此段為全文內容最長之處，李斯臚列珍奇異獸、器皿用具、美女音樂……等等秦王日用常見的事物，企圖以實際經驗喚起秦王與異國人事物的高度關聯性。此處也是駢文色彩濃烈的一段。	①昆山之玉、隨和之寶……，此數寶秦不生一焉，而陛下說之，何也？ ②必秦國之所生然後可，則是夜光之璧，不飾朝廷；……西蜀丹青不為采。所以飾後宮，充下陳，娛心意，說耳目者，必出於秦然後可，則是……趙女不立於側也。 ③夫擊甕叩缶，彈箏搏髀，歌呼嗚嗚快耳者，真秦之聲也……，退彈箏而取韶虞，若是者何也？
	①推論→物質上好用異國者，但人才則否。	今取人則不然，不問可否，不論曲直，非秦者去，為客者逐。
	②小結論	此非所以跨海內、制諸侯之術也。
第四段	直接說理，有容乃大，反證逐客是錯的。	臣聞地廣者粟多，國大者人眾，兵強者士勇。是以泰山不讓土壤，故能成其大；河海不擇細流，故能就其深；王者不卻眾庶，故能明其德。
	小結論	使天下之士退而不敢西向，裹足不入秦，此所謂「藉寇兵而齎盜糧」者也。
末段	總結逐客之過錯	今逐客以資敵國，損民以益讎，內自虛而外樹怨於諸侯。

內，制諸侯之術也。」「是使國無富利之實，而秦無強大之名也。」「內自虛而外樹怨於諸侯，求國無危，不可得也。」

所有的叨叨唸唸都為秦國及秦王設想，所以這次的說服自然成功了，末了一句：「秦王乃除逐客之令，復李斯官。」不見於課文，但《史記》原文是有的。

閱讀動動腦

一、請你從課文中找出句子，可以用來說明秦王用人與用物的標準不同？

二、「物不產於秦，可寶者多；士不產於秦，願忠者眾。」李斯在文章末了的這段話想要表達何種想法？

三、請從課文中找出可以和「藉寇兵而齎盜糧」一句在文意上相互呼應之處。

四、〈燭之武退秦師〉也是一篇說服君王的文章，請你將它和〈諫逐客書〉比一比找出它們的共相與異相。

參考答案

一、人才標準——不問可否，不論曲直，非秦者去，為客者逐。
用物標準——快意當前，適觀而已。

二、表明李斯個人願意效忠於秦國的心志與決心。

三、棄黔首以資敵國，卻賓客以業諸侯。逐客以資敵國。

四、自由發揮。

歷屆大考試題

一、下列各組文句中，「　」內的字義相同的選項是：

(A)〈諫逐客書〉：不問可否，不論「曲」直／《典論．論文》：「曲」度雖均，節奏同檢

(B)〈登樓賦〉：情眷眷而懷「歸」兮，孰憂思之可任／〈歸去來兮辭〉：歸去來兮，田園將蕪胡不「歸」

(C)《孟子．滕文公上》：雖使五尺之童「適」市，莫之或欺／〈赤壁賦〉：是造物者之無盡藏也，而吾與子之所共「適」

(D)《荀子．勸學》：「假」舟楫者，非能水也，而絕江河／《後漢書．黨錮列傳序》：王道陵缺，而猶「假」仁以效己，憑義以濟功

(E)《莊子．天運》：古之至人，假道於仁，託宿於義，以「遊」逍遙之虛／〈始得西山宴遊記〉：洋洋乎與造物者「遊」而不知其所窮

98年大學指考

二、《論語・公治長》：「御人以口給，屢憎於人」，「屢憎於人」是「常常被人所憎」之意，屬於「被動句」。下列含有「於」的句子，也屬於「被動句」的選項是：

(A)鋤耰棘矜，非銛於鉤戟長鎩也
(B)損民以益讎，內自虛而外樹怨於諸侯
(C)君子寡欲，則不役於物，可以直道而行
(D)晉侯、秦伯圍鄭，以其無禮於晉，且貳於楚也
(E)山川相繆，鬱乎蒼蒼，此非孟德之困於周郎者乎

99年大學指考

解答　一、B, D, E　二、C, E

天使與魔鬼的交戰

漁父

戰國・屈原

原文

(一)屈原既放，游於江潭，行吟澤畔，顏色(臉色)憔悴，形容(容貌)枯槁(ㄍㄠˇ，枯瘦)。漁父見而問之曰：「子非三閭(ㄌㄩˊ)大夫與(ㄩˊ，嗎)！何故至於斯？」屈原曰：「舉世皆濁我獨清，眾人皆醉我獨醒，是以見(被)放(放逐)。」

(二)漁父曰：「聖人不凝滯(拘泥固執)於物，而

翻譯

(一)屈原被放逐之後，流落到了湘江一帶的水邊，常常在水澤邊徘徊吟唱，神情十分憔悴，外形容貌異常枯瘦。有個漁夫看到了，就問他說：「您不是楚國的三閭大夫屈原嗎？為什麼跑到這兒來呢？」屈原說：「全世界都混濁不已，只有我是乾淨的；所有人都喝醉了，只有我是清醒的，所以就被放逐到這裡來了。」

(二)漁夫說：「聖人往往心胸開曠，不會執著於任

能與世推移，世人皆濁，何不淈（ㄍㄨˇ，攪混）其泥而揚（掀起）其波？眾人皆醉，何不餔（ㄅㄨ，吃）其糟（酒渣）而歠（ㄔㄨㄛˋ，同「啜」，喝）其釃（ㄌㄧˊ，或作「醨」，薄酒）？何故深思高舉，自令（讓）放為（語助詞）？」屈原曰：「吾聞之：新沐（洗頭）者必彈冠（ㄍㄨㄢ，帽子），新浴（洗澡）者必振衣；安能以身之察察（潔淨貌），受物之汶汶（ㄨㄣˋ，玷污）者乎？寧赴湘流，葬於江魚之腹中；安能以皓皓之白，而蒙世俗之塵埃乎？」

(三)漁父莞爾（ㄨㄢˇ，微笑貌）而笑，鼓枻（ㄧˋ，船槳）而去，乃歌曰：「滄浪之水清兮，可以濯（ㄓㄨㄛˊ，洗滌）吾纓（ㄧㄥ，帽帶）；滄浪之水濁兮，可以濯吾足。」遂去（離開），不復與言。

何事物，能夠隨著世俗而推移變化，既然舉世都混濁了，您為什麼不乾脆攪和泥巴、揚起水波，同流合污呢？既然眾人都昏醉了，您為什麼不乾脆嚼嚼酒渣、啜飲薄酒，隨俗共樂呢？何必非得堅守自身的清高，讓自己淪於被放逐的命運呢？」屈原說：「我聽說，剛洗過頭的人，一定要彈一彈帽子才戴上；剛洗完澡的人，一定要抖一抖衣服才穿上，怎麼能夠讓乾乾淨淨的身體，受到污濁外物的污染呢？我寧願跳進湘江水流，葬身在江魚的肚子裡，怎麼能夠讓自己潔白的人格受到世俗的污衊呢？」

(三)漁夫微微一笑，便划著船槳離開了，口中還唱著：「滄浪的水啊，如果清澈乾淨的話，那就拿來洗我的帽帶吧！滄浪的水啊，如果骯髒混濁的話，那就拿來洗洗腳吧！」漁夫唱完後就走了，不再和屈原多說什麼。

現代放大鏡

〈漁父〉一文是否為屈原所作，歷來學者多有不同持論，此處不針對這個問題探討，主要就它的內容旨趣及思想內涵進行分析，本文主要在「獨善與兼善」、「堅持與隨俗」的價值之間進行辨證。

本文有兩個重點可以注意：首先，形式上，這是一篇透過漁父與屈原兩人的對話問答而寫成的，文中大量使用排比、對偶的句型，造成文意上的跌宕，駢散兼具；其次，內容思想上，漁父與屈原正好代表兩種異樣的世俗價值觀，前者是與世俯仰推移，隨俗浮沉，以明哲保身；後者是堅持自我價值，忠貞不願妥協，期待匡濟社會。

文章起始，從「游於江潭，行吟澤畔，顏色憔悴，形容枯槁」一句，鋪陳出屈原失意落寞的形象而引起漁父的注意，於是，屈原說出了自己被流放的原因：「舉世皆濁我獨清，眾人皆醉我獨醒，是以見放。」所以，他其實是清楚自身的堅持的，也明瞭自己想走的路，但這樣的堅持讓他受挫，於是感傷哀歎！在這裡，全文的關鍵密碼出現了──「清與濁」、「醒與醉」，清濁的取捨，醉醒的掙扎，屈原選擇與眾人不同的價值取向，於是他孤獨而寡歡。

面對屈原的落寞，漁父卻說：「聖人不凝滯於物，而能與世推移」（聖人是不拘泥於外物的，能夠隨俗轉變），「聖人」的帽子一扣，屈原該如何自處呢？他是聖人嗎？如果是聖人是否該與世推移呢？而後，漁父更提出具體的做法：「世人皆濁，何不淈其泥而揚其波？眾人皆醉，何不餔其糟而歠其釃？」（既然整個世界污濁，為何不攪動污泥，揚起水波，一起混水摸魚呢？大家都醉了，為什麼不吃點酒糟、大口喝酒，與眾人同醉呢？）針對「濁」與「醉」，漁父提出他的因應之道，他質疑屈原，誰說治「濁」的方法只有與它相對的「清」呢？面

漁父和屈原的PK戰

抉擇／世況	屈原態度	漁父態度
舉世皆濁	己身獨清	淈其泥而揚其波（同流合污）
眾人皆醉	己身獨醒	餔其糟而歠其釃（同飲共醉）

對「醉」一定只有「醒」嗎？屈原聽完後說：「吾聞之，新沐者必彈冠，新浴者必振衣。安能以身之察察，受物之汶汶（污濁貌）者乎？寧赴湘流，葬於江魚之腹中。」（剛洗過頭的人一定會彈一彈帽子才戴上，剛洗過澡的人也會抖一抖衣服才穿上。我怎麼能讓潔白之軀受到玷污呢？），屈原堅持成為清流不與世浮沉，兩人一場機鋒交辯，極為精采。

面對屈原的思維，漁父沒再多說什麼，逕自離開了，只是口裡唱著：「滄浪之水清兮，可以濯吾纓；滄浪之水濁兮，可以濯吾足。」（水清可以洗帽帶，水濁可以洗腳啊！）漁父認為清與濁是可以調和自適的。文章到這兒結束了，兩人沒有交集，而屈原最後的選擇也真的是葬身湘水的魚腹中了！

人生在世有許多時刻會面臨抉擇，天使與魔鬼的掙扎常常出現，本文中的漁父是否真有其人不得而知，他會不會是屈原心裡另一股聲音的代言人呢？透過內在兩股力量的辨證，真正的價值才能脫穎而出，有人說漁父像是淡泊、順應自然的道家，而屈原則是淑世為己任的儒家思維，你以為呢？

延伸閱讀站

一、以下文章選自《論語・微子篇》，與本文有異曲同工之妙，閱讀完後，想一想以下問題。

> 長沮、桀溺耦（並耕）而耕。孔子過之，使子路問津焉。長沮曰：「夫執輿者為誰？」子路曰：「為孔丘。」曰：「是魯孔丘與？」曰：「是也。」曰：「是知津矣！」問於桀溺，桀溺曰：「子為誰？」曰：「為仲由。」曰：「是魯孔丘之徒與？」對曰：「然。」曰：「滔滔（紛亂的世界）者，天下皆是也，而誰以易（改變）之？且而與其從辟（同「避」）人之士也，豈若從辟世之士哉？」耰（ㄧㄡ，耕種）而不輟（停止）。子路行以告，夫子憮（ㄨˇ，失意貌）然曰：「鳥獸不可與同群！吾非斯人之徒與而誰與？天下有道，丘不與易也。」

上述文字主在說明面對亂世時，長沮、桀溺兩人選擇歸隱；而孔子則一心要以大道來救濟蒼生，聖人與潔身獨善的隱士兩者的區別在此。這樣的思想內容與本文〈漁父〉是否有相近似之處？孔子、長沮、桀溺與漁父、屈原兩組人物是否可進行類比呢？

二、以下兩篇文章，分別引用「滄浪之水」這首歌謠，請你閱讀完後，回答以下問題：

⑴分析兩文中「滄浪之水」的涵義是否相同？（請回答相同或是不同）

⑵承上題，如果兩者相同，它所共同呈現的意義是什麼？如果不同，請你分別述說兩文中歌謠的意義各自為何？

屈原既放，游於江潭，行吟澤畔，顏色憔悴，形容枯槁。漁父見而問曰：「子非三閭大夫與？何故至於斯？」屈原曰：「舉世皆濁我獨清，眾人皆醉我獨醒，是以見放。」漁父曰：「聖人不凝滯於物，而能與世推移。世人皆濁，何不淈其泥而揚其波？眾人皆醉，何不餔其糟而歠其釃？何故深思高舉，自令放為？」屈原曰：「吾聞之，新沐者必彈冠，新浴者必振衣。安能以身之察察，受物之汶汶者乎？寧赴湘流，葬於江魚之腹中。安能以皓皓之白，而蒙世俗之塵埃乎？」漁父莞爾而笑，鼓枻而去。**歌曰：「滄浪之水清兮，可以濯吾纓；滄浪之水濁兮，可以濯吾**

足。」遂去，不復與言。（《楚辭補註》卷七〈漁父〉）

孟子曰：「不仁者可與言哉？安其危而利其菑（災，ㄗㄞ），樂其所以亡者。不仁而可與言，則何亡國敗家之有？有《孺子歌》曰：『滄浪之水清兮，可以濯我纓；滄浪之水濁兮，可以濯我足。』孔子曰：『小子聽之！清斯濯纓，濁斯濯足矣，自取之也。』夫人必自侮，然後人侮之；家必自毀，而後人毀之；國必自伐，而後人伐之。《太甲》曰：『天作孽，猶可違；自作孽，不可活。』此之謂也。」（《孟子．離婁上》第八）

參考答案

一、兩組人物同樣是面對亂世，但在處世的方法上不盡相同。屈原不願同流合污，而孔子不願同流之外，還要入世救天下。長沮、桀溺選擇歸隱逃避以獨善其身，漁父則是以為與世俯仰也是一種生存法則。

二、兩者的涵義並不相同。〈漁父〉篇使用歌謠的涵義是說與世俯仰，隨波逐流；而《孟子》中所引用的概念則是說清斯濯纓，濁斯濯足，禍福乃是自取的。

一、甲、□□的秋水深淺／怎樣測得出一尾魚的體溫／想想莫非自得其樂／泥塗之龜／畢竟要比供奉楚廟活得自由

乙、我的靈魂要到□□去／去洗洗足／去濯濯纓／去飲我的黃驃馬／去聽聽伯牙的琴聲／我的靈魂要到汨羅去／去看看我的老師老屈原／問問他認不認得莎乎和但丁／再和他同吟一葉蘆葦／同食一角米粽

丙、雨潤過／飛白／藍天在／裱褙　整張下午／柳枝老是寫著／一個燕字／而青蟲死命地讀／蛛網那本／線裝的□□／生門何在／卦象平平

上引三段現代詩，□□處依序最適合填入的選項是：

(A)屈原／滄浪／《易經》(B)屈原／天池／《詩經》(C)莊子／滄浪／《易經》(D)莊子／天池／《詩經》

95年大學指考

二、文章解讀（十八分）

閱讀框線內的文字，並根據你對《楚辭・漁父》和屈原的了解，說明文中如何描述屈原的外貌？這些描述凸顯了屈原性格上的何種特徵？請以二〇〇字～

二五〇字加以說明。

(漁父)睡了一覺，下午的日光還是一樣白。

他一身汗，濕津津的，恍惚夢中看到一個人。

一個瘦長的男人吧，奇怪得很，削削瘦瘦像一根枯掉的樹，臉上露著石塊一樣的骨骼。眉毛是往上挑的，像一把劍，鬢角的髮直往上梳，高高在腦頂綰了一個髻，最有趣的是他一頭插滿了各種的野花。

杜若香極了，被夏天的暑氣蒸發，四野都是香味。這男子，怎麼會在頭上簪了一排的杜若呢？

漁父仔細嗅了一下，還不只杜若呢！這瘦削的男子，除了頭髮上插滿了各種香花，連衣襟、衣裾都佩著花，有蘼蕪，有芷草，有鮮血一樣的杜鵑，有桃花，柳枝。漁父在這汨羅江邊長大，各種花的氣味都熟，桂花很淡，辛夷花是悠長的一種香氣，好像秋天的江水……

「你一身都是花，做什麼啊？」

漁父好像問了一句，糊裡糊塗又睡著了。(蔣勳〈關於屈原的最後一天〉)

解答　C

毛遂自薦找工作

馮諼客孟嘗君

《戰國策》

原文

（一）齊人有馮諼者，貧乏不能自存，使人屬孟嘗君，願寄食門下。孟嘗君曰：「客何好？」曰：「客無好也。」曰：「客何能？」曰：「客無能也。」孟嘗君笑而受之，曰：「諾！」左右以君賤之也，食以草具。居有頃，倚柱彈其劍，歌曰：「長鋏歸來乎！食

屬：ㄓㄨˇ，請託
左右：侍從
食：ㄙˋ，予人食物
草具：粗劣的食物
居有頃：不久
鋏：ㄐㄧㄚˊ，劍柄

翻譯

（一）齊國有個叫馮諼的人，窮得無法養活自己，請託友人去告訴孟嘗君，希望能寄身在門下當食客。孟嘗君說：「這個人有什麼嗜好？」友人說：「他沒有什麼嗜好。」孟嘗君說：「他有什麼才能？」友人又說：「他沒有什麼才能。」孟嘗君笑笑地接受了，說：「好吧！」左右侍從們以為孟嘗君輕視他，就拿粗劣的飲食給他吃。不久之後，馮諼靠著門柱彈劍唱道：「長劍啊！我們回去吧！因

無魚！」左右以告。孟嘗君曰：「食之，比門下之魚客。」居有頃（不久），復彈其鋏，歌曰：「長鋏歸來乎！出無車！」左右皆笑之，以告。孟嘗君曰：「為之駕（準備馬車），比門下之車客。」於是，乘其車，揭（高舉）其劍，過（拜訪）其友，曰：「孟嘗君客我！」後有頃，復彈其劍鋏，歌曰：「長鋏歸來乎！無以為家（無法養家）！」左右皆惡（ㄨˋ）之，以為貪而不知足。孟嘗君問：「馮公有親乎？」對曰：「有老母！」孟嘗君使人給（ㄐㄧˇ）其食用，無使乏。於是馮諼不復歌。

（二）後，孟嘗君出記（貼出布告），問門下諸客：

為吃飯沒有魚！」侍從把這件事報告孟嘗君。孟嘗君說：「給他吃魚，待遇比照門下有魚可吃的食客。」不久後，馮諼又彈他的劍柄唱道：「長劍回去吧！出門沒有車可坐！」侍從們都取笑他，又把這件事告訴孟嘗君。孟嘗君說：「替他準備車子，比照門下有車者的待遇吧。」於是馮諼坐著車，高舉著劍，去拜訪他的朋友，說道：「孟嘗君以上客之禮待我！」過了不久，馮諼又拍敲他的劍柄唱道：「長劍回去吧！無法養家！」侍從們都討厭他，認為他貪心而不知滿足。孟嘗君問道：「馮先生家裡還有親人嗎？」侍從回答說：「有年老的母親！」孟嘗君就派人供給他母親生活上的需求，使他不虞匱乏。從此，馮諼就不再歌唱了。

（二）後來孟嘗君發出布告，詢問門下的食客們：「有誰熟習會計，能替我到薛邑去收債？」馮

「誰習計會，能為文收責於薛者乎？」馮諼署曰：「能！」孟嘗君怪之，曰：「此誰也？」左右曰：「乃歌夫長鋏歸來者也。」孟嘗君笑曰：「客果有能也。吾負之，未嘗見也。」請而見之，謝曰：「文倦於事，憒於憂，而性懧愚，沉於國家之事，開罪於先生。先生不羞，乃有意欲為收責於薛乎？」馮諼曰：「願之！」於是，約車治裝，載券契而行，辭曰：「責畢收，以何市而反？」孟嘗君曰：「視吾家所寡有者！」

（三）驅而之薛。使吏召諸民當償者，悉

計會：會計
責：ㄓㄞˋ，通「債」
署：ㄕㄨˋ，簽名
負：辜負
謝：道歉
憒：ㄎㄨㄟˋ，心亂
懧：ㄋㄨㄛˋ，通「懦」
不羞：不以為羞
約車：準備車輛
券契：債券
市：買
之：往
悉：全

諼在布告上簽寫姓名說：「我能！」孟嘗君感到奇怪，便問道：「這人是誰呢？」侍從說：「就是那位唱著『長劍回去吧！』的人。」孟嘗君笑著說：「這位食客果然有才能。是我虧待了他，還不曾接見他。」於是請馮諼前來相見，向他道歉說：「我平日因瑣事而疲累不堪，因憂慮而心煩意亂，並且生性懦弱愚昧，又忙於國家大事，因此得罪了先生。先生不見怪，還願意替我到薛邑收取債款嗎？」馮諼說：「願意！」於是準備車輛，整理行李，載著借據出發，臨行時問道：「債款收齊後，要買些什麼回來？」孟嘗君說：「看我家缺少什麼東西吧！」

（三）馮諼駕車前往薛邑，讓官員召集應該還債的民眾，都來核對借據，借據全部核對完畢，就假傳孟嘗君的命令，把債款賜給民眾，於

來合券，券遍合，起矯（詐稱）命以責賜諸民，因燒其券，民稱萬歲。長驅（驅車）到齊，晨而求見。孟嘗君怪其疾（快速）也，衣冠（動詞，穿衣戴帽）而見之，曰：「責畢收乎？來何疾（迅速）也！」曰：「收畢矣！」「以何市而反？」馮諼曰：「君云視吾家所寡有者，臣竊（私下）計君宮中積珍寶，狗馬實外廄（ㄐㄧㄡˋ），美人充下陳（堂下）。君家所寡有者以義耳！竊以為君市義。」孟嘗君曰：「市義奈何？」曰：「今君有區區之薛，不拊（ㄈㄨˇ，通「撫」）愛子其民，因而賈（ㄍㄨˇ，取利）利之。臣竊矯君命，以責賜諸民，因燒其券，民稱萬歲，乃臣所以為君市義也。」孟嘗君不說（ㄩㄝˋ，通「悅」），

是燒了他們的借據，人民歡呼萬歲。馮諼一路趕車回到齊國，一大早就去求見孟嘗君，孟嘗君對他的快速感到訝異，就趕緊穿戴整齊地接見他，孟嘗君問道：「債款全部收齊了嗎？為何這麼快就回來呢！」馮諼說：「債款都收齊了！」孟嘗君問說：「那麼你買了些什麼回來？」馮諼說：「您說：『看我家缺少什麼東西』，我私下看了看，您府中堆滿了珠寶，府外的馬房擠滿了各種狗和馬，堂下站滿了美女。您家中所缺少的只有義而已！因此我私下替您買了義回來。」孟嘗君說：「你如何買義呢？」馮諼說：「如今您擁有小小的薛邑，卻不體恤愛護薛邑的人民如自己的子女，只知道以營商之道向他們謀取利益，於是我假傳您的命令，把債款賜給人民，並當面燒毀借據，百姓高呼萬歲，這就是我為您買的『義』。」孟嘗君神色不

曰：「諾！先生休矣！」後期年，齊王謂孟嘗君曰：「寡人不敢以先王之臣為臣！」孟嘗君就國於薛，未至百里，民扶老攜幼，迎君道中。孟嘗君顧謂馮諼曰：「先生所為文市義者，乃今日見之。」馮諼曰：「狡兔有三窟，僅得免其死耳。今君有一窟，未得高枕而臥也，請為君復鑿二窟。」

(四)孟嘗君予車五十乘，金五百斤，西遊於梁，謂惠王曰：「齊放其大臣孟嘗君於諸侯，諸侯先迎之者富而兵強！」於是，梁王虛上位，以故相為上將軍，遣使者，黃金

期年：ㄐㄧ，一年
寡人不敢以先王之臣為臣：以「婉曲」用法說明齊國免去孟嘗君相位
就：歸
顧：回頭
乘：ㄕㄥˋ，四匹馬為一乘
虛：動詞，空出

悅地說道：「好了！你去休息吧！」一年之後，齊王告訴孟嘗君說：「寡人不敢任用先王的大臣為臣子！」孟嘗君只好歸返受封的薛邑，在距離薛邑還有百里之遠的路上，就看見百姓扶老攜幼，在路上迎接孟嘗君。孟嘗君回頭對馮諼說：「先生您當初替我買的義，今天看到了。」馮諼說：「聰明的兔子有三處藏身的洞穴，也只能勉強保住性命而已。現在您只有一處藏身的地方，還不能高枕無憂，請讓我再替您鑿兩個藏身的地方吧。」

(四)孟嘗君給馮諼五十輛車子，五百斤黃金，派他到西邊的梁國去，馮諼對惠王說：「齊王放逐大臣孟嘗君到各諸侯國去，哪一個諸侯國能先迎聘這位人才就能國富兵強！」於是，梁王空出宰相之位，將原來的宰相調任為上將軍，派遣使者，帶千斤黃金，百輛車子，前往聘請孟嘗君。

千斤，車百乘，往聘孟嘗君。馮諼先驅，誡孟嘗君曰：「千金重幣也，百乘顯使也，齊其（大概）聞之矣！」梁使三反，孟嘗君固（堅持）辭不往也。

（五）齊王聞之，君臣恐懼，遣太傅齎（ㄐㄧ，持物送人）黃金千斤，文車二駟（ㄙˋ），服（佩戴）劍一，封書（信）謝（道歉）孟嘗君曰：「寡人不祥，被於宗廟之祟（ㄙㄨㄟˋ，鬼神的降禍），沉於諂諛（ㄔㄢˇ ㄩˊ）之臣，開罪於君，寡人不足為也。願君顧先王之宗廟，姑（姑且）反國統萬人乎？」馮諼誡孟嘗君曰：「願請先王之祭器，立宗廟於薛。」廟成，還報孟嘗君曰：「三窟已就（完成），君姑高枕為樂矣！」

馮諼急忙先趕回去，告誡孟嘗君說：「千斤黃金是厚重的聘禮，百輛車乘是顯貴的使臣，齊王應該聽到這消息了！」梁國的使臣往返三次，孟嘗君都堅決推辭不肯去任職。

（五）齊王聽到這件事，君臣都驚慌害怕，於是派遣太傅攜帶黃金千斤，華麗馬車兩輛，佩劍一把，並寫了一封書信向孟嘗君道歉說：「寡人才德不好，遭受祖先降下的災禍，又被諂媚的臣子所蒙蔽，而得罪了您，寡人是不值得幫助的。希望您能顧念先王的宗廟與基業，姑且回國來管理人民吧？」馮諼告誡孟嘗君說：「返回齊國的首要之事就是要求齊國的祖廟祭器遷到薛地。」宗廟落成後，馮諼回報孟嘗君說：「三處藏身之處已經完成了，您可以高枕無憂地快樂生活了！」

（六）孟嘗君在齊國擔任了幾十年的丞相，沒

（六）孟嘗君為相數十年，無纖（細微）介之禍者，馮諼之計也。

有遇上任何細微的禍患，這全靠馮諼的計謀啊！

現代放大鏡

孟嘗君是戰國時期著名的養士四公子之一，喜好招納賢士，各方人才爭相寄食在他的門下，據說極盛時，門下食客曾有三千人。本文中的馮諼便是毛遂自薦的食客之一，整起故事的鋪排是藉由事件的發展引領出人物形象特色，孟嘗君與馮諼兩人，一主、一客，有主動、有被動，記錄上有詳筆、有略筆，看似作為賓客的馮諼成了全文主要著墨的中心。

本文在人物角色的安排上，對於馮諼採取「先抑後揚」的筆法，而對孟嘗君呢？則是著眼於他好客能容的器度及雅量。

全文可分幾層脈絡，首先是描寫馮諼和孟嘗君的初識緣起，馮諼不斷的索求，看來貪得無厭、需索無度，而孟嘗則是大方地答應所需，兩相對照之下，人物的高低品評不言可喻。但令讀者有趣的是，何以一個不曾有何建樹的馮諼竟然如此氣焰高張呢？這樣的寫法也引領了讀者一窺下文的興趣。

到了第二段，馮諼主動表示願意替孟嘗君到薛地收債（孟嘗在京師為相，薛邑是他的封地，當時的制度是官員若有封地，則當地的稅收納於該人名下），而段末一個饒富興味的伏筆則是，馮諼問孟嘗說：「責畢收，以何市而反？」（收完債之後，要買什麼回來呢？），孟嘗君說：「視吾家所寡有者。」這段對話為後文馮諼幫孟嘗君設立「狡兔三窟」留下了伏筆。

而第三部分全段則是敘述馮諼營造三窟的經過，第一窟他幫孟嘗「市義」，孟嘗君很狐疑地問馮諼「市義」到底是什麼呢？馮諼說：「今君有區區之薛，不拊愛子其民，因而賈利之。臣竊矯君命，以責（債）賜諸民，因燒其券，民稱萬歲，乃臣所以為君市義也。」（指孟嘗君沒有撫愛照顧薛地百姓，於是馮諼矯命將民眾的借據撕毀，還利給百姓。）這段話讓孟嘗君不悅。隔了一年後，發生齊王要削去孟嘗君的相位，孟嘗君只好返回他的封地「薛邑」，沒想到這個他並沒有特意經營的薛邑，民眾竟然會爭相夾道歡迎他的回來，此刻，孟嘗恍然大悟當初馮諼市義的目的了。後來，馮諼又拉引外力，加強孟嘗君的地位，他故意放風聲說：「齊放其大臣孟嘗君於諸侯，諸侯先迎之者富而兵強！」於是梁王派遣使臣以千金、百乘馬車，希望孟嘗君能到梁國為相，這個消息被齊王聽到了，他也擔心孟嘗真的去他國為相，所以派人向孟嘗致歉說：「寡人不祥，被（遭受）於宗廟之祟，沉於諂諛之臣，開罪於君，寡人不足為也。願君顧先王之宗廟，姑反國統萬人乎？」齊王極其謙卑地請孟嘗君重新為相，這是馮諼挾外以自重而建立的第二窟。最後，馮諼為了確保孟嘗君能夠高枕無憂，還提出第三窟的建議「願請先王之祭器，立宗廟於薛。」（將齊國宗廟遷移到薛地），由於宗廟所在地是一國重心所在，舉凡國家大事的祭祀皆須在宗廟舉行，如此一來，薛地自可長保萬年無憂了。

馮諼主導了整起故事情節的流動，他的種種作為引領孟嘗君情緒及思路的變化，最後孟嘗君的成功，都憑藉著馮諼這雙默默推波助瀾的雙手。一開始的馮諼看來像個貪婪無賴之徒，最後竟以三窟成就孟嘗君的地位，文章真如翻山越嶺，驚奇萬分。

閱讀動動腦

本文情節緊湊，高潮迭起，在寫作上大量運用「層遞」的方式以凸顯旨趣，試看以下表格關於本文使用層遞之處的整理，並將「左右隨從對馮諼的態度」在課文部分所對應的層遞關係，填寫上去。

一	二	三
馮諼表現貪求之處（對孟嘗君的要求）：願寄食門下→長鋏歸來乎，食無魚→長鋏歸來乎，出無車→長鋏歸來乎，無以為家	左右隨從對馮諼的態度：	馮諼於文中的才能展現：無能→不斷對孟嘗君的要求 似能→自願為孟嘗前往薛地收債 實能→營三窟

四

馮諼所營的三窟，依其內容愈顯重要：第一窟：市義（焚券市義，收攏民心）

第二窟：復相（援外自重，重返相位）

第三窟：請廟（請立宗廟，鞏固地位）

參考答案

二、左右以君賤之，食以草具→左右以告→左右皆笑之，以告→左右皆惡之，以為貪而不知足

歷屆大考試題

一、文學作品中人物說話的「語氣」，可呈現其性格、情緒與心情；語氣可有平淡、誠懇、欣喜、不滿、憤怒、嘲諷、譏刺、諧謔、自負、自嘲……

等。下列關於說話者「語氣」的解釋，正確的選項是：

(A)〈劉姥姥〉：「劉姥姥便站起身來，高聲說道：『老劉！老劉！食量大如牛，吃個老母豬不抬頭！』」顯示出劉姥姥的自負心態

(B)〈鴻門宴〉：「亞父受玉斗，置之地，拔劍撞而破之，曰：『唉！豎子不足與謀！奪項王天下者，必沛公也，吾屬今為之虜矣！』」顯現范增莽撞而不能顧全大局的個性

(C)〈馮諼客孟嘗君〉：「（齊王）謝孟嘗君曰：『寡人不祥，被於宗廟之祟，沉於諂諛之臣，開罪於君。寡人不足為也，願君顧先王之宗廟，姑反國統萬人乎？』」顯現齊王因不滿孟嘗君門客太多，遂故加嘲諷的心態

(D)〈虬髯客傳〉：「道士對弈，虬髯與靖旁侍焉。俄而文皇來，……道士一見慘然，下棋子曰：『此局全輸矣！於此失卻局哉！救無路矣！復奚言！』罷弈請去。既出，謂虬髯曰：『此世界非公世界，他方可也。勉之，勿以為念！』」顯現道士由失望惆悵，轉而寬慰、勸勉虬髯客重新振作的心情轉折

95年大學指考

二、在言談書寫中讚美對方，除了能讓受話的對方有好印象，也有助於達成交際目的。下列敘述，敘說者選用「讚美對方」的技巧的選項是：

(A)紅拂投奔李靖時對李靖說：「妾侍楊司空久，閱天下之人多矣，未有如公者。絲蘿非獨生，願託喬木，故來奔耳。」

(B)張良對項羽說：「沛公不勝桮杓，不能辭。謹使臣良奉白璧一雙，再拜獻大王足下；玉斗一雙，再拜奉大將軍足下。」

(C)劉姥姥遇見賈惜春時說：「我的姑娘！你這麼大年紀兒，又這麼個好模樣兒，還有這個能幹，別是個神仙托生的罷。」

(D)孟嘗君對馮諼說：「文倦於事，憒於憂，而性懧愚，沉於國家之事，開罪於先生。先生不羞，乃有意欲為收責於薛乎？」

(E)蘇轍在給韓琦的信中說：「轍之來也，於山見終南、嵩、華之高，於水見黃河之大且深，於人見歐陽公，而猶以為未見太尉也！」

99年大學指考

三、文章解讀（九分）

> 齊人有馮諼者，貧乏不能自存，使人屬孟嘗君，願寄食門下。孟嘗君曰：「客何好？」曰：「客無好也。」曰：「客何能？」曰：「客無能也。」孟嘗君笑而受之，曰：「諾！」左右以君賤之也，食以草具。居有頃，倚柱彈其劍，歌曰：「長鋏歸來乎！食無魚！」左右以告。孟嘗君曰：「食之，比門下之魚客。」居有頃，復彈其鋏，歌曰：「長鋏歸來乎！出無車！」左右皆笑之，以告。孟嘗君曰：「為之駕，比門下之車客。」於是乘其車，揭其劍，過其友，曰：「孟嘗君客我！」後有頃，復彈其劍鋏，歌曰：「長鋏歸來乎！無以為家！」左右皆惡之，以為貪而不知足。孟嘗君問：「馮公有親乎？」對曰：「有老母。」孟嘗君使人給其食用，無使乏。於是馮諼不復歌。（《戰國策．齊策》）

上列引文是大家熟悉的〈馮諼客孟嘗君〉的故事，其中三處畫線部分，分別表現了孟嘗君、左右之人、馮諼的心態。請閱讀全文，仔細推敲，分別說明三者的心態。

98年大學指考

解答	一、D	二、A, C, E

秦朝滅亡誰之過

過秦論

西漢・賈誼

原文

（一）秦孝公據殽函之固（堅固之地），擁雍州之地，君臣固守，以窺（窺伺）周室；有席卷天下，包舉宇內（天下），囊括四海之意，并吞八荒（天下）之心。當是時，商君佐（輔佐）之，內立法度，務耕織，修守戰之具，外連衡（橫）而鬥（使……相鬥）諸侯。於是秦人拱手而取西河之外。

翻譯

（一）秦孝公憑藉著殽山和函谷關的堅固關口，坐擁雍州肥沃的土地，君臣上下齊心努力防守，藉著這些優勢來圖謀周朝政權；他們有奪取天下，佔領全國，併吞海內的意圖，及一統天下的野心。當時，商鞅輔佐孝公，在內政上，建立法令制度，鼓勵百姓發展農耕和紡織，重新整治攻守的武器裝備；在外交上，採用連橫政策，使諸侯各國互相爭鬥。於是，秦人輕易的取得了西河以外的土地。

（二）孝公既沒，惠文、武、昭襄，蒙（繼承）故業，因（延續）遺策，南取漢中，西舉巴蜀，東割膏腴之地，北收要害之郡（重要地方）。諸侯恐懼，會盟（聚會結盟）而謀弱秦（使……弱小），不愛（吝惜）珍器重寶肥饒之地，以致（招致）天下之士，合從締交（締結合縱的盟約），相與為一。當此之時，齊有孟嘗，趙有平原，楚有春申，魏有信陵；此四君者，皆明智而忠信，寬厚而愛人，尊賢而重士，約從離橫（約定合縱，離散連橫），兼韓、魏、燕、趙、齊、楚、宋、衛、中山之眾。於是六國之士，有寧越、徐尚、蘇秦、杜赫之屬（類）為之謀，齊明、周最、陳軫（ㄓㄣˇ）、召（ㄕㄠˋ）滑、

（二）秦孝公死後，惠文王、武王、昭襄王，繼承先人的基業，遵循前人遺留的策略，向南攻取漢中，向西攻佔巴蜀，往東割據肥沃的土地，朝北奪得險要的州郡。諸侯們都感到恐懼，於是會商聯盟，企圖削弱秦國，他們不惜用珍奇的器物、貴重的財寶和肥美的土地，來招攬天下賢才，締結合縱的盟約，彼此合成一體，聯合抗秦。此時，齊國有孟嘗君，趙國有平原君，楚國有春申君，魏國有信陵君；這四位公子，都是聰明睿智而忠誠信實，寬容厚道且愛護人民，又能尊敬賢士之人，他們約定合縱，來破壞秦國的連橫策略，結合了韓、魏、燕、趙、齊、楚、宋、衛、中山九國的軍隊。那時，六國的賢士中，有寧越、徐尚、蘇秦、杜赫這些人替各國謀劃；有齊明、周最、陳軫、召滑、樓緩、翟景、蘇厲、樂毅這些人溝

樓緩、翟（ㄓㄞˊ）景、蘇厲、樂毅之徒（類）通其意，吳起、孫臏（ㄅㄧㄣˋ）、帶佗（ㄊㄨㄛˊ）、兒（ㄋㄧˊ）良、王廖、田忌、廉頗、趙奢之倫（類）制其兵。嘗以十倍之地，百萬之眾（兵眾），叩（敲擊）關而攻秦。秦人開關延（迎）敵，九國之師，逡巡（ㄑㄩㄣ ㄒㄩㄣˊ，徘徊不前）遁逃而不敢進。秦無亡（失）矢遺鏃（ㄗㄨˊ，箭頭）之費，而天下諸侯已困矣。於是從散約解，爭割地而賂秦。秦有餘力而制其敝，追亡逐北（敗北之軍），伏尸（屍）百萬，流血漂櫓（ㄌㄨˇ，大盾）；因利乘便（乘著有利的局勢），宰割天下，分裂河山，強國請服，弱國入朝。施（ㄧˋ，延續）及孝文王、莊襄王，享國（在位）日淺，國家無事。

（三）及至始皇，奮（發揚）六世之餘烈，振長策（鞭子）

通六國的意見；有吳起、孫臏、帶佗、兒良、王廖、田忌、廉頗、趙奢這些人統率六國的軍隊。他們曾經以十倍於秦的土地，百萬的兵力，進擊函谷關，攻打秦國。秦國開關迎戰，九國的軍隊，都疑懼退卻而不敢前進。秦國沒有耗費一矢一鏃，天下的諸侯都已經疲勞困頓了。於是合縱的盟約解散了，六國爭相割地來賄賂秦國。秦國因此而有充分的力量來制伏疲憊的諸侯們，並追逐那些逃亡敗北的軍隊，橫躺在地上的死屍多達百萬，血流成河連盾牌都可以漂浮起來；秦國藉著這有利的形勢，良好的時機，宰割天下諸侯，割取各國的土地，於是強國請求降服，弱國則入朝稱臣。到了孝文王、莊襄王，他們在位的時間短暫，國家沒有什麼戰事。

（三）王位傳到了秦始皇，發揮了六世累積下來

而馭宇內，吞二周而亡諸侯，履至尊（天子）而制六合（天下），執捶（ㄔㄨㄟˊ，鞭子）拊（ㄈㄨˇ，鞭柄）以鞭笞（ㄔ）天下，威振四海。南取百越之地，以為桂林、象郡；百越之君，俛（ㄈㄨˇ，低頭）首係（ㄒㄧˋ，通「繫」）頸，委命下吏；乃使蒙恬北築長城而守藩籬，卻（退卻）匈奴七百餘里；胡人不敢南下而牧馬，士不敢彎弓而報怨（報復）。於是廢先王之道，燔（ㄈㄢˊ，焚燒）百家之言，以愚黔（ㄑㄧㄢˊ）首；隳（ㄏㄨㄟ，毀壞）名城，殺豪傑，收天下之兵（武器），聚之咸陽，銷鋒鏑（ㄉㄧˊ，箭頭），鑄以為金人十二，以弱（削弱）天下之民。然後踐（登也）華（ㄏㄨㄚˋ，華山）為城，因（依也）河（黃河）為池，據億丈之城，臨不測之谿（無底之深谿）以為固。良將勁弩（ㄋㄨˇ，弓弩），守要害（險要之處）之

的豐功偉業，揮動長鞭以駕馭天下，併吞東周、西周，又滅亡了各國諸侯，登上帝位，統治天下，拿著棍杖，鞭策天下人民，威風震動四海。向南佔領百越的土地，設置桂林郡、象郡，百越的君主俯首稱臣，投降請罪，生命都掌握在秦國官吏的手裡；於是派蒙恬到北方修築長城，防衛邊疆，逐退匈奴七百多里，使胡人不敢南下來牧馬，胡兵也不敢拉弓放箭來報仇。於是秦始皇廢除先王的聖道法治，燒燬諸子百家的典籍，實施愚民政策；毀壞各國的舊城，屠殺天下英雄豪傑，沒收全國的兵器，將它們聚集在咸陽，鎔化刀鋒箭頭，鑄造成十二座金人，以削弱民間的武力。然後在華山上建造城郭，依靠黃河當作護城河，據守億丈的高城，臨靠無底的深谷，以為屏障。再加上良將手持強勁的弓弩，駐守險要的地方；忠實的臣子，精銳的士卒，

處；信臣精卒（精銳的），陳（陳列，動詞）利兵（兵器）而誰何？天下已定，始皇之心，自以為關中之固，金（堅固的）城千里，子孫帝王萬世之業也。

（四）始皇既沒，餘威震於殊俗。然而陳涉，甕牖（ㄧㄡˇ，窗）繩樞（ㄕㄨ，門軸）之子，甿（ㄇㄥˊ，甿隸，百姓）隸之人，而遷徙之徒也，才能不及中人（一般人），非有仲尼、墨翟（ㄉㄧˊ）之賢，陶朱、猗（ㄧ）頓之富，躡足行伍（軍隊）之間，倔起阡陌（田野）之中，率罷（ㄆㄧˊ，通「疲」）散之卒，將（ㄐㄧㄤˋ，率領）數百之眾，轉而攻秦；斬木（樹木）為兵（兵器），揭（高舉）竿為旗，天下雲集而響應，贏（擔負）糧而景（ㄧㄥˇ，通「影」）從，山東豪俊，遂並起而亡秦族矣。

擺出鋒利的武器，又有誰能對始皇如何呢？天下已經平定之後，秦始皇的心中，以為堅固的關中，就像是佔地千里的堅固城堡，可以作為子孫萬世不朽的基業了。

（四）始皇死後，遺留下的聲威還震懾著遠方的蠻夷。然而陳涉，一個用破甕做窗戶、以草繩繫門軸的窮人子弟，是一介平民百姓，又是被處罰戍邊的人，才能比不上一般人，既沒有孔子、墨子的賢能，也沒有陶朱、猗頓的富裕，身處軍隊之間，突然興起於田野之中，率領著疲憊散亂的士兵，帶領著數百人馬，反過來攻打秦國；他們砍伐樹木製成兵器，高舉竹竿做旗幟，而天下人像雲朵般聚集起來呼應附從，挑著糧食，如影隨形地跟著他，於是殽山以東的英雄豪傑，便齊心勠力一起消滅秦國。

（五）且夫天下非小弱也，雍州之地，殽函之固，自若也；陳涉之位，非尊於齊、楚、燕、趙、韓、魏、宋、衛、中山之君也；鉏（ㄔㄨˊ）耰（ㄧㄡ）棘（ㄐㄧˊ）矜（ㄐㄧㄣ，農具），非銛（ㄒㄧㄢ，銳利）於鉤戟（ㄐㄧˇ）長鎩（ㄕㄚ）也；謫戍之眾，非抗於九國之師也；深謀遠慮，行軍用兵之道，非及曩（ㄋㄤˇ，從前）時之士也；然而成敗異變，功業相反也。試使山東之國，與陳涉度（ㄉㄨㄛˋ，衡量）長絜（ㄒㄧㄝˊ，衡量）大，比權量力，則不可同年而（相提並論）語矣；然秦以區區（小小）之地，致萬乘（帝王之位）之權，招八州（其他六國）而朝同列，百有（ㄧㄡˋ）餘年矣；然後以六合（天下）為家，殽函為宮，一夫作難而七廟隳（ㄏㄨㄟ，毀壞），身

（五）此時秦國的天下，並沒有變小，變弱，雍州肥沃的土地，殽山、函谷關的險固，一如從前；陳涉的地位，比不上齊、楚、燕、趙、韓、魏、宋、衛、中山等各國國君尊貴；鋤柄木杖等農具，也沒有鉤戟長矛銳利；被流放充軍的人，也不及九國的正規軍隊；深謀遠慮，或行軍用兵的能力，也比不上昔日六國的謀士將領們；可是成敗卻大不相同，所建立的功業也恰恰相反。假使把從前六國諸侯，拿來和陳涉衡量長短大小，比較權勢力量，那是不能相提並論的啊；然而當年秦國憑著小小的土地，最後取得帝王之威權，併吞了其他八州的版圖，使地位原本相同的諸侯都向秦稱臣，已經有一百多年了；最後把天下變成自己的家，把殽山、函谷關作為自家宮室，不料有一個人（陳涉）起來發難，竟然使秦國宗廟被毀，君主死在敵人之

死人手，為天下笑者，何也？仁義不施，而攻守之勢異也。

手（子嬰為項羽所殺），被天下人所譏笑，這是為什麼呢？就是因為不施行仁義，而攻守的形勢也改變了。

現代放大鏡

〈過秦論〉一文原來題為〈過秦〉，題目的意思在討論「秦朝之過」。依內容區分，可以就上中下三個部分來看，「上」篇討論秦始皇；「中」篇討論秦二世胡亥；「下」篇則論述三世孺子嬰，一般所稱的〈過秦論〉主要是指記載秦始皇的這一部分。

全文依照文意發展的脈絡呈現出的「結構」是「先記敘後議論」（前四段為敘，最末段為論）的樣貌，在「敘」的部分採時間順序的方式歷敘秦在不同時期的國勢，而「論」的部分則是提出六國、陳涉與秦國的種種比較對照，說明秦國滅亡的原因乃在於「仁義不施，攻守之勢異也」。

全文對於秦國採取「先揚後抑」的寫法，秦之前歷代君王為國家建立起強國的根基，到了始皇終於一統天下，看來是能夠開創盛世之業，但是乍起後卻在三世便滅亡了，賈誼企圖為秦之亡找出破敗之機，這樣的史論文章值得借鑑。

文章的結構其實與文意、文氣緊緊綁縛在一起，雖然本文極長，那是因為大量堆疊使用駢句、典故所造就的文章形式，但在旨趣上它並不複雜，我們先以表格來大略剖析全文的章法及大意：

第一段	敘－孝公志在天下，得商君輔佐，使秦國於西戎稱霸一方，奠定秦強盛的根基。
	分析－秦與六國關係：「外連橫而鬥諸侯，秦人拱手而取西河之外」。
第二段	敘－惠文、武、昭襄因遺策，蒙故業，宰割天下，使六國諸侯恐懼；孝文王、莊襄王，享國日淺，國家無事。
	分析－秦與六國關係：「六國精銳盡出仍不敵秦國，合縱之約散解，六國國力疲困」。
第三段	敘－始皇即位，奮六世之餘烈，執捶拊以鞭笞天下，威震海內。踐華為城，因河為池，以為關中之固，金城千里，能建立萬世之業。
	分析－秦與六國關係：「吞併六國，天下已定」。
第四段	敘－始皇既沒，餘威震於殊俗，然而陳涉，甕牖繩樞之子，將數百之眾，斬木為兵，揭竿起義，天下響應，山東豪俊並起而亡秦族。
	分析－秦與六國關係：「秦已呈末世之態，各地反秦勢力四起」。
末段	論－六國、陳涉與秦的「戰力」比較，區區陳涉無論在武器、戰術、組織……皆不及六國，而六國為何地廣兵強，卻敗於秦？陳涉又何以使強秦開始崩散？賈誼針對強秦的敗亡提出關鍵結論「仁義不施，攻守之勢異也。」

全文在末段的議論是最值得思辨及探究之處，它從五個地方將「陳涉與秦國」、「六國與秦國」、「陳涉與六國」進行交錯比較：①夫天下非小弱也，雍州之地，殽函之固，自若也②陳涉之位，非尊於齊、楚、燕、趙、韓、魏、宋、衛、中山之君也③鉏櫌（農具）棘矜（棘，通「戟」；矜，矛柄）非銛（鋒利、銳利）於鉤戟長鎩（長矛）也④謫戍之眾，非抗於九國之師也⑤深謀遠慮，行軍用兵之道，非及曩時之士也。這五點分別從土地、地位、武器、兵士、戰術等方面討論秦國、六國、陳涉的「攻」與「守」態勢轉變的原因。

由於本文中援引的史例（部分史例的時代性待商榷）極多，加以大量使用駢偶的句式，使得文章更顯氣勢磅礴，閱讀時可將李斯〈諫逐客書〉一文共同參看，以觀察大量使用駢偶的文章，在形式上的共通性及特色。除此之外，在內容上可以將它與蘇洵的〈六國論〉參看，因為〈六國論〉在說明六國何以土地、將士、兵力遠高於秦仍相繼滅亡。蘇洵開宗明義說：「六國破滅，非兵不利，戰不善，弊在賂秦。賂秦而力虧，破滅之道也。」或曰：「六國互喪，率賂秦邪？」曰：「不賂者以賂者喪。蓋失強援，不能獨完。故曰弊在賂秦也。」六國破滅在前，秦王朝破滅在後，雖然原因並不相同，但歷史的演變循環到底呈現何種軌跡？人事的力量對於世局有何影響？值得細細思量。

閱讀動動腦

一、本文在第二段中為何要花極大的篇幅臚列東方各國的國名及六國的名將賢士，它對於文意有何影響嗎？

二、本文在第四段對於陳涉的描述上有何特色呢？

三、閱讀完上述的文章章法表格後，你有觀察出賈誼寫作此文的特色嗎？

參考答案

一、六國有如此多謀士武將、百萬雄軍，何以最後仍敗給秦國，作者大概有反諷之意。

二、文中所描述的陳涉無論從出身背景、能力、作戰策略、使用武器上完全不及秦與六國，以一種「抑筆」來描寫陳涉。

三、歷述秦代君王的政績時採用時間順序法。比較秦國、六國、陳涉的成功與失敗時運用相當多映襯的對照手法。

下列各文句「　」中的句意，解釋正確的選項是：

(A)秦有餘力而制其敝，「追亡逐北」：是說秦軍大勝，追趕敗逃的敵軍將之驅逐至北方〈賈誼〈過秦論〉〉

(B)「而君慮周行果」，非久於布衣者也：是稱讚對方思慮周密，故行事皆能有好的結果〈方孝孺〈指喻〉〉

(C)於水見黃河之大且深，於人見歐陽公，「而猶以為未見太尉也」：是指見到歐陽脩後，歐陽脩還以為蘇轍尚未見過韓琦之面〈蘇轍〈上樞密韓太尉書〉〉

(D)武陵人誤入桃源，余曩者嘗疑其誕，「以水沙連觀之，信彭澤之非欺我也」：意謂從水沙連的風土人情來看，陶淵明筆下的世外桃源的確不是虛構騙人的〈藍鼎元〈紀水沙連〉〉

98年大學指考

解答　一、D

會無好會，宴無好宴

鴻門宴

西漢・司馬遷《史記》

原文

(一)楚軍夜擊，坑[坑殺]秦卒二十餘萬人新安城南。

(二)行[即將]略定秦地，至函谷關，有兵守關，不得入。又聞沛公已破咸陽，項羽大怒，使當陽君等擊關，項羽遂入，至于戲西。沛公軍[動詞，駐紮]霸上，未得與項羽相見。沛公左司馬曹無

翻譯

(一)項羽的軍隊趁著夜間襲擊秦營，在新安城南活埋了二十餘萬秦軍。

(二)即將攻取秦國舊有的領地關中；至函谷關時，有軍隊把守關口，無法進入。又聽說沛公已經攻破咸陽，項羽大怒，派當陽君英布等人攻打函谷關，於是項羽進入關中，到達戲水西邊。沛公駐軍霸上，沒能和項羽相見。沛公的左司馬曹無傷派人對項羽說：「沛公要在關中稱王，並

傷使人言於項羽曰：「沛公欲王（ㄨㄤˋ，稱王）關中，使子嬰為相，珍寶盡有之。」項羽大怒，曰：「旦日（明日）饗（ㄒㄧㄤˇ，犒賞）士卒，為擊破沛公軍！」當是時，項羽兵四十萬，在新豐鴻門，沛公兵十萬，在霸上。范增說（ㄕㄨㄟˋ）項羽曰：「沛公居山東時，貪於財貨，好美姬。今入關，財物無所取，婦女無所幸（不近女色），此其志不在小。吾令人望其氣，皆為龍虎，成五采，此天子氣也，急擊勿失。」

(三)楚左尹項伯者，項羽季父也，素善（向來友好）留侯張良。張良是時（當時）從沛公，項伯乃夜馳之（往）沛公軍，私見張良，具（詳細）告以事，欲呼張良與

讓秦王子嬰為相，秦國所有的珍寶都歸他所有。」項羽聽後大怒說：「明晨讓士兵們好好吃一頓，準備擊敗沛公的軍隊！」此時，項羽擁兵四十萬，駐紮在新豐鴻門；沛公擁兵十萬，駐紮在霸上。范增勸項羽說：「沛公在山東地區時，貪迷財貨，喜好美女。如今入關以後，沒有收取任何財物，也沒有貪戀任何婦女，這說明他的志向不小。我派人觀察他那邊的雲氣，都是一些龍虎的形象，五彩斑爛，這是天子的雲氣啊，要趕快出兵進攻，不要錯失了良機！」

(三)楚國的左尹項伯，是項羽的叔父，向來和留侯張良友好。張良這時跟著沛公，項伯於是當夜急馳到沛公的軍營，私下會見張良，把事情全部告訴張良，希望張良與他一同離去，並且說道：「不要跟著劉邦一起送死！」張良說：「我為

俱(一起)去。曰：「毋(ㄨˊ)從俱死也。」張良曰：「臣為韓王送沛公，沛公今事有急，亡去(逃走)不義，不可不語(ㄩˋ，告訴)。」良乃入，具告沛公。沛公大驚，曰：「為之奈何？」張良曰：「誰為大王為此計者？」曰：「鯫生(ㄗㄡ，小人)說我曰『距(通「拒」)關，毋內(ㄋㄚˋ，通「納」)諸侯，秦地可盡王(稱王)也』。故聽之。」良曰：「料大王士卒足以當(ㄉㄤˋ，抵擋)項王乎？」沛公默然，曰：「固不如也，且為之奈何？」張良曰：「請往謂項伯，言『沛公不敢背項王也』。」沛公曰：「君安(何)與項伯有故(舊情)？」張良曰：「秦時與臣游，項伯殺人，臣活(動詞，使…活下)之。今事有急，故幸來告良。」沛公曰：「孰

韓王護送沛公入關。沛公現在有急難，我就這樣逃走，這是不合道義的，我不能不告訴他。」張良於是進入營中，把事情全部告訴沛公。沛公大吃一驚，說：「我該怎麼辦？」張良說：「是誰替大王出這計謀？」沛公說：「是一個小人勸我說：『擋住函谷關，不讓諸侯入關，就可以完全掌握秦國的土地。』所以聽他的話。」張良說：「大王，估量您的軍隊士卒，能夠抵擋項王的兵力嗎？」沛公沉默下來，說：「本來就不如，這下該怎麼辦？」張良說：「請讓我去告訴項伯，說『沛公不敢背叛項王。』」沛公說：「你與項伯怎會有交情？」張良說：「我在秦國時就與他認識，項伯殺了人，是我救了他的命。如今事態緊急，所以親自來告知我。」沛公說：「項伯和你相比，誰的年紀大？」張良說：「他比我年紀長。」沛公說：

與君少長？」良曰：「長於臣。」沛公曰：「君為我呼入，吾得兄事之。」張良出，要（一ㄠ，同「邀」）項伯。項伯即入見沛公，沛公奉卮（ㄓ，酒杯）酒為壽，約為婚姻，曰：「吾入關，秋毫不敢有所近，籍（動詞，登錄）吏民，封府庫，而待將軍。所以遣將守關者，備他盜之出入與非常（名詞，意外事故）也。日夜望將軍至，豈敢反乎？願伯具言臣之不敢倍（通「背」）德也。」項伯許諾，謂沛公曰：「旦日（明早）不可不蚤（通「早」）自來謝（謝罪）項王。」沛公曰：「諾。」於是項伯復夜去，至軍中，具以沛公言報項王。因言曰：「沛公不先破關中，公豈敢入乎？今人有大功而擊之，不

「你替我把項伯叫進來，我要以兄長的禮節來對待他。」張良走了出去，請項伯進來。項伯入營拜見沛公，沛公獻上一杯酒，祝福項伯，又與他約做兒女親家，說道：「自從我入關以來，對秦室的財富絲毫不敢取用，只將百姓的戶口登記在簿籍上，並且查封府庫的財物，只等待項羽將軍的到來。我所以派遣將士守關，是為了防備其他盜賊的入侵和突如其來的意外發生。日夜期盼著將軍到來，哪敢有反叛之心？希望您對項羽將軍說明我是不敢忘恩負義。」項伯答應了，對沛公說：「明晨一定要早點來向項王謝罪。」沛公說：「好的！」於是項伯又連夜離去。回到軍中，把沛公所說的話報告項王。接著說：「沛公不先攻破關中，您又怎麼敢入關呢？如今別人有大功卻要攻擊他，這是不義的，不如趁此機會善待

義也，不如因善遇之。」項王許諾。

（四）沛公旦日從百餘騎來見項王，至鴻門，謝曰：「臣與將軍戮力而攻秦，將軍戰河北，臣戰河南，然不自意能先入關破秦，得復見將軍於此。今者有小人之言，令將軍與臣有郤。」項王曰：「此沛公左司馬曹無傷言之；不然，籍何以至此？」項王即日因留沛公與飲。項王、項伯東嚮坐，亞父南嚮坐，亞父者，范增也，沛公北嚮坐，張良西嚮侍。范增數目項王，舉所佩玉玦以示之者三，項王默然不應。范增起，出召項莊，謂曰：「君

遇：對待
戮力：ㄌㄨˋ，齊力
不自意：沒料到
郤：ㄒㄧˋ，通「隙」
嚮：向東，通「向」
數目：ㄕㄨㄛˋ，使眼色

他。」項王答應了。

（四）沛公第二天一大早帶著百餘名隨從來見項王，到了鴻門，對項王賠罪說：「我和將軍同心努力地攻打秦軍，將軍在黃河以北作戰，我在黃河以南作戰，但是沒想到我竟能先進入關中攻破秦軍，又能在這裡和將軍相見。如今因為有小人的閒言，使得將軍和我之間有了嫌隙。」項王說：「這是沛公您的左司馬曹無傷說的；不然，我怎麼會這樣呢？」項王當日即留沛公一同飲酒。項王、項伯面東而坐，亞父面南而坐——亞父，就是范增，沛公面北而坐，張良面西而侍。范增屢次向項王使眼色，並三次舉起他佩帶的玉玦暗示（要求決斷），項王都靜靜的沒有回應。范增便起身出帳召喚項莊，對項莊說：「君王為人心軟不忍下手，你進去上前敬酒，敬完酒，請求

王為人不忍，若（你）入前為壽，壽畢，請以劍舞，因（乘機）擊沛公於坐，殺之。不（ㄈㄡˇ）者，若屬（你們）皆且為所虜。」莊則入為壽，壽畢，曰：「君王與沛公飲，軍中無以為樂，請以劍舞。」項王曰：「諾。」項莊拔劍起舞，項伯亦拔劍起舞，常以身翼蔽（如鳥翅般遮擋）沛公，莊不得擊。於是張良至軍門，見樊噲。樊噲曰：「今日之事何如？」良曰：「甚急。今者項莊拔劍舞，其意常在沛公也。」噲曰：「此迫矣，臣請入，與之同命（同生死）。」噲即帶劍擁盾入軍門，交戟（ㄐㄧˇ）之衛士欲止不內（ㄋㄚˋ，同「納」），樊噲側其盾以撞，衛士仆地，噲遂入，披帷（打開營帳），西

表演劍舞，趁機將沛公刺殺在坐席上。不然的話，你們都將成為他的俘虜了！」項莊於是進去敬酒，敬酒完畢，說：「君王與沛公飲酒，軍中沒有什麼可以助興的，請讓我為你們表演劍舞吧。」項王說：「好！」項莊拔劍起舞，項伯也拔劍起舞，常常以身體掩護沛公，使項莊沒有機會可以擊殺沛公。這時張良來到軍營門口，見到了樊噲。樊噲說：「現在情況如何？」張良說：「事情非常緊急！現在項莊拔劍起舞，他的用意是要取沛公的命。」樊噲說：「這太危險了啊！請讓我進入，與沛公同生死！」樊噲隨即帶劍擁盾進入軍營門口，持戟在軍營門口的衛兵想阻止他進入，樊噲側著盾牌朝衛兵撞擊過去，衛兵們仆倒在地上，樊噲於是進入營中，掀開軍帳，面向西邊站著，瞪大眼睛怒視項王，頭髮向上直

嚮立，瞋（ㄔㄣ，瞪大眼睛）目視項王，頭髮上指，目眥（ㄗˋ，眼眶）盡裂。項王按劍而跽（ㄐㄧˋ，長跪）曰：「客何為者？」張良曰：「沛公之參乘（ㄘㄢ ㄕㄥˋ）樊噲者也。」項王曰：「壯士，賜之卮酒。」則與斗卮酒，噲拜謝，起，立而飲之。項王曰：「賜之彘（ㄓˋ）肩。」則與一生彘肩（豬肘子）。樊噲覆其盾於地，加彘肩上，拔劍切而啗（ㄉㄢˋ，吃）之。項王曰：「壯士，能復飲乎？」樊噲曰：「臣死且不避，卮酒安足辭（推辭）？夫秦王有虎狼之心，殺人如不能舉（窮盡），刑（動詞，刑罰）人如恐不勝（ㄕㄥ），天下皆叛之。懷王與諸將約曰：『先破秦入咸陽者王之。』今沛公先破秦入咸陽，毫毛不敢有所近，封

立，眼眶都睜得快裂開了。項王按著寶劍直起上身，說：「來客是何人？」張良說：「這是沛公座車的護衛樊噲。」項王說：「真是一位壯士！賜給他一杯酒。」就給了他一大杯酒，樊噲拜謝，起身，站著喝了這杯酒。項王說：「賜給他一隻豬肘子。」衛士就給了他一隻沒有煮熟的豬肘子。樊噲將盾牌平放在地上，把豬肘子放在盾牌上，拔劍切開就吃了。項王說：「壯士！還能再飲酒嗎？」樊噲說：「我死尚且不怕，只是一杯酒有什麼好推辭？秦王有虎狼之心，殺人唯恐殺不完，處罰人好像擔心不能用盡酷刑似的，因此天下百姓都背叛他。楚懷王和眾將領約定說：『先破秦國入咸陽的人封他為王。』現在沛公先攻破秦軍，進入咸陽，對秦室的財富絲毫不敢動，封閉宮室，撤軍到霸上，以等待大王您的來臨。所

閉宮室，還軍霸上，以待大王來。故遣將守關者，備他盜出入與非常也。勞苦而功高如此，未有封侯之賞，而聽細說（讒毀之言），欲誅有功之人。此亡秦之續耳，竊為大王不取也。」項王未有以應，曰：「坐。」樊噲從良坐。坐須臾，沛公起如廁，因招樊噲出。

（五）沛公已出，項王使都尉陳平召沛公。沛公曰：「今者出，未辭也，為之奈何？」樊噲曰：「大行不顧細謹（細節），大禮不辭小讓。如今人方為刀俎（ㄗㄨˇ，砧板），我為魚肉，何辭為？」於是遂去。乃令張良留謝（道歉）。良問曰：「大王來何操（拿）？」

以派遣將士守關，是為了防備盜賊的入侵和突如其來的變故。這樣勞苦功高，沒有得到封侯的獎賞，而您卻聽信小人的讒言，想誅殺有功的人，這樣做豈不是走暴秦的舊路嗎！我認為大王這樣做事是不可取的。」項王沒有回應，只說：「坐吧！」樊噲於是挨著張良坐下來。坐了一會兒，沛公起身去廁所，順便把樊噲叫出來。

（五）沛公出來後，項王派都尉陳平去找沛公。沛公說：「現在我出來了，沒有告辭，這該怎麼辦！」樊噲曰：「做大事的人是不須拘泥枝微末節，行大禮的人不須講究小謙讓。如今，別人正像是菜刀和砧板，而我們像是砧板上快被宰割的魚和肉，還要告辭什麼呢？」於是決定離開，並命令張良留下來謝罪。張良問：「大王來時攜帶了什麼禮物？」沛公說：「我帶了白璧一雙，

曰：「我持白璧一雙，欲獻項王；玉斗一雙，欲與亞父，會（適逢）其怒，不敢獻，公為我獻之。」張良曰：「謹諾。」當是時，項王軍在鴻門下，沛公軍在霸上，相去四十里。沛公則置車騎，脫身獨騎，與樊噲、夏侯嬰、靳彊（ㄐㄧㄣˋ ㄑㄧㄤˊ）、紀信等四人，持劍盾步走，從酈山下，道芷陽閒（ㄐㄧㄢˋ，抄小路）行。沛公謂張良曰：「從此道至吾軍，不過二十里耳，度（ㄉㄨㄛˋ，估算）我至軍中，公乃入。」沛公已去，閒（ㄐㄧㄢˋ）至軍中，張良入謝（謝罪），曰：「沛公不勝桮杓（ㄅㄟ ㄕㄠˊ，借指酒力），不能辭，僅使臣良奉白璧一雙，再拜獻大王足下；玉斗一雙，再拜奉大將軍足下。」項王曰：「沛

想獻給項王；玉斗一雙，想送給亞父。正好遇到他們發怒，不敢奉上，你替我送給他們。」張良說：「遵命！」當時，項王的軍隊駐紮在鴻門一帶，沛公的駐軍在霸上，兩地相距四十里。沛公拋棄來時的車駕和騎兵，脫身溜掉，他一人騎馬，樊噲、夏侯嬰、靳彊、紀信等四人，手持劍盾跟隨在後，徒步快跑，從酈山而下，經由芷陽抄小路走。沛公對張良說：「從這條路回到軍營，不過二十里罷了；估計我們到達軍營的時候，你再進去謝罪。」沛公已經離去，抄近路回到軍營，張良才入帳謝罪，說：「沛公不勝酒力，不能親自告辭。委派臣下謹奉白璧一雙，恭敬獻給大王足下；玉斗一雙，恭敬奉給大將軍足下。」項王說：「沛公現在在什麼地方？」張良說：「聽說大王有意責備他的過錯，

公安在？」良曰：「聞大王有意督過之，脫身獨去，已至軍矣。」項王則受璧，置之坐上。亞父受玉斗，置之地，拔劍撞而破之，曰：「唉！豎子（罵人的話）！不足與謀，奪項王天下者，必沛公也，吾屬（我們）今為之虜矣。」沛公至軍，立誅殺曹無傷。

脫身獨自回去，想必已經回到軍營了吧。」項王聽完後就接受了璧玉，放在坐位上。亞父接過玉斗，丟在地上，拔劍擊碎它，說：「唉！項羽這小子！不能和他共同圖謀大事！將來奪取項王天下的人，一定是沛公啊，我們這些人注定要成為他的俘虜了！」沛公回到軍營，立即誅殺了曹無傷。

現代放大鏡

司馬遷《史記》一書中對於人物的記載及描摹極其生動傳神，它的寫作手法，被視為後世小說人物書寫的典範。〈鴻門宴〉一文節選自《史記．項羽本紀》，而〈項羽本紀〉正是項羽一生起落的紀錄，若將全文的文意發展脈落稍加爬梳成三大部分，「鉅鹿之役→鴻門之宴→垓下之圍」，它們正標誌著項羽一生從爬坡、攻頂、到最後下坡的歷程。

此處我們要看的〈鴻門宴〉，它的背景正是：劉邦率先攻入了關中後，守住關門，項羽軍隊在連番攻佔秦國土地後，正準備挺進函谷關，卻不得其門而入，大為震怒，欲對劉邦攻擊，劉邦自知兵力不足，於是接受張良等人提議，向項羽謝罪，這場道歉宴會便是著名的「鴻門宴」。

〈鴻門宴〉中最精采的是人物形象的刻劃、情節發展的緊湊，其中有詳筆，也有略筆，但對於人物的主要性格常能一針見血的呈現，以下是本文中楚漢兩方主要角色的分類，閱讀課

鉅鹿之役	項羽襲殺宋義，率軍渡河，破釜沉舟，在鉅鹿大敗秦軍，章邯投降，正式崛起成為諸侯心中的上將軍。
鴻門之宴	項羽聲勢值高峰卻因誤判情勢，以勇自恃，以義自許，縱放劉邦，為日後敗亡留下伏筆。
垓下之圍	四面楚歌，虞姬自刎。項羽率八百騎兵突破重圍到烏江邊，本有機會涉水而過，後自刎而亡，軀體被分四塊，連同頭顱五塊，漢軍獲得者各有封賞。

文時可就此類別，比較彼此的差異：

	主帥	謀臣	勇將	內奸
楚	項羽	范增	項莊	項伯
漢	劉邦	張良	樊噲	曹無傷

例如：在劉邦跟項羽謝罪後，項羽竟說出：「此沛公左司馬曹無傷言之，不然籍何以致此？」此話一出，豈不陷曹無傷於不義，項羽竟如此容易被套話啊！相較於此，老謀深算的劉邦一回軍營中則是「沛公至軍，立誅殺曹無傷」，兩人心機的高低於此可見。再如樊噲這一角色，作者也是多所著墨：「樊噲側其盾以撞，衛士仆地，噲遂入，披帷，西嚮立，瞋目視項王，頭髮上指，目眥盡裂。……項王曰：「壯士，賜之卮酒。」則與斗卮酒。噲拜謝，起，立而飲之。項王曰：「賜之彘肩。」樊噲覆其盾於地，加彘肩上，拔劍切而啗之。項王曰：「壯士，能復飲乎？」文字上短句為多，並以動詞凸顯樊噲動作的快速豪邁，一個莽撞的將士來者不善，何以項羽竟對他禮遇三分，賞酒又賞肉，可見對於樊噲，項羽應該極為欣賞，或許因為他遇見一個與自己相似之人，勇敢而豪邁，基於英雄惜英雄之故吧！而這又側寫出項羽性格中的另一面——「真」。

同為兩方的將士，司馬遷詳寫樊噲，略寫項莊；同為謀臣，范增的忠心耿耿卻無力回天的悲憤亦是活靈活現，從宴會一開始：「范增數目項王，舉所佩玉玦以示之者三，項王默然不應。范增起，出召項莊，謂曰：「君王為人不忍，若入前為壽，壽畢，請以劍舞，因擊沛公於坐，殺之。不者，若屬皆且為所虜。」到最後氣憤地說：「唉！豎子不足與謀。奪項王天下者，必沛公也，吾屬今為之虜矣。」一個老臣恨鐵不成鋼的忠誠形象躍然紙上。而兩方的主將，項羽因為情與義而裹足不前，劉邦為了求生存可以選擇尿遁，成與敗或許就在此一線之隔了。

閱讀動動腦

鴻門宴當中的座次表隱含了項羽和劉邦兩方的主從關係。請你閱讀完以下文字後，在下表約略畫出這場宴會的座次。

> 項王、項伯東嚮坐。亞父南嚮坐。亞父者，范增也。沛公北嚮坐，張良西嚮侍。

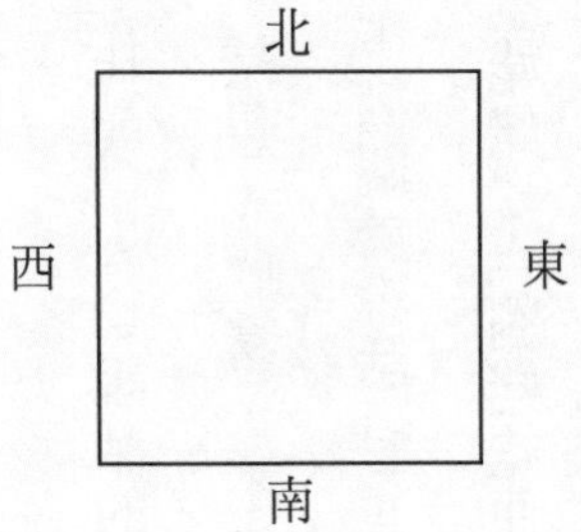

參考答案

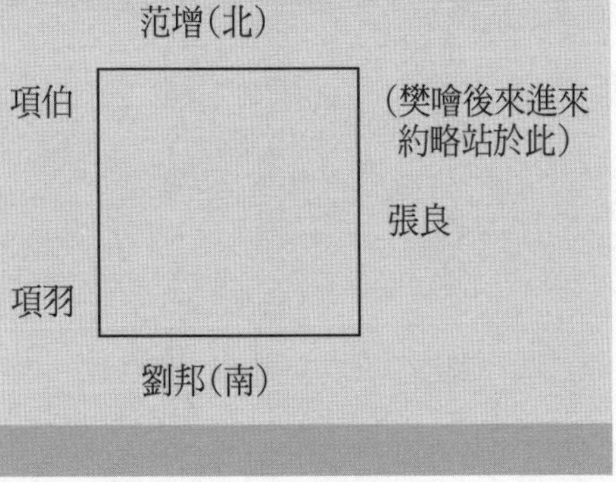

歷屆大考試題

一、文學作品中人物說話的「語氣」，可呈現其性格、情緒與心情；語氣可有平淡、誠懇、欣喜、不滿、憤怒、嘲諷、譏刺、諧謔、自負、自嘲……等。下列關於說話者「語氣」的解釋，正確的選項是：

(A)〈劉姥姥〉：「劉姥姥便站起身來，高聲說道：『老劉！老劉！食量大如牛，吃個老母豬不抬頭！』」顯示出劉姥姥的自負心態

(B)〈鴻門宴〉：「亞父受玉斗，置之地，拔劍撞而破之，曰：『唉！豎子不足與謀！奪項王天下者，必沛公也，吾屬今為之虜矣！』」顯現范增莽撞而不能顧全大局的個性

(C)〈馮諼客孟嘗君〉：「（齊王）謝孟嘗君曰：『寡人不祥，被於宗廟之祟，沉於諂諛之臣，開罪於君。寡人不足為也，願君顧先王之宗廟，姑反國統萬人乎？』」顯現齊王因不滿孟嘗君門客太多，遂故加嘲諷的心態

(D)〈虬髯客傳〉：「道士對弈，虬髯與靖旁侍焉。俄而文皇來，……道士一見慘然，下棋子曰：『此局全輸矣！於此失卻局哉！救無路矣！復奚言！』罷

弈請去。既出，謂虬髯曰：『此世界非公世界，他方可也。勉之，勿以為念！』」顯現道士由失望惆悵，轉而寬慰、勸勉虬髯客重新振作的心情轉折

95年大學指考

二、非選擇題

「擴寫」是以原有的材料為基礎，掌握該材料的主旨、精神，運用想像力加以渲染。請仔細閱讀框線內《史記・項羽本紀》的文字後加以擴寫，文長約三百～四百字。提示：本題非翻譯題，請勿將原文譯成白話。

> 范增起，出召項莊，謂曰：「君王為人不忍，若入前為壽，壽畢，請以劍舞，因擊沛公於坐，殺之。不者，若屬皆且為所虜。」莊則入為壽，壽畢，曰：「君王與沛公飲，軍中無以為樂，請以劍舞。」項王曰：「諾。」項莊拔劍起舞，項伯亦拔劍起舞，常以身翼蔽沛公，莊不得擊。

97年大學指考非選擇題

解答　一、D

登高望遠，然後呢？

登樓賦

東漢・王粲

原文

（一）登茲樓以四望（四方眺望）兮，聊（姑且、賴）暇日以銷（消除）憂。覽斯宇之所處兮，實顯敞（寬敞）而寡仇（ㄑㄧㄡˊ，匹敵）。挾清漳之通浦（ㄆㄨˇ，水邊）兮，倚曲沮（ㄐㄩ）之長洲。背墳（土地隆起）衍（土地寬平）之廣陸兮，臨皋（ㄍㄠ，水邊地）隰（ㄒㄧˊ，低濕之處）之沃流。北彌（連接）陶牧，西接昭丘，華（ㄏㄨㄚ，同「花」。實指果實）實蔽野，黍稷（ㄕㄨˇ ㄐㄧˋ）盈（滿）疇（ㄔㄡˊ，田野）。雖信（真實，的確）美而非吾土兮，曾何足以少留（稍微停留）？

翻譯

（一）登上這座城樓向四方眺望，利用閒暇來消除煩憂。看這城樓所處的環境，的確是寬闊而明亮，很難再找到足以匹敵之處。連接著漳水邊廣大的土地，倚靠著沮水狹長的沙洲。城樓的後面是高闊廣袤的原野，前面是低濕而肥沃的土地，有可供灌溉的水流。向北直通陶朱公的墳地一帶，西邊則和楚昭王的墓地相連，滿山遍野盡是花果，而黍稷也布滿了田疇。這地方的景致確實美麗，但終究不是我的故鄉，哪裡值

（二）遭紛濁而遷逝兮，漫踰（ㄩˊ，超過）紀（十二年）以迄（ㄑㄧˋ）今。情眷眷（ㄐㄩㄢˋ）而懷歸兮，孰憂思之可任（ㄖㄣˊ，承擔）？憑軒檻（ㄐㄧㄢˋ，欄杆）以遙望兮，向北風而開襟。平原遠而極目兮，蔽（遮）荊山之高岑（ㄘㄣˊ，高而小的山峰）。路逶迤（ㄨㄟ ㄧˊ，彎曲迴旋的樣子）而修迥（修，長。迥，ㄐㄩㄥˇ，遠）兮，川既漾而濟（渡）深。悲舊鄉之壅（ㄩㄥ，堵住）隔兮，涕橫墜而弗禁。昔尼父（ㄈㄨˇ）之在陳兮，有歸歟（ㄩˊ）之歎音。鍾儀幽（幽靜）而楚奏兮，莊舃（ㄒㄧˋ）顯而越吟。人情同於懷土兮，豈窮達而異心？

（三）唯日月（時間）之逾邁（逝去）兮，俟（ㄙˋ，等待）河清（太平盛世）其未極。冀王道之一平兮，假高衢（ㄑㄩˊ，通達大道）而騁力。

得我稍作停留呢！

（二）遭逢亂世而遷徙他鄉，到現在已經超過十二年了。滿腔盡是思念家鄉的情懷而想返家啊，這種憂思，有誰能承受得了呢？倚靠著欄杆遙望遠方，迎著北風敞開衣襟。放眼望向遼闊的平原，卻被那荊山的山峰遮住了遠望的視線。道路曲折而遙遠，河水又長而深。悲痛故鄉被距離所阻隔，忍不住涕淚縱橫。從前孔子在陳國受困時，曾發出「回去吧！」的感歎。鍾儀被晉人囚禁仍不忘演奏楚國的樂曲，莊舃在楚國顯貴卻還吟詠越國的歌謠。懷念故鄉是人情之常，哪裡會因為境遇的窮困或顯達而有不同呢？

（三）時間一天天的流逝，河清海晏，不知要等到哪一年。但願國家能統一平定，好讓我憑藉高位以施展自己的才能。我只擔心像匏瓜一樣，徒然掛在架上，沒有人摘去吃，或像是水井淘洗乾淨了，卻無人

懼匏（ㄆㄠˊ，葫蘆）瓜之徒懸兮，畏井渫（ㄒㄧㄝˋ，淘去污泥）之莫食。步棲遲以徙倚（徘徊）兮，白日忽其將匿（藏）。風蕭瑟而並興兮，天慘慘而無色。獸狂顧以求群兮，鳥相鳴而舉翼。原野闃（ㄑㄩˋ，寂靜）其無人兮，征夫（行人）行而未息。心悽愴（ㄔㄨㄤˋ）以感發兮，意忉（ㄉㄠ）怛（ㄉㄚˊ，悲傷）而憯（ㄘㄢˇ）惻（ㄘㄜˋ，哀痛）。循階除（階梯）而下降兮，氣交憤於胸臆。夜參半而不寐（睡著）兮，悵盤桓以反側。

來汲水飲用。在城樓上徘徊緩步，太陽即將西落。蕭瑟的風聲從四處吹來，天空暗淡而無色。野獸驚恐地四顧尋找夥伴，鳥兒驚叫著振動雙翼。原野上一片靜寂毫無人聲，遠行的人匆匆趕路還未休息。（看到這樣的場景），觸動我內心的悲愴情思，心中盡是無盡的哀痛與傷感。循著階梯慢慢走下樓，內心悶氣鬱結，填塞胸臆。到了半夜仍難以入眠，無限感慨，難以平息，只是不斷地翻來覆去。

現代放大鏡

王粲為文學史上著名的「建安七子」之一，在曹丕的〈典論論文〉中曾提及「王粲長於辭賦，而徐幹時有齊氣」，而劉勰《文心雕龍．才略》云：「仲宣（王粲）溢才，捷而能密，文多兼善，辭少瑕累，摘其詩賦，則七子之冠冕乎。」對於王粲更是將他提到七子之冠冕的位置，可見王粲的辭賦極受文人稱許。

談起〈登樓賦〉一文創作的緣起，那就得談論到王粲的生平際遇了。王粲出身名門，家世顯赫，是所謂的望族，據悉他的祖父王暢，譽滿天下，逝世出殯時，遠道趕來送葬的，居然有幾十萬人之多。荊州牧劉表是王暢的學生，又與王粲同鄉，因此，東漢末年中原動亂，王粲便避難荊州依附劉表，但是劉表因為王粲貌寢（其貌不揚）且身體羸弱，並未重用他，所以在荊州的十五、六年期間，王粲始終鬱鬱寡歡，懷才不遇，而〈登樓賦〉便是寫作於此期的作品。

流寓荊州時，由於失意落拓，王粲因登上當陽城樓，觀覽風物，進而興起思鄉之情，並且感懷自己不得意的仕途。全文可分為三個層次來看：首先王粲先說明他登樓的目的是「銷憂」（此處並未說明所憂為何），接著大力頌讚他所登之城樓周遭風物景色的優美：「覽斯宇之所處兮，實顯敞而寡仇（無可匹敵）。挾清漳之通浦兮，倚曲沮之長洲。背墳衍之廣陸兮（高大寬廣的路地），臨皋隰之沃流……，華（通「花」）實蔽野，黍稷盈疇。」但是他話鋒一轉說：「雖信美而非吾土兮，曾何足以少留？」

第二層次，接著「雖信美而非吾土兮，曾何足以少留？」的語意，王粲開始描述他對家鄉的思念之情，他登高遠望企圖望見家鄉（實際不可能，此屬情意描述），但是歸鄉之路迢遠，令人悲傷，「平原遠而極目兮，蔽荊山之高岑。路逶迤而修迥兮，川既漾而濟深。悲舊鄉之壅隔兮」，於是他引用古人事例，表達自己相似的情懷，進而說出了名句：「鍾儀幽而楚奏兮，莊舄顯而越吟。人情同於懷土兮，豈窮達而異心？」（鍾儀被囚禁仍不忘彈出楚國樂曲啊，莊舄在楚國顯貴卻還歌唱著越國的歌謠。懷念故鄉的感情人人相同啊，哪會因為窮困或顯達而不同？）人對於家鄉的眷戀不因為際遇的窮達而改變，動物尚且有「胡馬依北風，越鳥巢南枝」之舉，更何況有著七情六慾的人呢？

到了最後一層，王粲終於清楚表現自己的深層憂思：「唯日月之逾邁兮，俟河清其未極。冀王道之一平兮，假高衢而騁力。懼匏瓜之徒懸兮，畏井渫之莫食。」（想到時間一天天流逝，要等待河清海晏之時，不知要到何日。但願國家能統一平定，好讓我憑藉高位得以施展才能。我只擔心自己像匏瓜一樣徒然掛在架上，有才能而不被任用，又像是水井淘洗乾淨了，卻無人來汲水飲用。）此段文字真切表達出王粲的內心世界，他感慨自己懷才不遇，擔心像匏瓜徒懸而已，最後隨著日落他緩緩地步下城樓，內心滿是悲傷惆悵，「心悽愴以感發兮，意忉（ㄉㄠ）怛（ㄉㄚˊ）（悲傷）而憯惻」，到了夜晚仍輾轉反側，難以入眠。

本文在寫景的技巧上至為高明，從景物、動物、植物，將視野之所及，不論遠眺、平視、近看、凝睇……通通蒐羅進來，運用「賦體」的特色，在句式駢偶、音韻和諧、化用典故等基礎上，將文章寫得動人心弦。

王粲在此文中流露他不遇於時的悵然，但是後來，劉表過世後，劉琮歸附曹操，王粲也在曹操麾下任職，曹操十分欣賞他的才華，王粲自此仕途得意，官運亨通，不斷升遷，一直被曹操委以重任，在「建安七子」之中，最負盛名。據說他死時，曹丕憐其才，而要親臨弔喪的客人學驢叫送王粲最後一程，可說死後備極哀榮了，見以下《世說新語．傷逝》中所記載：

> 王（粲）仲宣好驢鳴。既葬，文帝臨其喪，顧語同遊曰：「王好驢鳴，可各作

一聲以送之。」赴客皆一作驢鳴。

古典文學作品中有不少登高遠眺而興發感懷的作品，或許登高視野遼闊，心境跟著廣大，思緒自也隨之奔騰澎湃，許多前塵往事、未來追想也一一湧上心頭，尤其魏晉之後的登臨作品更可見這一脈以來的路徑。想想看你曾背誦過的「黃鶴樓」、「登金陵鳳凰台」、「登鸛雀樓」、「登高」（杜甫）這些詩也都屬於登臨的作品，它們所講述的又是怎麼樣的內容呢？

閱讀動動腦

一、讀完〈登樓賦〉一文後，請你判斷王粲所憂的事情是什麼呢？

二、請問文章中哪些句子透露出王粲懷才不遇的心情？

參考答案

一、王粲所憂之事有二，一為思鄉，一為自己懷才不遇，無法施展。

二、懼匏瓜之徒懸兮，畏井渫之莫食。

一、歷屆大考試題

下列各組文句中，「　」內的字義相同的選項是：

(A)〈諫逐客書〉：不問可否，不論「曲」直／《典論．論文》：「曲」度雖均，節奏同檢

(B)〈登樓賦〉：情眷眷而懷「歸」兮，孰憂思之可任／〈歸去來兮辭〉：歸去來兮，田園將蕪胡不「歸」

(C)《孟子．滕文公上》：雖使五尺之童「適」市，莫之或欺／〈赤壁賦〉：是造物者之無盡藏也，而吾與子之所共「適」

(D)《荀子．勸學》：「假」舟楫者，非能水也，而絕江河／《後漢書．黨錮列傳序》：王道陵缺，而猶「假」仁以效己，憑義以濟功

(E)《莊子．天運》：古之至人，假道於仁，託宿於義，以「遊」逍遙之虛／〈始得西山宴遊記〉：洋洋乎與造物者「遊」而不知其所窮

98年大學指考

解答	一、B, D, E

古人的家書

答夫秦嘉書——夫妻篇

東漢・徐淑

原文

(一)知屈珪璋，應奉歲使，策名王府，觀國之光，雖失高素皓然之業，亦是仲尼執鞭之操也。

(二)自初承問，心願東還，迫疾未宜，抱歉而已。日月已盡，行有伴例，想嚴莊已辦，發邁在近，誰謂宋

珪璋：美玉，讚賞夫君的品德
應奉：奉命擔任
策名：書寫
高素皓然：高潔光明
仲尼執鞭：指低微的工作
東還：回家
迫疾：迫於生病
日月：時間
嚴莊：行李整齊
發邁：遠行

翻譯

(一)今年歲末你將奉命上朝廷述職，我知道這是委屈了你美好的才德，你的名字已被書列在官府出差的名冊上，即將上朝述職並見識到京城的繁華，雖然這會使你失去高潔光明的志業，但也算符合孔子所謂安於義理以求富貴，雖執鞭亦為之的想法了!

(二)先前你來信問我是否返家相聚，我心中實在是很想回去，但迫於身體情況不適，無法返家，只能滿懷遺憾和感歎。上京的時間很快就到了，照往例你應及時

遠？企（踮起腳跟）予望之，室邇（近）人遐（遠），我勞（憂愁）如何！深谷逶迤（ㄨㄟ　ㄧˊ，連綿不絕貌），而君是涉。高山巖巖（高聳貌），而君是越，斯亦難矣。長路悠悠，而君是踐。冰霜慘烈，而君是履。身非形影，何得動而輒俱（一起）？體非比目，何得同而不離？於是詠萱草之喻，以消兩家之思，割（擱置）今者之恨，以待將來之歡。

(三)今適（前往）樂土，優遊京邑，觀王都之壯麗，察天下之珍妙，得無目玩意移（心意改變），往而不能出耶？

赴任，我想所有行李都已嚴謹準備妥當了吧？你的旅程即將開始。誰說宋國遙遠呢？我只要踮起腳跟便能望見，此時的你我住處相近，卻無法相見，我的心中充滿憂思啊！曲折綿延的深谷，你將要跋涉而過。座座崇山峻嶺，你也要辛苦攀越，這真是艱難啊！旅程漫長，你卻要一步步走下去。寒風凜冽，冰霜深厚，你也需要踏過前進。我倆並非身體和影子，怎能時時相聚而不分開？我倆也不是比目魚，怎麼可能永遠在一起不分離呢？於是我只好吟詠《詩經．衛風．伯兮》中的詩句，藉此以消除夫妻分離兩地間的思念，割捨現在的離愁哀怨，期待著將來與你歡聚的時刻。

(三)現在你就要前往美好的樂土，悠閒漫遊於京城，欣賞王都的雄壯富麗，觀玩天下珍奇美妙的事物，是否能不因為這些眩目的玩物而改變心意，也不因迷惑於繁華塵世而不能自拔呢？

寄弟墨書——兄弟篇

清・鄭板橋

原文

（一）十月二十六日得家書，知新置（購買）田穫秋稼五百斛（ㄏㄨˊ），甚喜。而今而後，堪為農夫以沒世（終身）矣。

（二）我想天地間第一等人，只有農夫，而士為四民之末。農夫上者種地百畝，其次七八十畝，其次五六十畝，皆苦（動詞）其身，勤其力，耕種收穫，以養天下之人。使天下無農

翻譯

（一）十月二十六日接到家裡來信，知道最近新購買的田地，收割了稻穀五百斛，我非常高興。從今以後，我們可以做個農夫過一輩子了。

（二）我想世界上第一等人，只有農夫，而讀書人是士、農、工、商四民的最後一等。上等的農夫，可以耕種一百畝田地，次等的耕種七、八十畝，再次等的，五、六十畝，這些都是勞苦他們的身體，勤奮地付出力量，耕種收穫，來養

夫，舉世皆餓死矣。吾輩讀書人，入則孝，出則弟，守先待後，得志澤加於民；不得志，修身見於世；所以又高於農夫一等。今則不然，一捧書本，便想中舉人，中進士，作官如何攫取金錢，造大房屋，置多田產。起手便錯走了路頭，後來越做越壞，總沒有個好結果。其不能發達者，鄉里作惡，小頭銳面，更不可當。夫束修自好者，豈無其人？經濟自期，抗懷千古者，亦所在多有；而好人為壞人所累，遂令我輩開不得口。一開口，人便笑曰：「汝輩書生，總是會說，

吾輩：我們
弟：ㄊㄧˋ，和順恭敬對待長上
澤：恩澤
見：ㄒㄧㄢˋ，表現
攫：ㄐㄩㄝˊ，拾取
起手：開始
發達：發跡顯達
小頭銳面：小人處處鑽營的樣子
當：承受
束修：約束言行修養品德
經濟：經世濟民
抗：通「亢」，高
為：被
汝輩：你們

活天下的人。假使天下沒有農夫，全世界的人都要餓死了。我們讀書人在家就要孝敬父母，出外就要恭順兄長，守住先人的成就，等待後人來繼承發揚，得志作官時，就要把恩德施給百姓；不得志之時，就要修養身心，將美德表現在社會上；所以又比農夫高了一等。現在卻不是這樣的，一捧起書本，便想要考中舉人，考中進士，作官後要如何搜刮金錢，建造大房屋，購買很多田產。一開始便錯走了路，後來越做越壞，是不會有好結果的。而那些在仕途上沒有發展和成就的人，便在鄉里為非作歹，到處鑽營，更令人受不了。能約束言行，修養品德，注重自己人格的人，並不是沒有；以經世濟民自許，效法古人高行的人，也到處都是；但是好人總是被壞人所牽累，於是我們也開不得口。一開口說話，別人便

他日居官，便不如此說了。」所以忍氣吞聲，只得捱（ㄞˊ，受）人笑罵。工人制器利用（利於使用），賈人（ㄍㄨˇ，商人）搬有運無，皆有便民之處；而士獨（唯獨）於民大不便，無怪乎居四民之末也，且求居四民之末而亦不可得也。

（三）愚兄平生最重農夫，新招佃地人（佃農），必須待之以禮。彼稱我為主人，我稱彼為客戶；主客原是對待之義，我何貴而彼何賤乎？

（四）吾家業地雖有三百畝，總是典產（他人典押的產業，期滿仍可贖回），不可久恃（依賴）。將來須買田二百畝，予（給）兄弟二人，各得百畝足矣，亦古者一夫受田百畝之

笑說：「你們讀書人總是會說，將來做了官，就不這樣說了。」所以只好忍氣吞聲，忍受別人的笑罵。工人製造器具，讓人使用方便；商人搬運貨物，輸通有無，都有便民的地方；只有讀書人對於人民最不方便，難怪要列在四民之末，而且連列在四民中的末等可能也都得不到呢！

（三）我一生中最敬重的是農夫，對於新招用的佃農，必定用禮來對待他們。他們稱呼我們為主人，我們稱呼他們為客戶；主客本來就是對等的，我有什麼好尊貴的，而他們又有什麼好低賤的呢？

（四）我們家的田地，雖然有三百畝，但總是人家典押的產業，不可長久依靠它。將來要買二百畝田，我兄弟二人各得一百畝就夠了，這也是古代一個農夫受田一百畝的意思。如果再求

義（道理）也。若再求多，便是占人產業，莫大罪過。天下無田無業者多矣，我獨何人，貪求無厭（ㄧㄢˋ，通「饜」），窮民將何所措（安放）手足乎？

多，就是侵佔了他人的產業，那是很大的罪過啊。天下沒有田地產業的人很多，我是什麼人啊，竟然貪求而不知足，那麼窮人將如何生存呢！

現代放大鏡

古典文學作品所呈現的，大都是論及忠孝節義、家國社會等具有正面價值觀的主題，有時會好奇的想知道古人的家庭生活是什麼樣的情形，也會有柴米油鹽的瑣碎憂慮或是七情六慾的糾葛嗎？現在我們便來看看古時候家人間的書信都聊些什麼？（〈寄弟墨書〉與〈答夫秦嘉書〉在題目上的「書」字便預告了書信的體裁。）

〈寄弟墨書〉是清代鄭板橋寄給堂弟鄭墨的信，《鄭板橋全集》共有十六封家書，都是寄給鄭墨的。板橋沒有親兄弟，一直與相差二十四歲的鄭墨如親手足，家書中有談論立身處世的，仕途點滴的，還有家人間的親情慰勉，情感敦厚而懇摯。

〈寄弟墨書〉整篇談到農人的辛勞及如何對待農人等，流露出期待日後全家以農為生的想法，有趣的是，鄭板橋寫這篇文章時自己正擔任山東范縣的知縣，身為學而優則仕的讀書人，為什麼將所謂「士農工商」之首的士，視為「居四民之末」呢？其實板橋是敬重讀書人的，文章中說：「吾輩讀書人，入則孝，出則弟，守先待後，得志，澤加於民；不得志，修身見於世；所以又高於農夫一等。」可見對於好的讀書人，板橋仍給予高度肯定。而文中部分對讀書人的貶斥之語，是因為他看到同時代的文人，在清廷威逼利誘之下，或同流合污，或不問世事，心裡有所感慨，透過文字期勉鄭墨也悌勵自己，一個對自己有所期許的文人，感歎「古之學者為己，今之學者為人」（古時候的人求學，是為了充實自己的德行，現在的人則是為了炫耀己身），因而留下這篇作品。

〈答夫秦嘉書〉則是篇妻子寫給丈夫的家書，由於丈夫秦嘉要趕赴京城述職，徐淑當時因病在娘家休養，無法返家晤別，所以寄上這封信表達心意，信中在心志及情意的鋪排上極為巧妙，值得學習，他先是讚許認同丈夫的能力，「雖失高素皓然之業，亦是仲尼執鞭之操也」；接著則是文章筆墨最重處——表達深切的關懷思念之情：「身非形影，何得動而輒俱？體非比目，何得同而不離？」最後，還有身為妻子常會擔心的：「老公在外是否會受到誘惑呢？」（看來關於這樣的議題真是古今一同了。）所以徐淑在文末特別說了，「觀王都之壯麗，察天下之珍妙，得無目玩意移，往而不能出耶？」含蓄委婉地勸誡丈夫別被京城眩目的物質給誘惑了。

這兩封家書在比較上：〈寄弟墨書〉散句為多，口氣上以凸顯鄭板橋的心念意志為主；〈答夫秦嘉書〉則是駢散兼俱，以駢句為主，流露的情意與口吻以替對方設想為軸。在這樣的敘述下，古人的五官面貌及情感顯得較為立體而突出。

這兩篇文章主旨都是作者與親人間的書信往來，〈寄弟墨書〉屬於兄弟之語，而〈答夫秦嘉書〉則是夫妻之情，雖然同為家書，但行文時，抒情筆觸施放的份量並不相同，這與作者內心主要的意向情感不同有關。板橋在官場浮沉多年，對於讀書人的樣貌有高低評論，也對默默耕耘的農夫敬佩不已，藉由家書來傳達個人內心想說的話。而徐淑對於丈夫即將遠行，這一去禍福難料，所以採用叨叨絮語，表達無盡的關懷。

閱讀動動腦

如果要你寫封信給家人，關於對象，你會選擇誰呢？你主要想跟他（她）說什麼呢？

參考答案　自由發揮

文學批評祖師爺

典論論文

三國曹魏・曹丕

原文

（一）文人相輕，自古而然。傅毅之於班固，伯仲之間耳；而固小（輕視，動詞）之，與弟超書曰：「武仲以能屬（ㄓㄨˇ，寫文章）文，為蘭臺令史，下筆不能自休（停止）。」夫人善於自見，而文非一體，鮮（ㄒㄧㄢˇ，少）能備善，是以各以所長，相輕所短。里語曰：「家有敝帚（ㄓㄡˇ），享之千

翻譯

（一）文人相互輕視，自古以來就是如此。傅毅的才華與班固相比，可以說不分上下；但是班固卻瞧不起他，在給弟弟班超的信中說：「武仲（傅毅字）因為會寫文章而當上蘭臺令史，他只要提起筆來，就無法停止（指文章冗贅）。」一般人善於炫耀自己的長處，但文章並非只有一種體裁，很少有人能全部都寫得好，因此常常會以自己的長處，而鄙視對方的短處。俗語說：「家有一把破掃帚，卻把它視為千金寶物一

金。」斯不見之患（缺點）也。今之文人：魯國孔融文舉，廣陵陳琳孔璋、山陽王粲仲宣、北海徐幹偉長、陳留阮瑀（ㄩˇ）元瑜、汝南應瑒（ㄧㄤˊ）德璉、東平劉楨公幹，斯七子者，於學無所遺，於辭無所假（在寫作上不抄襲他人），咸（都）以自騁驥騄（ㄐㄧˋ ㄌㄨˋ，良馬名）於千里，仰齊足而並馳。以此相服（相互佩服），亦良（實在）難矣！蓋君子審己以度（ㄉㄨㄛˋ，忖度）人，故能免於斯累（指文人相輕事），而作〈論文〉。

人物論

(二)王粲長於辭賦，徐幹時有齊氣，然粲之匹（匹敵）也。如粲之〈初征〉、〈登樓〉、〈槐（ㄏㄨㄞˊ）賦〉、〈征思〉、幹之〈玄猿〉、〈漏卮（ㄓ）〉、

樣。」這就是看不見自己缺點的毛病。現今的文人，魯國的孔文舉、廣陵的陳孔璋、山陽的王仲宣、北海的徐偉長、陳留的阮元瑜、汝南的應德璉、東平的劉公幹，這七個人，在學問上知識淵博，在文章創作上都有新意，不抄襲他人，每個人都認為自己是文壇上的駿馬，可與他人昂首前進，並駕齊驅。因此，想要他們彼此服氣，實在太困難了。所以君子要先審察自己再衡量別人，才能避免文人相輕的毛病，於是我寫了論文這篇文章。

(二)王粲擅長辭賦，徐幹的辭賦時有齊人舒緩的文氣，但成就仍可與王粲相匹敵。如王粲的〈初征賦〉、〈登樓賦〉、〈槐賦〉、〈征思賦〉，徐幹的〈玄猿賦〉、〈漏卮賦〉、〈圓扇賦〉、〈橘賦〉，即使是張衡、蔡邕的作品，也不過如此。然而對於其他的文體，他們的表現就沒那麼好了。陳琳、阮瑀的奏章、公文，是當

〈圓扇〉、〈橘賦〉，雖張、蔡不過也。然於他文，未能稱（ㄔㄥˋ，符合）是。琳、瑀之章表書記，今之雋（ㄐㄩㄣˋ）也。應瑒和而不壯；劉楨壯而不密。孔融體氣高妙，有過人者，然不能持論（議論說理），理不勝辭，以至乎雜以嘲戲，及其所善，揚、班儔（ㄔㄡˊ，匹敵）也。

文體論

(三)常人貴遠賤近，向（崇尚）聲背實，又患闇（ㄢˋ，同「暗」）於自見（ㄐㄧㄢˋ），謂己為賢。夫文本同而末異，蓋奏議宜雅，書論宜理，銘誄（ㄌㄟˇ，哀祭類文章）尚實，詩賦欲麗。此四科不同，故能之者偏也，惟通才能備其體。

今的傑出作品。應瑒的文章，筆調和諧但筆力不夠雄壯；劉楨的文章則氣勢雄渾卻不夠縝密。孔融才情氣質高妙，確有過人之處，只是不擅長議論，說理總比不上辭藻的華麗，有時還摻進了戲謔的文字，但是他的好作品，真的可以和揚雄、班固抗衡了。

(三)一般人總有重視遠古而看輕近代，崇尚虛名且背棄實學的毛病；又無法看清自己，總認為自己是最好的。其實任何文章的基本寫作原理都是一樣的，只是不同文體形式有不同的呈現方式，大體上來說，奏議類文章，應當寫得典雅莊重；書論類，則要求說理清晰而有條理；銘誄類的哀祭文必須要合乎事實；詩歌、辭賦則講究詞藻華麗。這四類體裁的文章呈現方式不同，因此，能寫作的人通常只擅長某一類，只有全才者方能各體兼備。

(四)文章風格的形成，主要是受語言文氣影響；

文氣論 （四）文以氣為主，氣之清濁有體，不可力強（ㄑㄧㄤˇ）而致。譬（譬如）諸音樂，曲度（曲調相同）雖均，節奏同檢（節奏同一規律），至於引氣不齊（運氣呼吸不同），巧拙有素，雖在父兄，不能以移子弟。

文用論 （五）蓋文章經國之大業，不朽之盛事。年壽有時而盡，榮樂止乎其身，二者必至之常期（一定的期限），未若文章之無窮。是以古之作者，寄身於翰墨（文章），見（ㄒㄧㄢˋ，呈現）意於篇籍，不假（憑藉）良史之辭，不託飛馳（達官顯要者）之勢，而聲名自傳於後。故西伯幽（幽禁）而演《易》，周旦顯而制《禮》，不以隱約（困頓）而弗務，不以康樂

文氣或清（陽剛）或濁（陰柔），與作者的內在才性氣質有關，無法勉強求得。譬如音樂演奏，雖然曲調相同，節奏的長短快慢也一致，但運氣呼吸的方法不同，加上本性巧拙也不同，即使是父兄（擁有高妙技巧），也無法轉移到子弟身上。

（五）文章，是治理國家的大事業，也是可以傳之久遠的美事。壽命總有終了的時候，榮華富貴也只限於己身，這兩樣都有一定的期限，不像文章可以永遠流傳下去。因此古代的作家，把生命寄託在文章中，將思想表現在作品裡，不必借助史家之筆來彰揚，也不必依附達官顯要的威勢，聲名就能流傳後世。所以周文王被囚禁起來時，仍然推演《易》卦，並沒有因為處境困厄而不從事著述；周公旦顯達之後，仍然制定了《周禮》，沒有因生活安逸就改變寫作的心志。正因為如此，古人之所以輕視貴重的璧玉而珍惜分寸的光

而加思。夫然，則古人賤尺璧而重寸陰，懼乎時之過已。而人多不強力，貧賤則懾於飢寒，富貴則流於逸樂，遂營目前之務，而遺千載之功。日月逝於上，體貌衰於下，忽然與萬物遷化，斯志士之大痛也！融等已逝，唯幹著《論》，成一家言。

（改變思想）（貴重的珍寶）（ㄓㄜˊ，畏懼）（時間）

陰，就是因為擔心時光會匆匆流逝。然而現在人總是不肯努力，貧賤時就擔憂受凍挨餓，富貴時就縱情享樂，於是都只顧經營眼前之事，而遺忘了可以流傳千年的著述大業啊。歲月一天一天地消逝，身體也一年一年的衰老，很快地就像萬物一樣死去，這是有志之士最深切的悲痛。孔融等人都已經去世了，只有徐幹著有《中論》，自成一家之言。

現代放大鏡

曹丕〈典論論文〉一文在中國文學批評史上具有開創性的地位，尤其在「創作」一脈以外，「批評」的建立可以對文學創作有引導並趨於精進的效用。這篇文章題名為〈典論論文〉，其實，《典論》是曹丕的著作，但已經亡佚，現在僅存〈自敘〉及〈論文〉兩篇。

寫作此文的動機是作者有感於自古以來，文人相輕的狀況屢見不鮮，這對於文學的正向發展是阻礙，曹丕對此有感而發乃行文論述。我們先將這篇文章的脈絡爬梳整理成表格形式（見下圖），以清楚它的文意發展，再逐步細究它的意涵，全文共分成五大段落：

曹丕一開始說出文人相輕，自古而然的現象，舉出古人為例，也以「建安七子」來說明，七子在各自專擅的領域上發光發熱，但要彼此互相欽服，卻很困難。對於這樣的現象，曹丕提出「蓋君

首段	寫作此文的原因：有感於「文人相輕」，自古而然→病因 古例：傅毅與班固，班固輕視傅毅。 今例：建安七子，以此相服，亦良難矣！ 解決之道：審己以度人，能免於斯累→療方
第二段	人物論→建安七子的優點與缺點
第三段	文體論→各種文體，有其適宜的風格
第四段	文氣論→文章以氣為主，才情氣質與生俱來難以改變
第五段	文用論→文章經國之大業，不朽之盛事，更是千載之功

子審己以度人，故能免於斯累」來解決這樣的現象。接著，第二段便針對七子文章的優點與缺點提出評論。在論述當中，可發現曹丕對七人的筆墨有詳有略，如「七子之冠冕」王粲，作者最先談論他，並舉出他著名的篇目；也有僅以簡略之筆帶過的，「琳、瑀之章表書記（奏章書信），今之雋（俊；優秀）也」，將陳琳、阮瑀兩人的專長輕輕描述；又有將七子兩兩一組並觀比較，如「王粲與徐幹」、「陳琳與阮瑀」、「應瑒和劉楨」，唯有孔融一人是獨自立說：「孔融體氣高妙，有過人者；然不能持論，理不勝辭（道理不如辭藻美麗），至於雜以嘲戲；及其所善，揚、班儔也。」由此或許可以看出曹丕對七子的品評高低吧！（建安七子中，除孔融與曹操政治立場不同之外，其餘六人皆依附曹氏父子）

第三段，他提出不同的文體該有不同的風格：「奏議宜雅，書論宜理，銘誄尚實，詩賦欲麗。」到第四段更提出影響後世極大的「文氣論」，曹丕說：「文以氣為主，氣之清濁有體，不可力強（勉強努力）而致……，雖在父兄，不能以移子弟。」他認為作者先天的氣質影響了文章的風格，氣質之不同，自然產生異樣的文風，後世常說文章有「陽剛」或「陰柔」之別，可說是承繼此概念而發展的。

最末段，曹丕將視野及格局拉抬到文學的永恆價值上，他提出人的生命短暫

易逝，有什麼可以長存不朽呢？就只有「文學創作」吧！它可以世代流傳，遺澤嘉惠後人，於是乎，曹丕主張人不要汲汲營營於眼前逸樂之事務，而要著書立說「寄身於翰墨，見意於篇籍，不假良史之辭，不託飛馳之勢，而聲名自傳於後。」將眼光放遠，因為文章乃是「經國之大業，不朽之盛事」！

全文文意以具體說理提出對文學理論與批評的種種觀點，到最後抒情感歎生命的倏忽與無常，其實曹丕會有這樣的感歎乃是建安二十二年（西元二一七年）冬天，北方發生大型的傳染疾病，「建安七子」中除孔融、阮瑀早死之外，其餘多人死於這場疫疾，曹丕至為哀慟。曹植在〈說疫氣〉文中曾描述當時疫病的慘狀說：「建安二十二年，癘氣流行，家家有殭屍之痛，室室有號泣之哀。或闔門而殪（死亡），或覆族而喪。」

閱讀動動腦

一、「日月逝於上，體貌衰於下，忽然與萬物遷化，斯志士之大痛也。」細究整篇文意，志士的痛，所痛為何？

二、「西伯幽而演易，周旦顯而制禮；不以隱約而弗務，不以康樂而加思。」這句話在說明本文中所要揭示的哪種文學觀點呢？你如何判斷？

參考答案

一、志士之痛是痛生命倏忽卻沒有留下任何建樹（曹丕指著述一事）於世上。

二、說明「文用論」，鼓勵人不論顯達窮厄都不應改易著述的志向。

歷屆大考試題

下列文句中的「以」字，意義與其他選項不同的是：

(A)《左傳．燭之武退秦師》：晉侯、秦伯圍鄭，「以」其無禮於晉，且貳於楚也

(B)范仲淹〈岳陽樓記〉：不「以」物喜，不以己悲。居廟堂之高，則憂其民；處江湖之遠，則憂其君

(C)曹丕〈典論論文〉：西伯幽而演《易》，周旦顯而制禮；不「以」隱約而弗務，不以康樂而加思

(D)曾鞏〈墨池記〉：推王君之心，豈愛人之善，雖一能不以廢，而因以及乎其跡邪？其亦欲推其事「以」勉學者邪

95年大學指考

解答　D

出師一表真名世

出師表

三國蜀漢・諸葛亮

原文

（一）臣亮言：先帝創業未半，而中道崩殂（ㄘㄨˊ，去世）。今天下三分，益州疲弊，此誠（實在）危急存亡之秋（關鍵時刻）也。然侍衛之臣，不懈於內；忠志之士，亡（ㄨㄤˊ，同「忘」）身於外者，蓋追先帝之殊遇，欲報之於陛下也。誠宜開張聖聽，以（用來）光先帝遺德，恢弘志士之氣；不宜妄自菲薄（ㄈㄟˇ ㄅㄛˊ，輕視），引

翻譯

（一）臣諸葛亮向皇上稟奏：先帝創建功業還未完成，就中途駕崩。如今天下三分，魏、蜀、吳三國鼎立，我們益州，無論財力或人力都疲乏困頓，此時正是國家生死存亡的重要關頭啊！然而侍衛的臣子，在朝廷內毫不懈怠；忠貞的將士，在沙場上奮不顧身，那是因為感念先帝對我們優寵的恩澤，而想報答在陛下您的身上啊！陛下實在應該廣泛地聽取群臣的意見，以發揚先帝的遺

喻失義（不恰當），以塞忠諫之路也。

(二)宮中府中，俱為一體；陟罰臧否（ㄓˋ ㄈㄚˊ ㄗㄤ ㄆㄧˇ，即「陟臧罰否」，獎賞有功，處罰犯錯。），不宜異同。若有作姦犯科（法律、條文），及為忠善者，宜付有司（官吏），論其刑賞，以昭（彰顯）陛下平明之治；不宜偏私，使內外（宮廷中 丞相府）異法也。

(三)侍中、侍郎郭攸之、費禕（ㄧ）、董允等，此皆良實，志慮忠純，是以（因此）先帝簡拔（選擇）以遺陛下。愚以為宮中之事，事無大小，悉以咨（通「諮」）之，然後施行，必得裨（ㄅㄧˋ）補闕（ㄑㄩㄝ，通「缺」）漏，有所廣益。將軍向寵，性行淑（善）均（公正），曉暢軍事，試用之於昔日，先帝稱之曰「能」，

德，並擴展仁人志士們的勇氣；不應輕率地看輕自己，引用一些不合義理的事例來做譬喻，而阻塞了忠臣進諫的管道。

(二)皇上的宮中和丞相的府裡屬於相同的公務體系，凡是所有獎懲，不應該有差別待遇。如果有為非作歹、觸犯法令或盡忠行善的人，都應該交由專門的官員來判定賞罰，以彰顯陛下您處事的公正英明；不應有所偏私，使得宮中府中在法令上有不同標準。

(三)侍中、侍郎郭攸之、費禕、董允等人，都是忠誠信實之人，心志忠貞且思想純正，所以先帝選拔他們出來，輔佐陛下。我認為宮裡的事，無論大小，都要向他們徵詢意見，然後再施行，必定能夠補救疏漏，擴大效益。將軍向寵，品性善良，處事公正，又通曉軍事，過去先帝任

是以眾議舉寵為督。愚以為營中之事，事無大小，悉以咨之，必能使行陣（ㄏㄤˊ，軍隊）和睦，優劣得所（人才優劣各得其所）也。親賢臣，遠（ㄩㄢˋ，遠離）小人，此先漢（西漢）所以興隆也；親小人，遠賢臣，此後漢所以傾頹（衰敗）也。先帝在時，每與臣論此事，未嘗不歎息痛恨於桓、靈也！侍中、尚書、長史、參軍，此悉貞亮（通「諒」，信也）死節之臣也，願陛下親之信之，則漢室之隆，可計日而待（指日可待）也。

（四）臣本布衣（平民），躬（親自）耕於南陽，苟全性命於亂世，不求聞達（顯達）於諸侯。先帝不以（因）臣卑鄙，猥自枉屈（指劉備降低身分拜訪諸葛亮），三顧（拜訪）臣於草廬之中，

用他時稱讚他能幹，所以大家決議推舉他擔任都督一職。我認為軍營裡的事，不論大小，都可以向他請益，必能使營中和睦相處，無論人才的優劣都能各得其所。親近賢臣，疏遠小人，這是先漢興旺強盛的原因；親近小人，疏遠賢臣，這是後漢衰敗覆滅的主因。先帝在世時，每次與臣談論到這件事，沒有不對桓、靈二帝的作為感到痛恨歎息的。侍中、尚書、長史、參軍等人，都是忠貞信實，能為國家而死的臣子，希望陛下親近他們，信任他們，那麼漢室的興盛就指日可待了。

（四）臣子我本來是個平民，在南陽耕種生活，只求在亂世中能保全生命，不想在諸侯間揚名顯達。先帝不因為我出身低賤，見識鄙陋，竟不惜降低身分而三次到草廬來看我，詢問我天下大事，因此，我非常感動，於是答應為先帝奔走

諮臣以當世之事，由是感激，遂許（答應）先帝以驅馳。後值傾覆（失敗），受任於敗軍之際，奉命於危難之間，爾來（那時以來）二十有（ㄧㄡˋ）一年矣。先帝知臣謹慎，故臨崩寄臣以大事也。受命以來，夙（早）夜憂慮，恐託付不效（成功，動詞），以傷先帝之明，故五月渡瀘，深入不毛（蠻荒之地）。今南方已定，甲兵已足，當獎帥三軍，北定中原，庶竭駑鈍（竭力善盡自己駑鈍的資質），攘（ㄖㄤˇ）除奸凶，興復漢室，還于舊都，此臣所以報先帝而忠（效忠）陛下之職分也。至於斟（ㄓㄣ）酌（ㄓㄨㄛˊ）損益，進盡忠言，則攸之、禕、允之任也。願陛下託臣以討賊興復之效（責任，名詞），

效命。後來戰事失利，我在兵敗危急之時接受了重責大任，至今已經有二十一年了！先帝知道我處事謹慎，所以在臨終的時候，把興復漢室的重責交付給我。自從接下先帝的遺命以來，日日夜夜為政事操心，唯恐先帝的託付沒有成效，而有損先帝的知人之明，所以在五月時帶兵渡過瀘水，深入蠻荒。如今南方已經平定，軍備也相當充足，應該要獎勵三軍並率領他們北伐中原，恢復故土，期望能竭盡我低劣的才能，攘除兇殘的賊寇，光復漢室，重回故都洛陽，這就是我用來報答先帝，效忠於陛下的職責啊！至於政治上權衡得失、掌握分寸的部分，那是郭攸之、費禕、董允他們的責任了。希望陛下能把討伐國賊，興復漢室的大事交付給我；如果不成功，就治我的罪，以祭告先帝在天之靈。如果沒有進德的忠

不效（成功，動詞），則治臣之罪，以告先帝之靈。若無興德之言，則責攸之、禕、允等之慢（怠慢），以彰其咎（過錯）。陛下亦宜自課（省察），以諮（ㄗ）諏（ㄗㄡ，詢問）善道，察納雅言，深追先帝遺詔（ㄓㄠˋ），臣不勝受恩感激！今當遠離，臨表涕泣，不知所云。

言，那就要追究郭攸之、費禕、董允等人的怠慢之罪，以彰明他們的過錯。陛下也應該自我省察，多多徵詢治國的良方，採納正直的言論，深切追念先帝的遺願，臣子我就覺得感恩不盡了。如今就要啟程遠征，寫這篇表文時，不禁潸然淚下，心情沉重得不知自己說了些什麼。

現代放大鏡

羅貫中在《三國演義》中將孔明的足智多謀、拳拳懇摯、羽扇綸巾的形象刻劃得活靈活現，加以歷來不少作品的歌詠，如：「出師一表真名世，千載誰堪伯仲間」、「出師未捷身先死，長使英雄淚滿襟」，諸葛亮透過許多文人的筆墨而形塑出了一個具體形象，但，這都是旁人眼中的「他」，孔明自己的身形、口吻、心境到底為何？透過〈出師表〉一文，我們或許可以一窺孔明的內心世界。（一般常稱的〈出師表〉係稱寫於蜀漢建興五年（西元二二七年）的〈前出師表〉，尚有建興六年的〈後出師表〉一文，不過「後」一文是否為孔明所寫？史家有不同持論。）

〈前出師表〉的背景發生在諸葛亮準備北伐曹魏之前，當時，諸葛亮深知蜀國弱小，若想求得生存，與其坐以待斃，不如主動出擊，或許尚有機會。於是，決意率軍北進，征伐魏國。這篇文章篇幅不長，卻將諸葛亮所有關注的重點及心意言簡意賅地表出。由於北伐之事，勝負難料，以小擊大，更是冒險，諸葛亮對於此去是生是死，毫無把握，若戰死沙場，這篇文章便成了遺言，於是乎，諸葛亮或許抱此心意，便將朝廷內外一切該交代的事，值得託付的人全都清楚列出，供後主參酌，也表明自己心志，那份公忠體國的誠意，的確令人動容。

這篇文章非為文學而作，竟成文學經典，尤其在章法脈絡的安排，頗值得玩味及細嚼。前三段條理治國之策，提出建言，曉以利弊，末段則敘述己志，叮嚀再三，動之以情。試看文意的鋪排：

段落	主要旨趣
第一段	勸誡後主開張聖聽，察納雅言
第二段	勸誡後主執法公允，賞罰分明
第三段	勸誡後主重用人才 {文官：某等／武將：某等} 此乃賢臣→「親賢臣，遠小人」興盛之因
第四段	略敘生平，感念拔擢，竭盡心志，分析情勢 → 望成全北伐一事

此外，全文以情感進行前後包裹，開頭「臣亮言：先帝創業未半，而中道崩殂……此誠危急存亡之秋。」說明北伐的必然性；結尾「深追先帝遺詔，臣不勝受恩感激。今當遠離，臨表涕泣，不知所云。」這篇文章共提到「先帝」十三次，而首尾更是都出現「先帝」兩字，諸葛亮為報答劉備，其決心及堅毅由此可見。

而諸葛亮為鞏固劉禪的位置並壯大蜀漢的國力，他不斷在文中埋下伏筆，希望劉禪重用他所推薦的人物，從第一段提及「然侍衛之臣，不懈於內；忠志之士，忘身於外」（諸葛亮自己亦在列），到第三段直接點名郭攸之、費禕、董允、向寵等人的特點，值得後主重用，並指出「親賢臣，遠小人」是國家興盛的主因，將「親賢遠佞」與興亡結合，更凸顯這些賢臣的特殊。到最末段，又再度提出：「斟酌損益，進盡忠言，則攸之、禕、允之任也，若無興德之言，則責攸之、禕、允之慢，以彰其咎。」孔明念茲在茲的心意於此展現無遺。

這篇文章的末段可視為前面三段文字的延伸加強版，許多概念彼此呼應，前面三段條分縷析勸諫劉禪必須注意之處，末段中便提及：「陛下亦宜自課，以諮諏善道，察納雅言，深追先帝遺詔」，前面提及值得信賴託付的臣子，末尾又再次述及。

〈出師表〉向來被視為抒情文的佳作，樸實無華的文辭，卻動人心魄，原因來自於深刻的情感，真摯懇切。字字句句從肺腑流出，全然為對方設想，沒有一己之私利。古文中，臣子上書的作品不少，各有其不同目的，所呈現的寫作手法亦不盡相同，李斯的〈諫逐客書〉上書以說明逐客之非，李密的〈陳情表〉上書以說明自己無法任官職的原由，最後都成功了，這些作品或許可一並參看分析。

閱讀動動腦

一、諸葛亮將自己與劉備的遇合及個人的感念之情放在文章最後，為什麼不考慮在文章一開始就先說明呢？如果將它放在文首，是否會影響孔明此篇上書的效果呢？請想一想。

二、諸葛亮在本文中提到不少蜀漢軍中的優秀人才之名，那些未被他提到的人，內心會作何感想呢？

參考答案

一、諸葛亮在文章前半部談及他的理念及對皇帝的建議，看來具有說教意味，若在文末能動之以情，比較容易打動人心，而順利將理念推展。

二、自由發揮。

歷屆大考試題

下列引用《論語》文句詮釋經典名篇的敘述，正確的選項是：

(A)諸葛亮於〈出師表〉中，充分展現「其行己也恭，其事上也敬」的行事態度

(B)蘇轍於〈上樞密韓太尉書〉中，表述基於「仕而優則學」的體悟，進京求師

(C)韓愈〈師說〉中舉孔子師事郯子、萇弘、師襄、老聃等人為例，寓有「三人行，必有我師焉」之意

(D)蘇軾〈赤壁賦〉「哀吾生之須臾，羨長江之無窮」的心理，等同於「未知生，焉知死」的生死觀

(E)〈燭之武退秦師〉中，燭之武深知「及其壯也，血氣方剛，戒之在鬥；及其老也，血氣既衰，戒之在得」的道理，故向鄭伯委婉推辭曰：「臣之壯也，猶不如人；今老矣，無能為也已。」

99年大學學測

解答　一、**A, C**

雅士宴聚——詩集序大觀

蘭亭集序

東晉・王羲之

原文

（一）永和九年，歲在癸丑（ㄍㄨㄟˇ ㄔㄡˇ），暮春之初，會於會稽（ㄍㄨㄟˋ ㄐㄧ）山陰之蘭亭，修禊（舉行；ㄒㄧˋ，潔淨）事也。群賢畢至，少長咸（都）集。此地有崇山峻嶺、茂林修竹；又有清流激湍（急流），映帶左右，引以為流觴（酒杯）曲水，列坐其次（依次環水而坐）；雖無絲竹（音樂）管絃之盛，一觴一詠，亦足以暢敘

翻譯

（一）東晉穆帝永和九年，癸丑年，農曆三月初，大夥聚在會稽郡山陰縣的蘭亭聚會，舉行修禊洗濯的儀式。許多賢能的人不論老少全都聚集在一起。這個地方有高大陡峭的山嶺，茂密的樹林，修長的竹子；又有清澈湍急的溪流，流水環繞，波光映照，把水引成曲折環繞的水流，將酒杯放在水面上，任它漂流，酒杯停在何處，則由某人取酒而飲，大家依次在水邊環坐，雖然沒有絲竹管弦樂器合奏的盛況，但是

幽情。

(二)是日（此日）也，天朗氣清，惠風（春風）和暢；仰觀宇宙之大，俯察品類（種類）之盛，所以游目騁懷，足以極（窮盡）視聽之娛，信（實在）可樂也。

(三)夫人之相與，俯仰一世，或取諸【靜】懷抱，晤言（面對面談話）一室之內；或因寄所託，【躁】放浪形骸（ㄏㄞˊ，身軀）之外。雖趣舍（ㄑㄩˋ ㄕㄜˇ，取捨。「趣」同「趨」。）萬殊，靜躁不同，當其欣於所遇，蹔（ㄓㄢˋ，同「暫」）得於己，快然自足，不知老之將至。及其所之（往）既倦，情隨事遷，感慨係（跟著、接連）之矣。向之所欣，俛（ㄈㄨˇ，同「俯」）仰之間，以為陳迹（過去事蹟），猶不能不以之興懷（引發感觸）；況

一邊喝酒一邊吟詩，也足以令人暢快地抒發幽雅的情思。

(二)這一天，天氣清朗，空氣清新，春風和順舒暢，抬頭可以觀看天地宇宙的浩大，俯身可以察見萬物的繁盛，放眼觀賞景物，開暢胸懷，極盡耳目視聽的享受，真是人生最大的樂事啊！

(三)人與人之間相處往來，俯仰之間便是一生，有的人把心中的理想抱負，與友人在室內傾心談論；有的人則寄情於自然，行為狂放不羈，自在逍遙。他們雖然取捨不同，動靜也有異，但是，當他們盡情歡樂於所遭遇的事情時，便會暫時獲得滿足快意，而忘記了衰老即將到來。等到興趣一過，對於所追求的事物感到厭倦時，感慨也就隨之而來了。從前所感到歡欣的，轉瞬間就成為歷史的陳跡，這種失落尚且使人感歎不已；更何況生命的長短是造物者的安排，終究

脩短（人生命的長短）隨化，終期於盡。古人云：「死生亦大矣。」豈不痛哉！

（四）每覽昔人興感之由（緣由），若合一契（契合），未嘗不臨文嗟悼（ㄐㄧㄝ ㄉㄠˋ，歎息），不能喻之於懷。固知一（齊一，動詞）死生為虛誕，齊（等同，動詞）彭殤為妄作。後之視今，亦由今之視昔，悲夫！故列敘時人，錄（抄錄）其所述（作品）。雖世殊事異，所以興懷，其致（情致）一也。後之覽者，亦將有感於斯文。

有結束的時刻啊。古人說：「死和生是人生大事。」這怎麼能不讓人悲痛啊！

（四）每次觀覽前人的作品，發現他們興發感慨的緣由，如果和我的心境契合的，我沒有不對著文章歎息悲傷一番，心裡總是感懷萬千啊。這時我才知道把死和生看成一樣是虛妄荒誕的，把長壽與短命等量齊觀也是荒唐的。後人看待今人，就如同今人看待古人一般，真是令人悲傷呀！所以我把與會者一一記錄下來，並且抄下他們所作的詩。雖然世代不同，事物變化萬千，但是文人們觸發感懷的原因，常常是一樣的。後代的文人，想必也會對這篇文章而有所感慨吧！

春夜宴從弟桃花園序

唐・李白

原文

夫天地者，萬物之逆旅（旅館）。光陰者，百代之過客。而浮生若夢，為歡幾何（多少）？古人秉（拿）燭夜游，良（實在）有以（原因）也。況陽春（明媚的春天）召我以煙景，大塊（大地）假（提供）我以文章。會（會聚）桃花之芳園，序（陳述，抒發）天倫之樂事。群季（所有弟弟）俊秀，皆為惠連（謝惠連）；吾人詠歌，獨慚康樂（謝靈運）。幽賞未已（停止），

翻譯

天地，是萬物的旅館；光陰，是百代的過客。而虛浮短促的人生如同夢境一般，真正歡樂的日子能有多少呢？古人拿著燭火在夜裡遊樂，實在是有原因的啊！更何況溫暖的春天，用迷濛煙霧般的景色召喚我們，大自然提供給我們運思創作的美麗風光。大家聚集在桃花盛開的花園裡，談一談兄弟間的天倫樂趣。諸弟們才華洋溢都像謝惠連一般，而我們作的詩賦卻自慚不如謝靈運。幽閒的賞玩還沒有停止，高談闊論就已轉入了清雅

高談轉清。開瓊筵（珍美的筵席）以坐花，飛羽觴（傳遞酒杯）而醉月。不有佳詠，何伸（抒發）雅懷？如詩不成，罰依金谷酒數。

的言論。擺設著珍美的筵席，大家同坐在花叢間，不停地舉杯喝酒，一起醉臥在美麗的月色下。此情此景若沒有好的詩句，哪能抒發高雅的情懷呢？如果有人作詩不成，就根據金谷園的規則罰酒三杯。

現代放大鏡

這兩篇文章在中學課程裡一直是閃耀著異樣光輝且充滿作者獨特生命價值及審美情趣的作品。它們看來有著相似之處：兩篇文章寫作季節同在春天，寫作背景都是文人雅士們的遊宴聚會，再者，文體上同樣都屬於序跋類作品。這些共同點讓讀者好奇：一個是魏晉大書法家王羲之，一個則是唐代詩仙李白，兩個異地異時的文人面對同一個主題有怎麼樣不同的看法？而古代文人們的聚會到底都聊些什麼？想些什麼？歡宴背後所透露的意義及思想又是什麼？

〈蘭亭集序〉的篇幅較〈春〉一文為長，且在文意鋪排及情感層次上具有轉折性，文章開始先行交代聚會的時間、地點、原因，並描寫蘭亭山水的秀麗風光，面對如此良辰美景，好友相聚飲酒賦詩，豈不適意暢快？所以王羲之說：「所以游目騁懷，足以極視聽之娛，信可樂也。」以表達內心的歡樂。

接著，文章進入哲思議論觀點的呈現（第三段開始），王羲之想到盡興宴飲之後呢？他感嘆歡樂的時間總是短促，光陰如此匆匆，而世事多變，沒有永恆不移的樂事。每個人的生命取向不同，有人是與三五好友共聚一堂，暢談懷抱；也有的是寄情於自然，放浪形骸。但無論如何，他們面對歡樂時總是快然自足，但興盡之時，感慨沉思便相伴而來，而人生又是「修短隨化，終期於盡」（生命的長短不定），所以作者感嘆地說：「死生亦大矣。豈不痛哉！」（生和死是人生大事啊！）

請注意，全文從第一層次句末的「樂」字到第二層次句末的「痛」字，作者心境的轉變隱然可知。末了，因為這樣的覺知與體悟，王羲之認為生命既然飄忽，將生與死等同看待是荒謬的，生是生，死是死，因此呼喊出「一死生為虛誕，齊彭殤為妄作」（把生和死看成一樣是荒誕的，把長壽和短夭等同視之也是荒唐的），於是，認真嚴肅地對待生與死的命題，才能活出它的意義吧！這樣的想法與魏晉當時流行的「生死為一體」老莊思想有所不同，不過也因為如此的見解更凸顯了這篇文章的獨特性，提醒我們思考生命的意義。

如果說〈蘭亭集序〉像一層一層地剝落筍子，那麼〈春夜宴從弟桃花園序〉便是直接將一碟竹筍冷盤端給饕客享用。李白一開始就以「夫天地者，萬物之逆旅；光陰者，百代之過客」來說明時空的變與逝，既然如此，面對「浮生若夢」，那「為歡幾何」就是不得不的抉擇啊！但李白所說的為歡幾何，並不是鼓吹人們要世俗地、短視地及時行樂，而是體認到人生既然如夢一般短暫而空幻，那麼我們是否該好好珍惜善用生命中的美好時刻呢？

李白以樂觀積極的態度看待世間萬物，所以說「陽春召我以煙景，大塊假我以文章」（溫暖的春天以朦朧美景召喚我們，大地提供我運思創作的景致），他懂得以欣賞之眼擁抱自然，尤其在繁花似錦的桃花園中，與諸弟相聚，舉杯宴飲，賦詩詠懷，勾勒一幅「開瓊筵以坐花，飛羽觴而醉月」的美麗畫面，豈不快哉！

面對時間的匆匆與空間的局限，人如何找到安身立命之所？多數人面對這樣的命題常是感慨而惆悵，李白卻一開始便以「樂」字貫串全文，展現對生命與生活的熱愛與執著，洋溢著歡快溫馨之感。

〈蘭亭集序〉與〈春夜宴從弟桃花園序〉兩篇文章，無論在寫作手法、修辭技巧、文意闡發及審美意趣上都極為豐沛，藉由短小的篇幅展現極大的文學張力。

閱讀動動腦

一、王羲之說「固知一死生為虛誕，齊彭殤為妄作」，「一死生」與「齊彭殤」是莊子的概念，王羲之這樣說是對莊子的思想提出反動嗎？魏晉南北朝是道家思想盛行的時期，為何王羲之會提出不一樣的見解呢？

參考答案

一、王羲之有感於人生聚散無常，生命有長有短，要能再有如此機會大夥聚合，並不容易，所以要好好把握在世的時間啊！因此才會說出把生與死等同看待是虛妄的。

歷屆大考試題

一、李白曾說：「夫天地者，萬物之逆旅；光陰者，百代之過客。而浮生若夢為歡幾何？古人秉燭夜遊，良有以也。」依據上文，下列敘述，正確的選項是：

(A)李白飄逸不群，擅長比較不受格律束縛的古體詩，上引文字即是一例

(B)李白認為生命既是如此短暫，便應妥善利用有限的時間，夜以繼日地充實自己

(C)「夫天地者，萬物之逆旅」和蘇軾〈赤壁賦〉「寄蜉蝣於天地，渺滄海之一粟」，皆以人生的微渺和宇宙的浩瀚相對比

(D)「浮生若夢，為歡幾何」意謂：人的一生就像一場夢境，充滿喜悅與歡樂

(E)「古人秉燭夜遊，良有以也」與古詩「晝短苦夜長，何不秉燭遊」所呈現的人生態度十分接近，認為歡樂時光應及時把握

92年度大學學測補考

二、下列各組「　」中字、詞意義相同的選項為：

(A)吾愛孟夫子，「風流」天下聞／牡丹花下死，做鬼也「風流」

(B)「向」之所欣，俛仰之間，已為陳迹（蘭亭集序）／「向」吾入而弔焉，有老者哭之，如哭其子；少者哭之，如哭其母

(C)絕雲氣，負青天，然後圖南，且「適」南冥也／此時魯仲連「適」游趙，會秦圍趙，聞魏將欲令趙尊秦為帝

(D)居頃之，「會」燕太子丹質秦亡歸燕／李同遂與三千人赴秦軍，秦軍為之卻三十里。亦「會」楚、魏救至，秦兵遂罷，邯鄲復存

(E)見生枯瘠疥癘，殆非人狀。（李）娃意感焉，乃謂曰：豈非某郎也？生憤懣「絕倒」，口不能言，頷頤而已／王平子邁世有俊才，少所推服。每聞衛玠言，輒歎息「絕倒」

93年度大學學測

解答　一、C, E　　二、B, D

古人的小道消息？

《世說新語》選

南朝宋・劉義慶

古典文學中《世說新語》是本內容生動有趣，文筆精妙傳神的作品，它寫成於魏晉南北朝時的南朝，當時的社會玄學盛行，道家那種逍遙率真、自在適性的生活型態，深深影響各個階層。從言談舉止、服儀穿著到生活型態，儒家規範的體制及禮儀，似乎得到了解放，於是披頭散髮的、大口吃肉喝酒的……，這些行為不但不唐突，還被視為是真性情的表現呢！

《世說》一書所描述的便是魏、晉時期名士們的面目精神及生活百態，歷史上的人物並非全如教科書上所言的正經八百、不苟言笑，他們有感情、有情緒，跟常人一般。像一代梟雄曹操睥睨群雄、縱橫三國，你知道他平常是個怎麼樣的人嗎？〈假譎篇〉中說：

> 魏武常云：「我眠中不可妄近，近便斫(ㄓㄨㄛˊ)人，亦不自覺。左右宜深慎此！」后陽眠，所幸一人，竊以被覆之，因便斫殺。自爾每眠，左右莫敢近者。

曹操生性多疑且工於心計，統領魏軍後，深怕別人對自己不利，便想出計謀來確立自己能夠高枕無憂。又如〈容止篇〉裡寫：

> 魏武將見匈奴使，自以形陋，不足雄遠國，使崔季珪代，帝自捉刀立床頭。既畢，令間諜問曰：「魏王何如？」匈奴使答曰：「魏王雅望常；然床頭捉刀人，此乃英雄也。」魏武聞之，追殺此使。

曹操謹慎多疑，接見匈奴使節時，那個看得出他氣宇非凡的使者，令他甚不放心，抱著寧可錯殺一百，絕不放過一個的心理，追殺使者，以除後患。還有東晉著名的大書法家王羲之，在〈雅量篇〉中曾有關於他的記載：

> 郗太傅在京口，遣門生與王丞相書，求女婿。丞相語郗信：「君往東廂，任意選之。」門生歸，白郗曰：「王家諸郎，亦皆可嘉，聞來覓婿，咸自矜持。唯有一郎，在床上坦腹臥，如不聞。」郗公云：「正此好！」訪之，乃是逸少（王羲之），因嫁女與焉。

原來王羲之就是那位「坦腹東床」的人，大書法家如此率性，露個肚子，不加修飾，竟也因此娶得美嬌娘。

《世說新語》選了一千多則小故事，採用以小見大的片段方式呈現人物的特質，對後代小說在人物塑造上有一定的啟蒙。另外它的分類也是很有趣的巧妙安排，隱藏著某些特殊的密碼意涵，全書共有三十六類，前四類依序是「德行、言語、政事、文學」，稍微讀過《論語》的人一定不陌生這四類，它們剛好和有名的孔門四科十哲的「四科」完全一樣。在盛行道家清談的南北朝，劉義慶編纂此書時「偷渡」儒家觀點在其中，或許表現出他內心的想望吧！此外書中也呈現東漢以來批評人物、品評文章的時代風氣。全書三十六類的編排上，愈往後面的分類，貶抑的意味漸漸加重，「德行、言語、政事、文學、方正、雅量、識鑒、賞譽、品藻、規箴、捷悟、夙慧、豪爽、容止、自新、企羨、傷逝、棲逸、賢媛、術解、巧藝、寵禮、任誕、簡傲、排調、輕詆、假譎、黜免、儉嗇、汰侈、忿狷、讒險、尤悔、紕漏、惑溺、仇隙」。所以，某位名士被放到哪一類別，便可猜測劉義慶對他的品評高低了。

以下兩則也是《世說新語》中的小故事，請你閱讀後，回答以下問題：

漢元帝宮人既多，乃令畫工圖之，欲有呼者，輒披圖召之。其中常者，皆行貨賂。王明君姿容甚麗，志不苟求，工遂毀為其狀。後匈奴來和，求美女於漢帝，帝以明君充行。既召見而惜之。但名字已去，不欲中改，於是遂行。

〈賢媛篇〉

問題一：故事中的王明君是誰呢？而畫工又是哪一位？

劉伶常縱酒放達，或脫衣裸形在屋中，人見譏之。伶曰：「我以天地為棟宇，屋室為幝衣，諸君何為入我幝中？」

〈任誕篇〉

問題二：請你嘗試以白話文翻譯上述的故事。

參考答案

一、王昭君。毛延壽。

二、劉伶常常喝酒且言行放縱、不受拘束，有時在屋子裡會脫衣裸露。有人看到了，就譏諷他。劉伶說：「我把天地作為屋宇，把房舍當作褲子，你們為什麼進到我的褲子裡來呢？」

歷屆大考試題

一、閱讀下列短文，回答⑴、⑵題

①王太尉不與庾子嵩交，庾卿之不置。王曰：「君不得為爾！」庾曰：「卿自君我，我自卿卿；我自用我法，卿自用卿法。」（《世說新語・方正》）

②王安豐婦，常卿安豐。安豐曰：「婦人卿婿，於禮為不敬，後勿復爾！」婦曰：「親卿愛卿，是以卿卿；我不卿卿，誰當卿卿？」遂恆聽之。

《世說新語‧惑溺》

(1)根據上引兩段文字，下列敘述，錯誤的選項是：

(A)甲、乙兩段文字中，作為動詞用的「卿」字共有七個。

(B)「庾卿之不置」的「卿」和「卿自君我」的「君」字，詞性不同。

(C)文中所有「卿卿」的第一個「卿」字都是動詞，第二個「卿」字都是名詞。

(D)「庾卿之不置」的「之」字和「誰當卿卿」的第二個「卿」字，都當賓語（受詞）用。

(2)由上引兩段文字內容判斷，下列敘述，正確的選項是：

(A)魏晉時期稱呼對方為「卿」，是一種下對上或卑對尊的敬稱。

(B)庾子嵩因為王太尉敬稱他為「君」，故堅持稱呼王太尉為「卿」。

(C)《世說新語》將乙段文字置於〈惑溺〉篇，反映當時人對女性堅持自我主張的不以為然。

(D)王太尉對庾子嵩稱他為「卿」一事的態度，和王安豐對妻子稱他為「卿」的態度相同，都由反對轉為接受。

94年大學指考

二、閱讀下列短文，回答(1)、(2)題。

山公（山濤）與嵇（康）、阮（籍）一面，契若金蘭。山妻韓氏，覺公與二人異於常交，問公，公曰：「我當年可以為友者，唯此二生耳。」妻曰：「負羈之妻亦親觀狐、趙（負羈之妻亦親觀狐、趙：春秋時，晉公子重耳流亡曹國，曹國大夫僖負羈之妻觀重耳身邊的狐偃、趙衰。），意欲窺之，可乎？」他日，二人來，妻勸公止之宿，具酒肉。夜穿墉以視之，達旦忘反。公入曰：「二人何如？」妻曰：「君才致殊不如，正當以識度相友耳。」公曰：「伊輩亦常以我度為勝。」

《世說新語》

(1)下列關於山濤及其妻的敘述，正確的選項是：

(A)山濤之妻有識人之明

(B)山濤之妻善妒而好猜忌

(C)山濤自認才能不輸嵇、阮

(D)山濤之才極受嵇、阮肯定

96年大學學測

(2)文中的「契」、「覺」、「以」、「勝」四個詞，各與下列選項「　」內相同的詞比較，意義相同的選項是：

(A)戰國策〈馮諼客孟嘗君〉：馮諼曰：願之。於是約車治裝，載券「契」而行

(B)柳宗元〈始得西山宴遊記〉：意有所極，夢亦同趣，「覺」而起，起而歸

(C)連橫〈台灣通史序〉：苟欲「以」二三陳編而知台灣大勢

(D)蘇軾〈留侯論〉：其平居無罪夷滅者，不可「勝」數

三、關於下引文字，敘述正確的選項是：

郗太傅（郗鑒）在京口，遣門生與王丞相（王導）書，求女壻。丞相語郗信：「君往東廂，任意選之。」門生歸，白郗曰：「王家諸郎，亦皆可嘉，聞來覓壻，咸自矜持。唯有一郎在牀上坦腹臥，如不聞。」郗公云：「正此好！」訪之，乃是逸少（王羲之），因嫁女與焉。（《世說新語．雅量》）

(A)「遣門生與王丞相書」，是送書卷作為見面禮

(B)「丞相語郗信」，是說王丞相口授回信給郗太傅

(C)「唯有一郎在牀上坦腹臥，如不聞」，「一郎」是指王家的大少爺

(D)「郗公云：『正此好！』」郗鑒擇王羲之為壻，是因為他不做作，是個率真的人

96年大學指考

解答　一、(1) B, (2) C　二、(1) A, (2) C　三、D

他們這樣說老師

師說

唐・韓愈

原文

(一)古之學者必有師。師者，所以傳道、受業、解惑也。人非生而知之者，孰（ㄕㄨˊ，誰）能無惑？惑而不從師，其為惑也，終不解矣。

(二)生乎吾前，其聞道也，固（本來）先乎吾，吾從而師（學習，動詞）之；生乎吾後，其聞道也，亦先乎吾，吾從而師之。吾師道也，夫庸（豈、何必）知其年之

翻譯

(一)古時求學之人，一定有老師。老師是傳授道理、學問，講授學業、知識，解答疑惑的人。人並不是一生下來就明白所有道理的，誰能沒有疑惑？有了疑惑卻不請教老師，那麼他的疑惑也就永遠不能解決了。

(二)比我早出生的人，他所懂的道理本來就比我早，我當然向他請教；出生在我之後的人，若是他懂得道理也比我早，我也會向他學習。我所要學

先後生於吾乎？【小結論】是故無貴、無賤、無長、無少，道之所存，師之所存也。

（三）嗟乎！師道之不傳也久矣！欲人之無惑也難矣！古之聖人，其出（超越）人也遠矣，猶且從師而問焉；今之眾人，其下（不足）聖人也亦遠矣，而恥（以……為恥）學於師。【小結論】是故，聖益聖，愚益愚，聖人之所以為聖，愚人之所以為愚，其（大概）皆出於此乎？

（四）愛其子，擇師而教之，於其身也則恥（以……為恥）師焉，惑矣！彼童子之師，授之書而習其句（ㄐㄩˋ）讀（ㄉㄡˋ，「讀」通「逗」）也，非吾所謂傳其道、解其惑者也。

的是道理，又何須知道他的年紀比我大或比我小呢？所以，不論地位的貴賤、年紀的大小，道理在哪裡，誰就是我的老師。

（三）唉！從師問學的風氣，很早就不流傳了！想要人們沒有疑惑也就很難了！古時候的聖人，他們的學問道德超出一般人甚多，尚且向老師請教；如今一般常人，他們的道德學問遠不及聖人，卻認為向老師學習是可恥的。由於這個原因，聖人更加聖明，愚人更加愚笨；而聖人之所以成為聖人，愚人之所以成為愚人，大概也是因為這樣的原因吧？

（四）人們疼愛自己的孩子，挑選老師來教導他，但是他自身卻認為向老師請教是可恥的，真是令人困惑啊！那些孩子的老師，只是教導孩子誦讀書籍，學習斷句標點，並非我所說的傳授做人處事的道理，和解決各種疑惑的啊！不懂得斷句標點，

小結論 錯綜句式：句讀之不知，或師焉；惑之不解，或不焉

句讀之不知，惑之不解，或師焉，或不焉，小學而大遺，吾未見其明也。

(五)巫、醫、樂師、百工之人，不恥（以……為恥）相師。士大夫之族，曰師，曰弟子云者，則群聚而笑之，問之，則曰：「彼與彼年相若也，道相似也。」位卑則足羞，官盛則近諛（ㄩˊ，諂媚）。嗚呼！師道之不復（恢復）可知矣！小結論 巫、醫、樂師、百工之人，君子不齒（並列，動詞），今其智乃（竟然）反不能及，其可怪也歟！

(六)聖人無常師。孔子師郯（ㄊㄢˊ）子、萇（ㄔㄤˊ）弘、師襄、老聃（ㄉㄢ）。郯子之徒（輩），其賢不及孔子。

便去向老師學習，有了疑惑不能解決，卻不去請教老師，細小之處懂得去學習，大的地方卻遺漏了，我看不出他聰明的地方在那兒啊！

(五)巫師、醫師、樂師和各行各業的工匠，他們不把向老師學習看作是可恥的事；但是士大夫階級的人，只要有人以「老師」、「學生」互相稱呼，大家就聚在一起取笑他們，問他們原因，就說：「他和他年紀差不多，學問也相似啊！」向地位卑下的人學習就感到十分可恥，向官職顯赫的人請教又覺得有諂媚之嫌。唉！從師問學的風氣不能恢復是可想而知的了。巫師、醫師、樂師和各種工匠，士大夫不屑與他們並列，現在士大夫的才智反而趕不上這些人，那不是很奇怪的事嗎！

(六)聖人沒有固定的老師，孔子曾經向郯子、萇弘、師襄、老聃這些人請教。郯子這些人，聰明

孔子曰：「三人行，則必有我師。」小結論 是故弟子不必不如師，師不必賢於弟子。聞道有先後，術業有專攻，如是而已。

（七）李氏子蟠（ㄆㄢˊ），年十七，好古文，六藝經傳（六經的經文和傳文），皆通習之。不拘於時（時俗），請學於余。余嘉其能行古道（古人從師問學之道），作〈師說〉以貽（ㄧˊ，贈送）之。

才德比不上孔子。孔子說：「三人同行，其中一定有可以當我老師的人。」所以學生不一定不如老師，老師也不一定都比學生高明，只是了解道理的時間有早有晚，學術技藝各有專長，如此罷了。

（七）李蟠才十七歲，喜好古文，六藝的經傳，都已經通曉熟習，不受當前風氣的拘束，來向我請教，我讚美他能實行古人從師問學的道理，就寫了這篇〈師說〉送給他。

現代放大鏡

〈師說〉一文是高中國文課程裡歷久不衰的名篇，除了內容直接談及老師之外，它還闡述了從師問學之道及尊師重道之理。文中共分成七個段落，韓愈在各段提出不同的側重點，以說理加例證來呈現概念，有趣的是，在每段的結束時，他都會提出小結論總結該段。

首段便揭櫫了全文的主要旨趣：①古之學者必有師②老師的功用→傳道、受業、解惑③人生孰能無惑，有惑自當從師。在這段文字裡，提出了老師存在的必然性，也說明老師的責任是「傳道、受業、解惑」，這三者是有層次的進階等第，自小而大，「解惑」是最高境界，也是抽象的層次，人生本有大小不同的疑惑時時發生，需有人為之解惑。

到了第二段，韓愈點出全文旨意：無論長少、貴賤，只要有道、有學問者都是我的老師，因此便提出結論：「是故無貴無賤，無長無少，道之所存，師之所存也。」

接著，第三到第五段，韓愈採取對比的方式將兩種型態的學習狀況進行ＰＫ

比較，一派問學，另一派不問學。（見下方表格）

第三段一開始，作者先感慨的說：「師道之不傳也久矣！欲人之無惑也難矣！」暗示師道不存的現象由來已久，既然是一個很久以來的現象，那麼要人們沒有疑惑就很難了。此處值得注意的是韓愈扣緊「惑」這個字而發展，他並不側重於傳「道」與受「業」的層次，可見他認為「解惑」才是為師的真正價值。接著，他以「古之聖人從師而問」和「今之眾人恥學於師」兩相對照，聖人都還向別人問學，所以能愈來愈好，而凡夫俗子卻以問學為恥，終於愈見庸碌了。據此，作者下了個結論：「聖人之所以為聖，愚人之所以為愚，其皆出於此乎！」（「此」字乃指學不學習這件事。）

第四段則意有所指的描述當時的士大夫努力

段落	第三段	第四段	第五段
問學	古之聖人→從師而問	士大夫愛其子→擇師而教之	巫、醫、樂師、百工之人→不恥相師
不問學	今之眾人→恥學於師	士大夫於其身也→則恥師焉	士大夫之族，曰師、曰弟子云者，則群聚而笑之

為他們孩子擇師，自己卻從不問學，而且士大夫為孩子所選擇的老師只是教導句讀之學（句讀是指為文章下標點與斷句），在韓愈的標準來看，這樣的老師僅能是受業而已，還到達不了更高的層次，也就是「所謂傳其道、解其惑者也」，此處又再一次提及「解惑」，可見對於老師的功能與價值，韓愈的標準是極其清楚的了。而此段的結論是：「小（句讀之學）學而大（解惑）遺，吾未見其明。」

至於第五段，則以「巫、醫、樂師、百工之人」和「士大夫之族」進行對照比較，百工之人為了求生存必須競爭，促使他們必須不斷問學以求精進；而不具競爭的士人階層安穩度日，反倒以問學為恥了，深怕一問，洩了底，露了餡。這些士大夫還堂而皇之地為自己找理由說：「彼與彼年相若也，道相似也。位卑則足羞，官盛則近諛。」（向地位低的人請教，會讓人感到羞恥；向官位高的人問學，又有阿諛之嫌。）所以此段韓愈給的結論是：「嗚呼！師道之不復可知矣。巫、醫、樂師、百工之人，君子不齒，今其智乃反不能及，其可怪也歟！」

到了第六段，韓愈筆鋒一轉，以至聖先師孔子為正例，說明他也拜師問學。他先提出總綱「聖人無常師」，再提出論據：「孔子師郯子、萇弘、師襄、老聃。郯子之徒，其賢不及孔子。孔子曰：『三人行，則必有我師。』孔子問學的對象，他們的才能或德性不盡然超越孔子，但他們都有孔子所不知的學問，例如：郯子明瞭古代帝王「以鳥名為官名」之事，師襄的琴藝高超……，這些都是孔子向他們請益的原因。最後，韓愈說明完這樣的古例之後，他也下了結論：「是故弟子不必不如師，師不必賢於弟子，聞道有先後，術業有專攻，如是而已。」

末段，韓愈說明自己寫作這篇文章的原因是：「李氏子蟠，年十七，好古文，六藝（也就是六經）經傳，皆通習之；不拘於時，請學於余，余嘉其能行古道，作〈師說〉以貽之。」從這段話來看，這篇文章屬於韓愈贈送給李蟠的作品，也就是「贈序類」文章，韓愈有不少贈人以言的作品，想想看，如果這樣的話，〈師說〉是否可以有其他的題目呢？

閱讀動動腦

柳宗元的〈答韋中立論師道書〉一文中曾提及韓愈這篇〈師說〉，以下節選其中一段，請你閱讀完後想想：柳宗元是否支持韓愈的言論呢？

> 孟子稱：「人之患，在好為人師。」由魏晉以下，人益不事師。今之世不聞有師；有，輒譁笑之，以為狂人。獨韓愈奮不顧流俗，犯笑侮，收召後學，作〈師說〉，因抗顏而為師。世果羣怪聚罵，指目牽引，而增與為言詞。愈以是得狂名；居長安，炊不暇熟，又挈挈（急忙的樣子）而東，如是者數矣。

翻譯：孟子說：「人的毛病，在喜歡當別人的老師。」從魏晉以來，人們越來越不重視老師，也不從師問學。現代則沒聽過有做老師的，有的話，人們往往譏笑他，以為他是狂人。只有韓愈不顧世俗的觀點，冒著別人的譏笑侮辱，招收後進學生，並發表〈師說〉一文，板起臉孔，做起老師來。社會上果然有許多人感到奇怪，成群的謾罵指摘他。這些人又指指點點，互相拉扯，加油添醋地說出了許多不實的話，韓愈因此落了個狂人的名聲。在京師居住的時候，他忙得連飯都還沒有熟，就又急急忙忙的趕到洛陽，去擔任河南令的工作，這種情形，已經發生過好幾次了。

歷屆大考試題

一、針對下列古文名篇內容，敘述正確的選項是：

(A)蘇洵〈六國論〉藉論六國賂秦之弊，諷諭宋朝屈辱求和的政策

(B)蘇軾〈前赤壁賦〉藉變與不變之辯證，表現作者通達的人生觀

(C)韓愈〈師說〉藉贈文李蟠的機會，批判時人一味崇尚佛老的風氣

(D)柳宗元〈始得西山宴遊記〉藉「始得」二字，表現作者初次尋得心靈寄託的喜悅感受

(E)顧炎武〈廉恥〉藉論「士大夫之無恥，是謂國恥」，寄寓作者對易代之際，士人變節的感慨。

95年大學學測

二、下列文句中，有關「齒」、「恥」二字的使用，正確的選項是：

(A)謙虛的人能不齒下問，驕傲的人總自以為是

(B)高舉公理正義的大旗做傷天害理的事，最令人不恥

(C)他公然說謊卻絲毫不覺歉疚，難怪會被批評為無齒

(D)有些人只寫過幾篇小文章就自號才子，真是讓人齒冷。

96年大學學測

三、下列引用《論語》文句詮釋經典名篇的敘述，正確的選項是：

(A)諸葛亮於〈出師表〉中，充分展現「其行己也恭，其事上也敬」的行事態度

(B)蘇轍於〈上樞密韓太尉書〉中，表述基於「仕而優則學」的體悟，進京求師

(C)韓愈〈師說〉中舉孔子師郯子、萇弘、師襄、老聃等人為例，寓有「三人行，必有我師焉」之意

(D)蘇軾〈赤壁賦〉「哀吾生之須臾，羨長江之無窮」的心理，等同於「未知生，焉知死」的生死觀

(E)〈燭之武退秦師〉中，燭之武深知「及其壯也，血氣方剛，戒之在鬥；及其老也，血氣既衰，戒之在得」的道理，故向鄭伯委婉推辭曰：「臣之壯也，猶不如人；今老矣，無能為也已。」

99年大學學測

解答　一、A, B, D, E　二、D　三、A, C

另類遊記

始得西山宴遊記

唐・柳宗元

原文

（一）自余為僇人（ㄌㄨˋ，因罪遭貶之人），居是州，恆惴（ㄓㄨㄟˋ）慄（ㄌㄧˋ，恐懼不安）；其隙（閒暇）也，則施施（ㄕ，從容的樣子）而行，漫漫而遊。日與其徒上高山，入深林，窮（走盡）迴谿；幽泉怪石，無遠不到。到則披（撥開）草而坐，傾壺而醉，醉則更相枕以臥，臥而夢。意有所極（至），夢亦同趣（ㄑㄩ，同「趨」，往）。覺（醒）而起，起而歸。

翻譯

（一）自從我被貶謫之後，居住在永州，常常感到憂懼不安；閒暇之時，總是緩緩散步，無拘無束地四處遊賞。每天和同伴們爬高山，穿密林，走盡曲折的溪流；只要是有幽深泉水和奇特岩石的地方，不論多麼遠，沒有不去的。抵達目的地後，便撥開草地坐下；倒出壺裡的酒，喝個痛快，醉了之後，彼此互相以身體枕著頭睡覺，睡著了就做夢。心中想到哪裡，做夢時也會夢到那裡。醒了就起身，然後就回家了。

小結論 以為凡是州之山水有異態者，皆我有也，而未始知西山之怪特。

(二)今年九月二十八日，因坐法華西亭，望西山，始指異之。遂命僕過湘江，緣（沿著）染溪，斫（ㄓㄨㄛˊ，砍）榛（ㄓㄣ）莽（ㄇㄤˇ，叢生雜草），焚茅茷（ㄈㄚˊ，草葉茂密），窮山之高而止。攀援而登，箕（ㄐㄧ）踞而遨，則凡數州之土壤，皆在衽（ㄖㄣˋ，臥席）席之下。

(三)其高下之勢，岈（ㄒㄧㄚ，山高起貌）然洼（ㄨㄚ，凹陷貌）然，若垤（ㄉㄧㄝˊ，小土穴）若穴，尺寸千里，攢（ㄘㄨㄢˊ，聚集）蹙（ㄘㄨˋ，叢聚）累積，莫得遯（同「遁」，逃避）隱；縈（環繞）青繚白，外與天際（相接），四望如一。

小結論 然後知是山之特出，不與培（ㄆㄡˊ）塿（ㄌㄡˇ，小土丘）為類，悠

我原本以為永州境內所有的奇山異水，都遊歷過了，卻不曾真正認識西山景象的奇異獨特。

(二)今年九月二十八日，因為坐在法華寺的西亭，眺望西山，才覺得它非常奇特。於是帶著僕人一起渡過湘江，沿著染溪，砍伐叢生的雜草，焚燒茂密的茅草，直到抵達山頂才停下來。大夥攀登上西山，在山頂上伸開兩腿，任意自適地坐著，遊目四顧，附近幾個州郡的土地及遠近的景物，都在我們的坐席之下。

(三)西山那高低不平的地勢，有的凸起像小土堆，有的深陷像洞穴，千里之遠的景物，全都收縮聚攏於尺寸之間，沒有一樣能逃出我們的視野；青山和白雲彼此縈繞，最遠的外緣處與天相連接，從四面望去都是一樣的。此時，我才知道西山的奇特和一般的小山丘是不同的，它的高大久遠，與天地大氣同生，

悠乎與灝氣（即「浩氣」）俱，而莫得其涯；洋洋乎與造物者遊，而不知其所窮。

(四)引觴滿酌，頹然就醉，不知日之入。蒼然暮色，自遠而至，至無所見，而猶不欲歸。心凝形（形體）釋，與萬化（自然萬物）冥合（渾然交融）。然後知吾嚮（從前）之未始遊，遊於是乎始，故為之文以志（同「誌」，記載）。

(五)是歲，元和四年也。

而不知道它始於何時；它的廣闊遼夐（ㄒㄩㄥˋ），也與造物者同存，而看不到盡頭。

(四)大夥一起舉杯，斟滿了酒痛快暢飲，直到喝醉倒地，連太陽何時下山都不知道。昏暗的夜色，從遠處漸漸籠罩過來，直到什麼也看不見時，還不想回去。此時只覺得心神凝聚平靜，形體消散，無拘無束，彷彿與自然萬物融為一體。這才知道我以前並沒有真正的遊歷過，真正的遊賞是從這一次開始的，所以寫這篇文章來記載這件事。

(五)這一年是(憲宗)元和四年。

晚遊六橋待月記

明・袁宏道

原文

西湖最盛，為春為月。一日之盛，為朝煙，為夕嵐。

今歲春雪甚盛，梅花為（被）寒所勒（束縛抑制），與杏桃相次（相繼）開發，尤為奇觀。石簣數（ㄕㄨㄛˋ，屢次）為余言：「傅金吾園中梅，張功甫玉照堂故物也，急往觀之。」余時為桃花所戀，竟

翻譯

西湖景色最美的時候是在春天，是在月夜。而一天之中景色最棒的時刻，就是早晨的煙霧，還有傍晚的山嵐。

今年春天，雪下得很多，梅花因為受到寒氣的抑制，延遲到與杏花、桃花相繼開放，形成奇特的景觀。石簣屢次跟我說：「傅金吾園裡的梅花，是宋代張功甫玉照堂中舊有的古梅，我們應該趕快去觀賞。」我當時正被桃花的美景所迷戀，竟然捨不得離開湖上。

不忍去湖上。

由斷橋至蘇堤一帶，綠煙紅霧，彌漫二十餘里。歌吹為風，粉汗為雨，羅紈之盛，多於堤畔之草，艷冶極矣。

然杭人游湖，止午、未、申三時。其實湖光染翠之工，山嵐設色之妙，皆在朝日始出，夕舂未下，始極其濃媚。月景尤不可言，花態柳情，山容水意，別是一種趣味。此樂留與山僧遊客受用，安可為俗士道哉！

從斷橋到蘇堤一帶，草木綠意盎然連生如煙，而繁花似錦宛如一片紅霧，綿延二十里遠。遊客的歌聲、吹奏的樂音，像風一般地陣陣傳來，仕女們的粉汗，如雨一般滴落，穿著華麗的遊客，比堤岸上的青草還要多，景況真是艷麗到了極點。

然而杭州人遊覽西湖，只在上午十一時至下午五時這段時間。其實，湖面倒映綠樹的精巧，山氣呈現幻化的色彩，都在早晨太陽剛升起，以及傍晚夕陽即將西下之時，最為濃艷嫵媚。月光下的景色，尤其美得無法形容，那花朵的姿態、柳樹的風情、山的容貌、水的情意，又是另一種特別的趣味。這種樂趣只能留給山中僧侶與遊客們享用，怎能向俗人說明白呢！

此次我們要看的兩篇作品都題名為遊記，但在「內容取材」及「主題意識」上與我們一般認知的遊記有所出入。〈始得西山宴遊記〉一文是唐代柳宗元因為「永貞革新」運動失敗，貶謫永州時所作，這個時期，他一共寫成八篇遊歷山水的作品稱為《永州八記》，而本文是八記中的第一篇。

柳宗元貶謫永州共十年，初期或許還懷抱著回京的念頭，因此對於遊賞永州的山水景致常是心不在焉的。在永州第四、五年時，尚書右丞京兆尹許孟容曾經寫了一封信給柳宗元，讓他興奮不已，在回信中除了宣洩自己的憤慨外，也暗示對方，請其協助，讓皇帝召他回京，但此事終究沒有下文。此後，柳宗元對於自己的生命歷程有了新的體悟，他開始真正且深刻地寄情於永州的山水，本文藉由記錄再度遊覽西山勝景的歷程，展現個人心境的轉折，題目中的「始」字正揭示了柳宗元面對生活的新態度——「從前種種，已然消逝；以後種種，始於今日」。

文章一開始，他交代自己困窘的處境及心態：「自余為僇人，居是州，恆惴慄；其隙也，則施施而行，漫漫而遊。日與其徒上高山，入深林，窮迴溪；幽泉怪石，無遠不到，……。」為了排解貶謫的憂悶，柳宗元到處尋訪幽泉怪石的勝景，他自以為西山的奇景已經完全被他搜羅一空，因此，自豪地說：「以為凡是州之山水有異態者，皆我有也，而未始知西山之怪特。」到了第二段，他特別標明某個時間點：「今年九月二十八日，因坐法華西亭，望西山，始指異之」，這個時間對他的生活及生命而言是極其重要的一刻，因為重新登臨西山後有了新發現，自此，他有了超然與達觀的眼界。而第三段則是全文文意的重點發展，它先描述柳宗元登臨西山頂後所看到的景象，此處可分為三個層次，這些關於西山景色的描述，正是隱喻了柳宗元的人格特質，如以下表格所述：

登上西山後所見之景象		
	課文文句	意涵
景象1	其高下之勢，岈然洼然，若垤若穴	形容西山山勢高低起伏
景象2	尺寸千里，攢蹙累積，莫得遯隱	西山居高臨下，萬物莫得遁隱（俯瞰）
景象3	縈青繚白，外與天際，四望如一	西山與白雲、天際仳鄰，彼此纏繞（環視）
結論	ⓐ 西山之特出，不與培塿為類 ⓑ（西山）悠悠乎，與灝氣俱，而莫得其涯 ⓒ（西山）洋洋乎，與造物者遊，而不知其所窮	

因此，文章接著便說：「然後知是山之特出，不與培塿（小山）為類，悠悠乎與灝氣俱，而莫得其涯；洋洋乎與造物者遊，而不知其所窮。」表面上看來是形容西山的奇特與一般小山丘不同，它的廣大久遠，可以與天地自然同存共生、無窮無盡。其實它的涵意是說西山的特質正是柳宗元超然人格的化身，也是心境轉折後的體現，他期許自己一如西山掙脫世俗價值，達觀而自適，超然於物外。

最後，以「引觴滿酌，頹然就醉，不知日之入。蒼然暮色，自遠而至，至無所見，而猶不欲歸。」表現物我兩忘，沉醉於山水景色中的快意，此處的「醉」與首段的「醉」——「到則披草而坐，傾壺而醉，醉則更相枕以臥」，在心境上已有所不同，之前的「醉」是因為恆惴慄需要排憂解悶，而此時的「醉」是「心凝形釋，與萬化冥合」的陶然忘機。末了以「然後知吾嚮之未始遊，遊於是乎始，故為之文以志」一句，告訴我們作者心境上的重大轉折，一種「昨非今是」的新生活自此開始。文中反覆出現了多次「始」字，柳宗元企圖展現心境的新生，於此可見一斑呢！

而袁宏道的〈晚遊六橋待月記〉是一篇展現個人獨特審美情趣的作品，正與晚明重視個人心志發抒的性靈文風相關聯。題目的意思應該是晚上遊覽六橋等待月色的紀錄，但細索全文不難發現題目與內容並非完全關聯。文章起始先點明西湖美景之最：「西湖最盛，為春為月。一日之盛，為朝煙，為夕嵐。」然後說那年晚開的冬梅與春天的桃杏一起綻放，造成了奇觀，許多人爭相觀賞，然而作者當時為桃花所迷戀，並沒有同遊賞花，此處流露作者自己獨特的價值取向。

到了第三段，筆鋒一轉，作者說明西湖遊客如織的景象：「綠煙紅霧，彌漫二十餘里。歌吹為風，粉汗為雨，羅紈之盛，多於堤畔之草，豔冶極矣」。最後一段則說明多數遊客遊覽西湖的時間，並不是西湖展現真正美景的時刻，袁宏道說，「其實湖光染翠之工，山嵐設色之妙，皆在朝日始出，夕舂未下，始極其濃媚。」此句正好呼應首段的「一日之盛，為朝煙，為夕嵐」；而「月景尤不可言，花態柳情，山容水意，別是一種趣味。」又呼應了「西湖最盛，為春為月」，前後兩段的對照之下，可歸納出袁宏道的獨特審美情趣及品味，他以為西湖之美是在春天的月夜，而一日之中又以早晨及傍晚的景色最動人。

而閱讀完全文後，我們發現袁宏道花了較多文字著墨於西湖在春天時的勝景，而春天，作者的取材則是①「梅花盛開，獨鍾於桃」及②「西湖遊客如織」兩個場面上；而關於「月景」及「一日之盛，為朝煙，為夕嵐」這兩個部分，會發現作者著墨甚少，以略筆的方式稍微提及：「湖光染翠之工，山嵐設色之妙，皆在朝日始出，夕舂未下，始極其濃媚。」至於月景之妙更是以意在言外的方式輕描淡寫，「月景尤不可言，花態柳情，山容水意，別是一種趣味。」留給讀者無限的想像空間。由此可見袁宏道寫作此文果真是「獨抒性靈，不拘格套」，流瀉出自己獨特的美學觀點及寫作手法，所以若將題目〈晚遊六橋待月記〉仔細推敲之後，套句老師評閱作文時的標準，此文稍有文不對題之感。

這兩篇名為遊記的作品，有個共同的特色便是雖然名為遊記，但內容上各自有取材視角及立意方向，而非一般習見純粹記敘景物的遊記。柳宗元藉遊覽西山來顯示個人心境的轉折及生命價值的轉向；而袁宏道不直接書寫個人遊六橋的歷程及心境，轉以流露獨特審美意趣為主線，此種另類的立意取材值得細細探索比較。

閱讀動動腦

一、柳宗元在文章首段中曾說：「以為凡是州之山有異態者，皆我有也」，為什麼他敢這麼說呢？（請從文章中找出答案）

二、請問柳宗元對西山所下的評語與結論是什麼？（請從文章中找出答案）

三、〈晚遊六橋待月記〉文中，作者對於月景如何描寫？採虛筆、實筆、詳筆、略筆呢？

參考答案

一、因為柳宗元說：「日與其徒上高山，入深林，窮迴谿；幽泉怪石，無遠不到。」他認為自己已經遊歷過所有奇山異水與幽泉怪石了。

二、他認為西山特出「不與培塿為類，悠悠乎與灝氣俱，而莫得其涯；洋洋乎與造物者遊，而不知其所窮。」

三、輕描淡寫、略筆、虛筆帶過，只說一句「月景尤妙不可言」。

一、對於因果關係的敘述，下列文句屬於「先果後因」的選項是：

(A)余時為桃花所戀，竟不忍去湖上

(B)(項脊)軒凡四遭火，得不焚，殆有神護者

(C)及郡下，詣太守，說如此。太守即遣人隨其往

(D)孟嘗君為相數十年，無纖介之禍者，馮諼之計也

(E)前者呼，後者應，傴僂提攜，往來而不絕者，滁人遊也

99年大學學測

二、下列各組「　」內的字，意義相同的選項是：

(A)百工之人，君子不「齒」／啟朱唇，發皓「齒」，唱了幾句書兒

(B)「心」凝形釋，與萬化冥合／山水之樂，得之「心」而寓之酒也

(C)「目」不能兩視而明，耳不能兩聽而聰／綱舉「目」張，百事俱作

(D)近拇之「指」，皆為之痛／微「指」左公處，則席地倚牆而坐

99年大學指考

解答　一、B, D　二、B

虛擬人物的圖像

虯髯客傳

唐・杜光庭

原文

（一）隋煬帝之幸江都也，命司空楊素守西京。素驕貴，又以時亂（因為時局動盪），天下之權重望（聲望）崇者，莫我若也（比不上我），奢貴自奉，禮異人臣。每公卿入言，賓客上謁（一ㄝˋ，拜見），未嘗不踞床而見，令美人捧出，侍婢（ㄅㄧˋ）羅列，頗僭（ㄐㄧㄢˋ，超越本分行事）於上。末年益甚，無復知所負荷，有扶危持顛之心。

翻譯

（一）隋煬帝巡幸江都，命令司空楊素留守西京。楊素既驕傲又自大，又因為時局混亂，認為天下位高權重的人，沒有人比得上自己，日常生活極其奢侈，禮節排場也超出臣子所應有的。每逢公卿大臣來報告事情，或有賓客拜謁，楊素都踞坐在床榻上接見，並令一群美女將他抬出來見客，所有侍婢排列兩旁，排場簡直超越皇帝。到晚年這種情況更加嚴重，不再關心自己所應擔負

（二）一日，衛公李靖以布衣來謁（ㄧㄝ），獻奇策，素亦踞見之。靖前揖曰：「天下方（正）亂，英雄競起，公為帝室重臣，須以收羅豪傑為心，不宜踞見賓客。」素斂容（端正表情儀容）而起，與語，大悅，收其策而退。

（三）當靖之騁辯也，一妓有殊色，執紅拂，立於前，獨目（動詞，注視）靖。靖既去，而拂妓臨軒（窗戶）指吏問曰：「去者處士第幾？住何處？」吏具（詳細）以對，妓頷（ㄏㄢˋ，點頭）而去。

（四）靖歸逆旅（旅舍），其夜五更初，忽聞叩門而聲低者，靖起問焉。乃紫衣戴帽人，杖揭（掛）

的責任，也沒有拯救艱危、安定天下的決心。

（二）有一天，衛國公李靖以平民的身分去謁見楊素，獻上奇策。楊素依舊是以輕慢無禮的態度接見。李靖上前作揖，說：「天下正亂，英雄競相崛起。您身為朝廷重臣，應該設法網羅天下豪傑之士，不該傲慢地接見賓客。」楊素立刻端正神情，並站起身，和他交談，談得非常高興，並收下李靖獻納的策書。

（三）正當李靖在楊素面前滔滔不絕辯論之時，有一女子相貌出眾，手執紅色拂塵，站在前面，特別看著李靖。李靖離開之後，執拂塵的女子靠著窗戶指著外面的侍衛說：「剛離開的那個讀書人是誰？住在哪裡？」侍衛一一回答了，女子點點頭就離開了。

（四）李靖回到旅館，當晚的五更初，忽然聽見

一囊。靖問：「誰？」曰：「妾，楊家之紅拂妓也。」靖遽（立刻）延入。脫衣去帽，乃十八九佳麗人也。素面（臉龐素淨）華衣而拜。靖驚答。曰：「妾侍楊司空久，閱天下之人多矣，未有如公者。絲蘿非獨生，願託喬木，故來奔耳。」靖曰：「楊司空權重京師，如何？」曰：「彼（他）屍居餘氣，不足畏也。諸妓知其無成，去（離開）者眾矣。彼亦不甚逐也。計（計謀）之詳矣。幸（希望）無疑焉。」問其姓，曰：「張。」問伯仲之次，曰：「最長。」觀其肌膚、儀狀、言詞、氣性，真天人也。靖不自意（沒料到）獲之，愈喜懼，瞬息（短時間）萬慮不

輕輕的叩門聲，李靖起身詢問。赫然發現是一個身穿紫衣戴帽的人，手杖上掛個囊袋。李靖問：「誰？」答道：「我是楊素家執紅拂的女子。」李靖於是請她進來。一進屋內，女子便脫去紫衣摘去帽子，竟是一個十八、九歲的美麗佳人。臉龐素淨，身著華麗的衣裳，向李靖下拜。李靖驚喜地還禮。女子說：「我侍奉楊素有一段時間了，所看的天下人也多了，卻沒有比得上你的。菟絲、女蘿不能獨自生長，希望能托身在喬木上，所以來投奔你了。」李靖說：「可是楊司空在京師的權力很大，怎麼辦？」紅拂女答：「他不過是垂死之人，不值得畏懼。服侍他的所有女子都知道他成不了事，離開的人也愈來愈多了。他也不太追究。我已經考慮得很周詳了，希望你不要疑慮。」李靖問她的姓，答：「姓張。」問她排行，答：「最長。」看

安，而窺戶者足無停屨（ㄐㄩˋ，鞋子）。既數日，聞追訪之聲，意亦非峻，乃雄服乘馬，排闥（ㄊㄚˋ，門）而去，將歸太原。

（五）行次（住宿）靈石旅舍。既設床，爐中烹肉且（將）熟，張氏以（因為）髮長委地，立梳床前。靖方刷馬。忽有一人，中形，赤髯而虯，乘蹇（ㄐㄧㄢˇ）驢而來，投革囊於爐前，取枕攲（ㄑㄧ，傾斜）臥，看張氏梳頭。靖怒甚，未決（沒有發作），猶刷馬。張熟視（仔細端詳）其面，一手握髮，一手映身搖示，令勿怒。急急梳頭畢，斂衽（整飭衣襟）前問其姓。臥客答曰：「姓張。」對曰：「妾亦姓張，合（應該）是妹。」遽（立即）拜之。問：

她的肌膚、儀容舉止、言談、脾氣性情，真像天仙一般。李靖意外獲得這樣一個女子，既高興也害怕，一時間變得十分憂慮不安，不停地窺看屋外，（看是否有人追蹤而至）。過了幾天，也聽說楊司空派人追查尋訪，但沒有很緊急的意思，於是紅拂女就假扮男裝，乘馬出城，和李靖一道回太原去。

（五）兩人一路到了靈石，投宿在一家旅舍中。鋪好床，爐中所烹煮的肉也快熟了。張氏因為頭髮很長，不適合坐著整理，於是將頭髮置於地，站在床前梳頭。李靖則在刷馬。忽然有一個人，中等身材，滿臉都是捲曲的紅鬍鬚，騎著一匹跛驢而來，一進來便把皮革囊袋丟在爐前，拿過枕頭斜躺著，看張氏梳頭。李靖非常生氣，但沒有發作，還在刷馬。張氏仔細注意來者的面容，一

「第幾？」曰：「第三。」問：「妹第幾？」曰：「最長。」遂喜曰：「今日幸逢一妹。」張氏遙呼曰：「李郎且來見三兄！」靖驟拜之。遂（於是）環坐。曰：「煮者何肉？」曰：「羊肉，計已熟矣。」客曰：「飢甚！」靖出市（買）胡餅。客抽腰間匕（ㄅㄧˇ）首，切肉共食。食竟（完），餘肉亂切送驢前食之，甚速。客曰：「觀李郎之行，貧士也，何以致斯異人（獲得這位佳人）。」曰：「靖雖貧，亦有心者焉。他人見問，固（必定）不言，兄之問，則無隱耳。」具（詳細）言其由。曰：「然則將何之？」曰：「將避地太原耳。」曰：「然，吾故謂非君所

手握著頭髮，一手放在身後向李靖搖手示意，請他不要發怒。張氏急忙梳完頭，整理衣襟上前去問那人姓氏。那人回答：「姓張。」張氏回答道：「我也姓張。應該算是妹妹」。說完便向他行禮。問他排行第幾。他說：「第三。」他也問張氏第幾，答：「最長。」客人高興地說：「今天真幸運遇上一妹。」張氏遠遠地召喚李靖：「李郎快來拜見三哥。」李靖急忙拜見。於是三人圍著桌子坐下。客問：「這裡面煮的什麼肉？」答：「羊肉，應該已經熟了。」客說：「我很餓。」李靖出去買了些燒餅。客人抽出腰間的匕首，切羊肉大家一起吃。吃完，將剩下的肉隨便切了切拿去餵給驢吃，速度很快。客人說：「看李郎的樣子，應該是個貧士，如何能娶到這得的美麗佳人？」李靖說：「我雖貧困，也是個有志向之人。別人問我，我一定不說。既然兄長

能致也。」曰：「有酒乎？」曰：「主人西則酒肆（ㄙˋ，酒店）也。」請取酒一斗，酒既巡，客曰：「吾有少下酒物，李郎能同之乎？」靖曰：「不敢。」於是開革囊，取一人頭並（和）心肝，卻（退）收頭囊中，以匕首切心肝，共食之。曰：「此人天下負心者，銜（銜恨）之十年，今始獲之，吾憾釋矣。」又曰：「觀李郎儀形器宇，真丈夫也。亦知太原有異人乎？」曰：「嘗見一人，愚謂之真人也。其餘，將相而已。」曰：「何姓？」曰：「靖之同姓。」曰：「年幾？」曰：「近二十。」曰：「今何為（現在在做什麼）？」曰：「州將之愛子

你問起了，我就不瞞你。」李靖便仔細說出事情的由來。客問：「那你們要去哪？」李靖說：「要到太原躲避。」客說：「是啊，所以我說像妹妹這樣的女子不是你能娶得到的。」客又問：「有酒嗎？」李靖說：「旅舍西邊就是個酒肆。」李靖出門買來一斗酒。酒過一巡後，客說：「我有些下酒物，你能和我一起吃嗎？」李靖說：「不敢。」於是客人打開皮囊，取出一顆人頭和一副心肝，又把人頭扔回囊中，用匕首切心肝，和李靖一塊吃。說：「這人是天下的負心人，我已經恨他十年了，如今才抓到，心頭之恨終於消除了。」又說：「看李郎你的儀表氣度，是真正的男子漢。你聽說過太原是否有不尋常的人物嗎？」李靖答：「認識一個人，我認為他是真命天子。其餘的人不過是將相罷了。」客問：「他姓什麼？」李靖答：「和我同姓。」客說：「多大年紀？」

也。」曰：「似矣，亦須見之，李郎能致吾一見否？」曰：「靖之友劉文靜者，與之狎，因文靜見之可也。然兄欲何為？」曰：「望氣者言太原有奇氣，使吾訪之，李郎明發，何日到太原？」靖計之。曰：「某日當到。」曰：「達之明日，方曙，候我於汾陽橋。」言訖，乘驢而去。其行若飛，回顧已遠。靖與張氏且驚且懼，久之，曰：「烈士不欺人，固無畏。」促鞭而行。

（六）及期，入太原候之。相見大喜，偕詣劉氏，詐謂文靜曰：「有善相者，思見郎

狎：ㄒㄧㄚˊ，親近
你要做什麼？
曙：ㄕㄨˋ，天亮
汾：ㄈㄣˊ
訖：ㄑㄧˋ，完畢
詣：ㄧˋ，造訪

答道：「大概二十歲左右。」客說：「他現在做什麼？」李靖說：「他是州將的兒子。」客說：「應該就是他了。我還必須親自見見他。你能安排我見他一面嗎？」李靖說：「我的朋友劉文靜和他親近，透過劉文靜應該可以見他。但是你幹嘛要見他呢？」客說：「算命望氣的人說太原有奇異的氣象，讓我探個究竟。李郎你明天出發，大概何日能到太原？」李靖計算到達的日子說：「某日應該會到。」客說：「你到達的第二天，天剛亮時，在汾陽橋等我。」說完，便騎驢離去，速度如飛，回頭再看就不見蹤跡了。李靖和張氏又驚又喜，很久才說：「豪俠之士是不會騙人的，不用害怕。」於是快馬加鞭趕路。

（六）到了約定的日子，進入太原等待虯髯客。一見面大家都十分高興，於是一同去劉文靜家。對劉文靜謊稱：「有個善於看面相的人想拜見李世

君，請迎之。」文靜素（一向）奇其人（指李世民），一旦聞有客善相，遽致酒延焉。既而太宗至，不衫不屨（ㄐㄩˋ），裼裘（ㄒㄧ ㄑㄧㄡˊ）而來，神氣揚揚，貌與常異。虬髯默居坐末，見之心死，飲數巡，起招靖曰：「真天子也。」靖以告劉，劉益喜，自負。既出，而虬髯曰：「吾得十八、九矣，然須道兄見之。李郎宜與一妹復入京，某日午時，訪我於馬行東酒樓下，下有此驢及一瘦騾，即我與道兄俱（一起）在其上矣。到即登焉。」又別而去，公與張氏復應之。及期訪焉，即見二乘（ㄕㄥˋ）。攬衣登樓，虬髯與一道士方對飲，見靖驚喜，

民，請你把他接來。」劉文靜本來就覺得李世民並非常人，一聽說有客人善於看相，就立即準備酒席派人把李世民迎來。不久李世民到了，只穿便衣便鞋，披著裘衣就來了，卻顯得神采飛揚，容貌與常人不同。虬髯客默不作聲，坐在末位，看見李世民就死了心，酒喝了幾巡之後，起身叫喚李靖過來，對他說：「他果然是真命天子！」李靖把這話告訴劉文靜，劉文靜更高興了，為自己識人不凡感到自負。離開之後，虬髯客說：「我已經可以確定八九成了，但必須請道兄親自見見他才行。李郎你應該和一妹再入京一趟，某日的午時，到馬行東邊酒樓下找我，若看到樓下有這頭驢和一頭瘦騾，就是我和道兄在樓上了。你到了就上樓。」說完又告別離去，李靖和張氏答應了。到了約定的日子依約前往，果然看見驢和騾。於是提著衣襟登上酒樓，虬

召坐環飲。十數巡。曰：「樓下櫃中有錢十萬，擇一深隱處，駐一妹，畢，某日，復會我於汾陽橋。」

（七）如期至，道士與虬髯已先到矣，俱謁文靜。時方弈棋，起揖而語，少（ㄕㄠˇ，不久）焉，文靜飛書迎文皇（李世民）看棋。道士對弈，虬髯與靖旁侍焉。俄而文皇來，精采（精神氣度）驚人，長揖就坐，神清氣朗，滿坐風生，顧盼暐（ㄨㄟˇ，光亮的樣子）如也。道士一見慘然，斂棋子曰：「此局輸矣！輸矣！於此失卻局。奇哉！救無路矣！復奚（何）言！」罷（停止）弈請去，既出，謂虬髯曰：「此世界非公世界

髯與一道士正在對飲，見李靖很是高興，招呼一起圍坐飲酒。酒過十多巡之後，虬髯客說：「樓下的櫃中有十萬錢，你選一隱秘處把一妹安頓好，某日再到汾陽橋會我。」

（七）李靖在約定的日子到了汾陽橋，道士和虬髯客已經到了。三人一同去見劉文靜，劉文靜當時正在下棋，起身作揖之後就一起談話，一會兒，劉文靜趕緊快馬傳信派人請李世民來看棋。道士和劉文靜下棋，虬髯客和李靖在一旁陪著。不一會兒，李世民到來，精神風采讓人眼睛一亮，行禮完後入坐，神色清朗，言語出色，滿座之人皆為之吸引，目光炯炯有神。道士一見李世民，神色慘變，收起棋子說：「這局全輸了！在此失掉全局了！奇怪，竟然無路可救！還有什麼好說的呢！」就停止下棋，告辭離去。離開後，道士

也。他方可圖。勉之，勿以為念！」因共入京。虯髯曰：「計李郎之程，某日方到。到之明日，可與一妹同詣（ㄧˋ）某坊曲小宅相訪。李郎相從一妹，懸然（家中貧困）如罄（ㄑㄧㄥˋ），欲令新婦祗（ㄓ）謁（ㄧㄝˋ，拜見），兼議從容，無前卻（不要推辭）也。」言畢，吁嗟（ㄒㄩ ㄐㄧㄝ）而去。

（八）靖策馬遄（ㄔㄨㄢˊ，迅速）征，即到京，遂與張氏同往，乃一小板門子，叩之，有應者，拜曰：「三郎令候李郎、一娘子久矣。」延入重（ㄔㄨㄥˊ）門，門益壯麗，婢四十人羅列庭前，奴二十人引靖入東廳。廳之陳設，窮極珍異，箱中妝奩（ㄌㄧㄢˊ）冠鏡首飾之盛，非人間之物。巾櫛（ㄐㄧㄝˊ，梳子）妝飾畢，

對虯髯客說：「這個世界不是你的世界，請到別的地方發展。好好努力，不要再想這件事了。」於是一起入京。分別的時候虯髯客對李靖說：「估算你的行程，要某日才到。到達的第二天，可與一妹同往某個巷中的小屋找我。你這樣跟一妹結為夫婦，家中卻窮得什麼都沒有，我想讓我的內人拜見兩位，順便談談以後的動向，請不要推辭啊。」說完，便歎息而去。

（八）李靖駕馬趕車，不久便抵達京城，與張氏同去拜訪虯髯客，見到有一小板門，敲門，有人應聲說：「三郎讓我們恭候李郎和娘子已多時了。」進入第二道門，門更為壯闊，四十位婢女，排列在庭前，二十位奴僕引領李靖進入東廳。廳上的陳列擺設，都是極為珍貴稀有的東西，箱子中各種裝扮的飾物非常多，都不像是人間尋常之

請更衣，衣又珍奇。既畢，傳云：「三郎來！」乃虯髯紗帽裼裘而來，有龍虎之姿（威嚴雄偉的姿態），相見歡然。催其妻出拜，蓋亦天人也。遂延中堂，陳設盤宴之盛，雖王公家不侔（ㄇㄡˊ，相等）也。四人對饌訖（完畢），陳（陳列）女樂二十人，列奏於前，飯食妓樂，若從天降，非人間之曲，食畢，行酒。家人自東堂舁（ㄩˊ，抬扛）出二十床，各以錦繡帕覆之，既呈，盡去其帕，乃文簿鎖匙耳。虯髯謂曰：「此盡是寶貨泉貝之數，吾之所有，悉（全）以充贈。何者？某本欲於此世界求事，或當龍戰三二十載，建少功業。今既有主，

物。李靖夫妻裝飾完畢後，又被請去換衣，衣服也非常珍奇。換好衣服，有人傳話道：「三郎來了！」正是虯髯客，頭戴紗帽，身著裘衣而來，走起路來有龍虎之氣，相貌不凡，大家高興地相見。虯髯客催促他的妻子出來拜見，也是美若天仙。於是一起進入中堂，中堂擺設的酒筵非常豐盛，即使王公貴族之家也不能相比。四人入席後，又叫出二十位歌舞女，在面前排列演奏，一面吃飯一面欣賞表演，樂聲似從天降，不是人間的曲子，吃完飯，又行酒令。家人從東堂抬出二十個小桌子，每個都用錦繡織成的巾帕蓋著。擺放好後，全部揭去巾帕，原來是一些文簿和鑰匙。虯髯客說：「這全部是寶物錢幣的帳目，我所有的東西，全部贈送給你。為什麼要這樣做呢？我本以為自己可以在這世界成就一番事業，與各地豪傑征戰三、二十年，建立少許

住亦何為？太原李氏，真英主也。三五年內，即當太平。李郎以英特之才，輔清平之主，竭心盡善，必極人臣。一妹以天人之姿，蘊不世之藝，從夫而貴，榮極軒裳（享盡榮華富貴）。非一妹不能識李郎，非李郎不能榮一妹。聖賢起陸之漸（群雄乘時並起），際會如期（互相遇合有一定的約定）。虎嘯風生，龍吟雲萃（聚集），固非偶然也。將余之贈，以佐真主，贊功業。勉之哉！此後十餘年，當東南數千里外有異事，是吾得志之秋（時刻）也。一妹與李郎可瀝酒（灑酒於地）東南相賀。」因命家童列拜曰：「李郎、一妹，是汝主也。」言訖，與其妻從一奴戎裝

功業。現在既然真命天子已出現，還住在這裡幹什麼？太原的李氏，是真正的英明的君王！三、五年內，天下就應該會太平。李郎憑著出眾的才能，輔佐太平君主，全力為善，必定會達到人臣的最高位。一妹擁有天仙般的容貌，加上絕世的才藝，跟著丈夫必可以享受榮華富貴的生活。如果不是一妹，就不能賞識李郎；不是李郎，就不能使一妹享受榮華。帝王的興起，總會有一些賢臣輔佐協助，他們之間的遇合就像是約定好的一樣；正如老虎一咆嘯則山谷生風，龍一飛騰雲就會聚集靠攏，本來就不是偶然的。拿著我給你們財物，去輔佐真命天子，幫助他成就功業，好好加油吧！這之後再過十幾年，東南方數千里之外有不尋常的事發生時，就是我功成名就的時候了。一妹和李郎可以向東南方灑酒恭賀我。」說完後回頭命令家中童僕排列叩拜，

乘馬而去；數步，遂不復見。

(九)靖據其宅，乃為豪家，得以助文皇締構之資，遂匡天下。貞觀十年，靖位至左僕射平章事，適東南蠻入奏曰：「有海船千艘，甲兵十萬，入扶餘國，殺其主自立。國已定矣。」靖心知虬髯得事也，歸告張氏，具禮相賀，瀝酒東南祝拜之。乃知真人之興也，非英雄所冀，況非英雄者乎？人臣之謬思亂者，乃螳臂之拒走輪耳。我皇家垂福萬葉，豈虛然哉！或曰：「衛公之兵法，半是虬髯所傳也。」

建立　準備　不自量力　抵抗　ㄇㄧㄡˋ

並對他們說：「李郎、一妹以後是你們的主人。」然後和他的妻子帶著一個奴僕，穿著軍服騎馬離去。走沒幾步，就看不見了。

(九)李靖擁有了這個宅子，就成了豪富之家，因此能用財物資助李世民創業，使他終於完成大業。貞觀十年，李靖官至左僕射平章事，適逢東南蠻入朝上奏說：「有千艘海船，十萬兵士，進入扶餘國，殺死它的君王，自立為王。現在國家已經平定了。」李靖心知是虬髯客已經成事，回來告訴張氏，備妥禮物為他祝賀，向東南方灑酒祝禱叩拜。由此看來真命天子的興起，不是英雄人物就能夠希冀的，何況那些不是英雄的人呢！那些妄想作亂的人臣，就像用螳螂的前腳去抵擋行進中的車輪罷了。我皇家垂福於萬世，哪裡是虛假的！有人說：「衛國公李靖的兵法，半數是虬髯客所傳授的。」

勞山道士

清・蒲松齡《聊齋誌異》

原文

（一）邑有王生，行七，故家子。少慕道，聞勞山多仙人，負笈往游。登一頂，有觀宇，甚幽。一道士坐蒲團上，素髮垂領，而神觀爽邁。叩而與語，理甚玄妙。請師之，道士曰：「恐嬌情不能作苦。」答言：「能之。」其門人甚眾，

故家子：世家大族子弟
少：ㄕㄠˋ
笈：ㄐㄧˊ，書箱
觀：ㄍㄨㄢˋ
蒲：ㄆㄨˊ
素髮：白髮
神觀：容貌神態
師：動詞，拜師
作苦：勞動吃苦

翻譯

（一）山東淄川縣裡有個王姓書生，在家中排行第七，是大戶人家出身的子弟。他年輕時，就嚮往學習道術，聽人家說勞山上有很多得道的仙人，就背著書箱前往學道。王生登上山頂，山頂上有一座道觀，環境十分清幽。有一位老道士坐在蒲團上，滿頭白髮垂到衣領，但精神看來清爽豪邁。王生連忙叩頭行禮，並與他交談起來，王生覺得老道士所講的道理玄妙極了。便想拜他為師，道士說：「只怕你嬌生慣養，不能

薄暮（黃昏）畢集，王俱與稽首（ㄑㄧˇ ㄕㄡˇ，跪地行禮），遂留觀中。

(二)凌晨，道士呼王去，授一斧，使隨眾采樵。王謹受教。過月餘，手足重（ㄔㄨㄥˊ）繭，不堪其苦，陰（暗中）有歸志。

(三)一夕歸，見二人與師共酌（喝酒），日已暮，尚無燈燭。師乃剪紙如鏡，黏壁間，俄頃（ㄜˊ ㄑㄧㄥˇ），月明輝（動詞，照耀）室，光鑑（照亮）毫芒（非常微細的東西）。諸門人環聽奔走。一客曰：「良宵勝樂（ㄕㄥ ㄌㄜˋ），不可不同（共享）。」乃於案上取酒壺，分賚（ㄌㄞˋ，賞賜）諸徒，且囑盡醉。王自思：「七八人，壺酒何能遍給？」遂各覓盎盂（ㄤˋ ㄩˊ，酒杯），競飲先釂（ㄐㄧㄠˋ，乾杯），惟恐樽

吃苦。」王生忙說：「我能吃苦。」道士的弟子很多，傍晚時他們全回到道觀裡，王生一個一個拜見過，便在這座道觀留了下來。

(二)第二天一大早，道士把王生叫去，交給他一把斧頭，讓他跟隨大家去砍柴。王生恭敬地聽從老道士的吩咐。過了一個多月，王生的手腳長出了厚厚的繭，他受不了這種苦，暗暗起了回家的念頭。

(三)有一天傍晚，王生回到觀中，看見師父陪兩位客人在飲酒。這時天色昏暗，還沒點燈燭。王生見師父用紙剪成一面圓鏡，黏貼在牆壁上，不久，月光照遍整個房間，滿室生輝，連極細微的東西都照得清清楚楚。眾徒弟們在旁邊圍繞侍候，忙個不停。這時，有位客人說：「這樣的良宵美景真是快樂，不能不跟大家共享啊。」於是從桌上取下一壺酒，分賞給徒弟們，並且囑咐大夥要盡情痛飲。王生心想：「門徒七八

盡，而往復挹（一ˋ）注，竟不少減。心奇之。俄（ㄜˊ），一客曰：「蒙賜月明之照，乃爾（如此這般）寂飲，何不呼嫦娥來？」乃以箸（ㄓㄨˋ，筷子）擲月中。見一美人自光中出，初不盈（滿）尺，至地遂與人等。纖腰秀項（脖子），翩翩作〈霓裳舞〉。已而（不久）歌曰：「仙仙乎！而還乎！而幽我于廣寒乎！」其聲清越，烈如簫管。歌畢，盤旋而起，躍登几（小茶桌）上，驚顧之間，已復為箸。三人大笑。又一客曰：「今宵最樂，然不勝（ㄕㄥ）酒力矣。其餞（以酒食送別）我於月宮可乎？」三人移席，漸入月中。眾視三

個人，一壺酒哪能夠每個人都喝得到？」這時眾門徒紛紛找來杯碗，搶先喝酒，就怕壺裡的酒喝完了。然而，大家來來回回地傳遞斟酒，壺中的酒卻一點也不見減少。王生心中暗自稱奇。過了一會兒，另一位客人說：「多謝主人賞賜明月照耀，不過，像這樣默默地飲酒，也未免太乏味了，為何不把嫦娥從月宮中請來？」於是將手中的筷子投向牆上的月亮。接著，便看到一位美人從月亮中走出，起先身高還不滿一尺，等到落地後就與常人一般高了。她腰肢纖細，面容秀美，步履翩翩地跳起了〈霓裳羽衣曲〉。過了一會兒，又唱道：「我翩翩地跳起了舞，是返回人間了呢？還是仍被幽禁於廣寒宮呢？」她的歌聲清脆悠揚，如同洞簫中吹出的聲響。歌唱完了，她輕盈旋轉而上，一躍登上了桌子，正當大家驚奇地注視時，那仙女又還原成一根筷子。師父和客人大笑起來。又有一位客人

人坐月中飲，鬚眉畢見，如影之在鏡中。移時，月漸暗，門人然（通「燃」）燭來，則道士獨坐，而客杳（ㄧㄠˇ，不見蹤影）矣。几上肴核尚存；壁上月，紙圓如鏡而已。道士問眾：「飲足乎？」曰：「足矣。」「足，宜早寢，勿誤樵蘇（砍柴割草）。」眾諾而退。王竊忻（通「欣」）慕，歸念遂息。

（四）又一月，苦不可忍，而道士並不傳教一術。心不能待，辭曰：「弟子數百里受業仙師，縱不能得長生術，或小有傳習，亦可慰求教之心。今閱（經過）兩三

說：「今晚真快樂，可是我酒量有限不能再喝了，你們能到月宮為我餞行嗎？」於是三人移動座席，漸漸進入月中。眾徒弟看三人坐在月中飲酒，連鬍鬚眉毛都看得清清楚楚，如同鏡中的倒影一樣。不久，月色漸暗。徒弟點上蠟燭走進來，卻只見道士一個人獨坐桌旁，客人已不見踪影。桌上殘羹剩菜還在，再看牆上月亮，只是一張如同鏡子大小的圓紙而已。道士問眾徒弟：「喝夠了嗎？」眾人齊聲回答：「夠了。」道士說：「既然喝夠了，就早早睡覺，不要擔誤了明早的砍柴割草。」眾徒弟連連答應退了出來。王生心中暗暗羨慕師父的道術，便打消了回家的念頭。

（四）又過了一個月，王生實在吃不消這辛苦，而且道士也不傳授他任何道術。他等不下去了，就向道士告辭說：「弟子從好幾百里外的地方來此向師父求教，縱使不能學得長生不老之術，或許能學到幾招

月，不過早樵而暮歸，弟子在家，未諳（ㄢ，經歷）此苦。」道士笑曰：「吾固（本來）謂不能作苦，今果然。明早當遣汝行。」王曰：「弟子操作多日，師略授小技，此來為不負也。」道士問：「何術之求？」王曰：「每見師行處，牆壁所不能隔，但得此法足矣。」道士笑而允之，乃傳一訣，令自咒（念咒，動詞），畢，呼曰：「入之！」王面牆，不敢入。又曰：「試入之。」王果從（ㄘㄨㄥ）容入，及牆而阻。道士曰：「俯首（低頭）輒入，勿逡巡（ㄑㄩㄣ ㄒㄩㄣˊ，徘徊）！」王果去（距離）牆數步，奔而入。及牆，虛若無

小技，也可讓我這份求道的心得到一點滿足。我到這裡，眼看兩三個月過去，每天不過是早出晚歸到山裡砍柴，我在家時，從未吃過這種苦。」道士聽了，笑說：「我本來就說你不能吃苦，現在果然如此。明天一早就送你走吧。」

王生聽了，說：「弟子在這裡辛苦工作了那麼多天，師父若能略教我一點小技術，這趟就算沒有白來了。」道士問：「你想學什麼法術呢？」王生說：「常常見師父不論走到哪兒，牆壁都擋不住您，要是能學到這種法術就心滿意足了。」道士笑著答應了他，於是傳給他一個口訣，然後要求他自己唸完咒語，然後，道士喊聲：「進去！」可是，王生面對著牆壁，不敢進入。道士又說：「試試看。」王生只好慢慢走近，等碰到牆壁時又被擋住了。道士指點著說：「要低著頭穿過去，不要猶豫徘徊。」王生果真離開牆壁幾步，往前衝

物，回視，果在牆外矣。大喜，入謝。道士曰：「歸宜潔持，否則不驗。」遂助資斧（旅費）遣歸。

(五)抵家，自詡（ㄒㄩˇ，誇耀）遇仙，堅壁所不能阻，妻不信。王效其作為，去牆數尺，奔而入；頭觸硬壁，驀（ㄇㄛˋ）然而踣（ㄅㄛˊ，跌倒）。妻扶視之，額上墳起（突起）如巨卵焉。妻揶揄（ㄧㄝˊ ㄩˊ）之。王慚忿，罵老道士之無良而已。

(六)異史氏曰：「聞此事，未有不大笑者，而不知世之為王生者正復不少。今有傖父（ㄘㄤ ㄈㄨˇ，鄙賤粗俗之人），喜疢（ㄔㄣˋ，疾病）毒而畏藥石，遂有

去。到了牆壁，竟然空空的像沒有東西阻擋一樣，等他回頭一看，人果真在牆外了。王生驚喜萬分，進來向道士道謝。道士告誡說：「回去以後，要好好修身養性，否則法術就不靈驗了。」道士又送王生一些盤纏，讓他回家去了。

(五)王生回到家後，向人誇耀說自己遇到了仙人，學會法術，就算再堅硬的牆壁也可以通過去，他的妻子聽了並不信。於是，王生就按照先前道士所教的方法，離開牆數尺，低頭猛衝過去，結果一頭撞在堅硬的牆壁上，人立刻撲倒在地。他的妻子扶起他一看，額頭上已腫了一個像雞蛋般大的包。他的妻子取笑他。王生又慚愧又氣憤，罵老道士真沒良心。

(六)異史氏說：「聽到這件事的人沒有不大笑的，卻不知當今世上像王生這樣的人還真不少。現在有些見識鄙陋的人，喜歡阿諛奉承的讒言，而不願意聽納

吮癰舐痔（ㄕㄨㄣˇ ㄩㄥ ㄕˋ ㄓˋ，以無恥行為討好他人）者，進宣威逞暴之術，以迎其旨（心意），紿（ㄉㄞˋ，欺騙）之曰：『執此術也以往，可以橫行而無礙。』初試未嘗不小效，遂謂天下之大，舉（全）可以如是行矣，勢不至觸硬壁而顛蹶（ㄐㄩㄝˊ，顛仆），不止也。」

忠告，於是就有吸吮膿瘡、愛舔痔瘡的小丑，專門向他進獻宣揚威勢、展現暴虐的壞方法，以迎合他的心意，並且哄騙說：『只要照這個法術做，可以橫行無阻。』剛開始都會有一點小效果，於是就以為天下萬事全部可以比照辦理，一定要等到碰觸硬壁跌倒摔跤，才會停下來。」

現代放大鏡

這回我們來看看兩篇古典小說中的虛擬人物。唐代杜光庭的〈虯髯客傳〉屬於文言短篇小說，唐小說亦稱為「傳奇」，而清代蒲松齡的〈勞山道士〉則出於《聊齋誌異》一書，亦是文言短篇小說。（唐傳奇為元明清戲曲重要的來源）〈虯髯客傳〉一文主要描寫三個人物——虯髯客、紅拂女、李靖，即後世所謂「風塵三俠」，故事發生在隋朝末年，當時社會動亂，群雄逐鹿，爭逐帝位，李唐最後統一了天下。虯髯客亦是當時有意爭逐天下的英雄之一，後因親見李世民，自認李乃真天子，便自動退讓，後來更將財富悉數捐給李靖，讓李靖協助李世民一匡天下，展現十足英雄豪邁之風，而自己則到扶餘國另起爐灶。全文有幾層思想值得注意：一、君權神授，二、唐有天下乃天命所歸，三、真人之興，非英雄所冀，況非英雄者乎。某些層次上這些思維對於李氏擁有唐政權一事，認為有其必然性，乃天命所歸，這是略帶有迷信思維及政治意涵的。而在故事背景之外，小說中的人物可稱得上是構成情節發展的重要元素，本文中三個主要角色的刻畫活靈活現，人物的形象極為傳神而生動。因此本文的重點可就人物的描摹作為重要的分析目標，而小說中所謂人物形象主要是透過「語言呈現」來凸顯，這語言可分成「對話語言」（該人物與他人的對話）及「敘述語言」（小說作者純然透過文字來狀擬人物形貌及心理）兩個面向來體現。因此，我們不妨以這樣的角度來看看本文中的風塵三俠，透過人物的辨析，整個小說情節的發展脈絡便十分清楚了。（詳見下一頁表格中人物性格分析）

而〈勞山道士〉一文則選自《聊齋誌異》，故事是說富家子王七求道於勞山道

主要人物性格	主要場面	課文對應文句
紅拂女－ 見識非凡、機智大方、性格豪爽。	①慧眼識李靖，夜奔廝守	①A、(**敘述語言**)當靖之騁辯也，一妓有殊色，執紅拂立於前，獨目靖，靖既去，而執拂妓臨軒，指吏問曰……吏具以對，妓誦而去。 ①B、(**對話語言**)紅拂曰：「妾侍楊司空久，閱天下之人多矣，未有如公者。絲蘿非獨生，願託喬木，故來奔耳。」靖曰：「楊司空權重京師，如何？」曰：「彼屍居餘氣，不足畏也。諸妓知其無成，去者眾矣。彼亦不甚逐也。計之詳矣。」
	②面對虯髯客的唐突造訪，鎮靜以對，臨危不亂	②(**敘述語言、對話語言**)虯髯臥看紅拂梳髮，張(紅拂)熟視其面，一手握髮，一手映身搖示，令靖勿怒。急急梳頭畢，斂衽前問其姓。臥客答曰：姓張。對曰：妾亦姓張，合是妹。遽拜之。問：第幾？曰：第三。問：妹第幾？曰：最長。遂喜曰：今日幸逢一妹。張氏遙呼曰：李郎且來見三兄！靖驟拜之。遂環坐。
虯髯－ 嫉惡如仇，一諾千金，豪氣干雲。	①旅舍中，臥看紅拂梳頭	①(**敘述語言**)張氏以髮長委地，立梳床前。靖方刷馬。忽有一人，中形，赤髯而虯，乘蹇驢而來，投革囊於爐前，取枕攲臥。看張氏梳頭。
	②開革囊中，取一人心肝切而共食之	②(**對話語言**)客曰：「吾有少下酒物，李郎能同之乎？」靖曰：「不敢。」於是開革囊，取一人頭並心肝，卻收頭囊中，以匕首切心肝，共食之。曰：「此人天下負心者，銜之十年，今始獲之，吾憾釋矣。」

主要人物性格	主要場面	課文對應文句
李靖－ 器宇軒昂，意氣自若。	①與楊素的對談	①（**敘述語言、對話語言**）一日，衛公李靖以布衣來謁，獻奇策，素亦踞見之。靖前揖曰：天下方亂，英雄競起，公以帝室重臣，須以收羅豪傑為心，不宜踞見賓客。素斂容而起，與語大悅，收其策而退。
	②與虬髯的應對	②（**對話語言**）客曰：「觀李郎之行，貧士也，何以致斯異人。」曰：「靖雖貧，亦有心者焉。他人見問固不言，兄之問，則無隱耳。」具言其由。

士，卻因受不了苦，妄想速成，終究落空的窘境。整篇小說可就作者對王生與勞山道士兩個人物的描寫手法來分析整個情節：王生的部分，因為他一直希望能速效求道，因此敘述上特意著眼於「時間」的變化對王生的意義，從「過月餘，手足重繭，不堪其苦，陰有歸志（暗中興起想回家的想法）」→「又一月，苦不可忍，而道士並不傳教一術，心不能待，而辭曰……」。

而道士部分，則因他是個法術極高之人，因此，敘述上便見作者極力渲染鋪陳道士能「剪紙為明月」、「壺酒不曾減」、「投箸成嫦娥」、「移席月宮中」等超凡的道術，凡此種種都讓王生心裡癢癢、為之欽慕，但他並非看到如此現象而決定繼續吃苦學習，反倒是在臨去之前，定要習得一技好回家後能炫耀於人，而道士亦不吝惜地傳授穿牆之術，但他說了一句重要的話語「歸宜潔持，否則不驗」，希望王生善加修持。果不其然，王生所習得的法術後來失效，但他不自省，反而譴責道士的無能與欺騙，豈不謬哉！此故事以小喻大，世上之人，妄想一步登天，而不善加積累修為者比比皆是。《聊齋》一書中不少諷喻世情之作，讀來令人莞爾一笑。

閱讀動動腦

一、〈勞山道士〉對於王生求道於道士一事在態度上有什麼樣的轉變？請從文章中找出變化歷程？

二、道士與友人在小說中共展現了哪些法術，令門生瞠目結舌？

參考答案

一、從「俱與稽首，遂留觀中」→不堪其苦，陰有歸志→見道士法術而心生忻慕，歸念遂息→後又苦不可忍，決心返家。

二、剪紙為明月、壺酒不曾減、投箸成嫦娥、移席月宮中。

歷屆大考試題

一、文學作品中人物說話的「語氣」，可呈現其性格、情緒與心情；語氣可有平淡、誠懇欣喜、不滿、憤怒、嘲諷、譏刺、詣謔、自負、自嘲……等。下列關於說話者「語氣」的解釋，正確的選項是：

(A)〈劉姥姥〉：「劉姥姥便站起身來，高聲說道：『老劉！老劉！食量大如牛，吃個老母豬不抬頭！』」顯示出劉姥姥的自負心態

(B)〈鴻門宴〉：「亞父受玉斗，置之地，拔劍撞而破之，曰：『唉！豎子不足與

謀！奪項王天下者，必沛公也，吾屬今為之虜矣！』」顯現范增莽撞而不能顧全大局的個性

(C)〈馮諼客孟嘗君〉：「（齊王）謝孟嘗君曰：『寡人不祥，被於宗廟之祟，沉於諂諛之臣，開罪於君。寡人不足為也，願君顧先王之宗廟，姑反國統萬人乎？』」顯現齊王因不滿孟嘗君門客太多，遂故加嘲諷的心態

(D)〈虬髯客傳〉：「道士對弈，虬髯與靖旁侍焉。俄而文皇來，……道士一見慘然，下棋子曰：『此局輸矣！輸矣！於此失卻局。奇哉！救無路矣！復奚言！』罷弈請去。既出，謂虬髯曰：『此世界非公世界，他方可圖。勉之，勿以為念！』」顯現道士由失望惆悵，轉而寬慰、勸勉虬髯客重新振作的心情轉折

95年大學指考

解答　一、D

勤儉與奢華

訓儉示康

北宋・司馬光

原文

（一）吾本寒家，世以清白相承。吾性不喜華靡（ㄇㄧˇ），自為乳兒，長者加以金銀華美之服，輒（往往）羞赧（ㄋㄢˇ，因害羞而臉紅）棄去之。二十忝（ㄊㄧㄢˇ，辱也，謙詞）科名，聞喜宴獨不戴花。同年（同年登榜之人）曰：「君賜不可違也。」乃簪（插也，動詞）一花。平生衣取蔽（遮蔽）寒，食取充腹；亦不敢服（穿著）垢弊以矯（違背）俗干（求取）名，但順吾性而已。

翻譯

（一）我本出生在清寒的人家，世代祖先都以清白的家風相傳。我生性不喜歡奢華，從小，長輩給我穿戴一些金銀華美的服飾，我往往會害羞臉紅地馬上脫掉。二十歲那年僥倖考中進士，在「聞喜宴」上只有我沒有戴花，同榜登科的人說：「花是皇上的恩賜，不可違背。」於是才插上一朵。平日衣服只求禦寒，三餐食物也只求吃飽；但是也不敢穿污穢破爛的衣服、故意違背世俗來求取節儉的名聲，我

(二)眾人皆以奢靡為榮，吾心獨以儉素為美。人皆嗤（ㄔ，取笑）吾固陋，吾不以為病（缺點）。應之曰：孔子稱：「與其不遜也，寧固（簡約固陋）。」又曰：「以約（因為簡約）失之者，鮮（ㄒㄧㄢˇ，少）矣。」又曰：「士志於道，而恥惡（ㄜˋ）衣惡食者，未足與議也。」古人以儉為美德，今人乃以儉相詬（ㄍㄡˋ，批評）病。嘻，異哉！

(三)近歲風俗尤為侈（ㄔˇ）靡，走卒類（相似）士服，農夫躡（穿）絲履。吾記天聖中（昔日），先公為群牧判官，客至未嘗不置酒，或三行（宴會時主人敬酒一巡）、五行，多不過七行。酒酤（買酒）於市，果止於梨、栗（ㄌㄧˋ）、棗、柿之類；肴止於脯醢（ㄈㄨˇ ㄏㄞˇ，乾肉，肉醬）、菜羹，

只是順著本性罷了。

(二)眾人都以奢侈華麗為榮耀，我心裡卻認為只有節儉樸素才是美德。別人都笑我鄙陋頑固，我卻不把它當缺點。我回答他們說：孔子說過：「與其放縱不謙遜，寧願簡約固陋些。」又說：「因為儉約謹慎而犯過失的人應該很少。」還說：「讀書人在德業上立志於追求正道，卻以粗劣的衣著和食物為恥，這種人不值得和他談論聖賢大道了。」古人認為節儉是一種美德，現在的人卻拿節儉來互相批評譏笑。唉！真是奇怪啊！

(三)近年來社會風氣更是奢侈糜爛，僕役們的穿著像讀書人一樣，而農夫也都穿上了絲鞋。我記得天聖年間，先父擔任群牧判官時，只要有客人來訪一定都備酒席招待，有時敬酒三巡，有時五巡，最多不超過七巡。酒都從市集買來，果品只有梨、

器用瓷漆。當時士大夫家皆然，人不相非（批評）也。會數（ㄕㄨㄛˋ，屢次）而禮勤，物薄而情厚。近日士大夫家，酒非內法（宮廷內釀酒之法），果、肴非遠方珍異，食非多品，器皿非滿案（桌），不敢會賓友，常數月營聚（準備），然後敢發書（請柬）。苟（如果）或不然，人爭非之，以為鄙吝（ㄌㄧㄣˋ）。故不隨俗靡者蓋鮮（ㄒㄧㄢˇ）矣！嗟乎！風俗頹敝如是，居位者雖不能禁，忍助之乎！

（四）又聞昔李文靖公為相，治居第（住宅）於封丘門內，廳事前僅容旋馬（指空間狹小），或言其太隘（ㄞˋ，狹小）。公笑曰：「居第當傳子孫，此為宰相

栗、棗、柿這些，菜肴也只有肉乾、肉醬、羹湯，而餐具器皿用的是瓷器和漆器。當時一般做官人家都如此，人們也不會互相批評。聚會的次數多而禮節周到，食物雖簡單，情意卻很深厚。近來士大夫的家中，如果酒不是官家釀造的、水果菜餚不是遠方的奇珍異味，食品種類不夠多，餐具沒有擺滿桌子，就不敢招待客人，常常要籌備好幾個月，才敢發出請柬。如果不這麼做，人們就爭相批評，認為他太吝嗇小氣。因此，能不被這種風氣所應影響的人大概是很少的了！唉！風俗這樣的敗壞，在上位的人縱然不能禁止，還忍心助長這種風氣嗎？

（四）我又聽說從前李文靖公（沆）擔任宰相時，把住宅蓋在封丘門內，廳堂前的空間只能容納一匹馬轉身，有的人說它太狹窄，李文靖笑著說：「住宅是留給子孫的，這裡作宰相的廳堂確實嫌窄，但

廳事誠隘（實在　ㄞˋ，狹小），為太祝、奉禮廳事已寬矣。」參政魯公為諫官，真宗遣使急召之，得於酒家，既入，問其所來，以實對。上曰：「卿為清望官，奈何飲於酒肆（酒館）？」對曰：「臣家貧，客至無器皿、肴、果，故就酒家觴（宴請，動詞）之。」上以無隱，益（更加）重之。張文節為相，自奉養如為河陽掌書記時，所親或（有的）規之曰：「公今受俸不少，而自奉若此。公雖自信清約，外人頗有公孫布被之譏。公宜少（稍微）從眾。」公歎曰：「吾今日之俸，雖舉家錦衣玉食，何患不能？顧（但是）人之常情，由儉入奢

是作太祝或奉禮郎的廳堂已經夠寬了。」參知政事魯公（宗道）做諫官時，有一回真宗派人緊急召見他，結果卻在酒樓中找到他，進宮後，皇上問他從何處而來，他據實回答。皇上說：「你身為眾人仰望的諫官，怎麼可以在酒樓裡喝酒呢？」他回答說：「臣家裡窮困，有客人來訪，家中沒有器皿、菜肴和果品，所以只好到酒樓裡宴客。」皇上因為他不隱瞞，更加敬重他。張文節（知白）做宰相時，日子過得跟在河陽節度使掌管書記時一樣，親友有人勸他說：「您現在的俸祿並不少，生活卻過得這樣清苦，您雖然自以為是清廉儉約，可是外人或許會譏笑您故意沽名釣譽，跟漢朝宰相公孫弘蓋粗布被一樣呢！您應該稍微迎合世俗吧。」張文節歎著氣說：「以我今日的俸祿，要全家穿好吃好，還怕辦不到嗎？只是人之常情，從節儉變得奢侈很容易，從奢侈要回到

易，由奢入儉難。吾今日之俸豈能常有？身豈能常存？一旦異於今日，家人習奢已久，不能頓（立刻）儉，必致失所。豈若吾居位、去位、身存、身亡，常如一日乎？」嗚呼！大賢之深謀遠慮，豈庸人所及哉！

（五）御孫曰：「儉，德之共也；侈，惡之大也。」共，同也；言有德者皆由儉來也。夫儉則寡欲：君子寡欲，則不役於物，可以直道而行；小人寡欲，則能謹身節用，遠（ㄩㄢˋ，遠離）罪豐家。故曰：「儉，德之共也。」侈則多欲：君子多欲，則貪慕富貴，

節儉就困難了。我現在的俸祿哪能永久不變呢？生命又哪能長存呢？如果某天有了變化，家人習慣奢侈的生活久了，不能馬上回復節儉過日，一定會手足無措。還不如無論我做官、不做官、活著、死了，都過一樣的日子來得好呢？」唉！賢人總是想得深、看得遠，哪裡是一般人比得上的呢？

（五）御孫說：「節儉，是一切德行的共同根源；奢侈，是罪惡中最大的。」共，是同的意思；是說有良好德行的人都是從節儉做起。能節儉，慾望就會寡少：在位者慾望少，就不會被物質所役使，可以依正道行事；一般百姓慾望少，就能安分守己，節約用度，遠離罪罰，豐厚家業。所以說：「節儉，是一切德行的共同根源。」奢侈，慾望就多：在上位的人慾望多，就會貪戀富貴，違背正道，而招致災禍；一般人慾望多，就會需求很大，任意揮霍，敗

枉（ㄨㄤˇ，斜曲）道速（招致）禍；小人多欲，則多求妄用，敗家喪身。是以居官必賄，居鄉必盜。故曰：「侈，惡之大也。」

（六）昔正考父饘（ㄓㄢ，稠粥）粥以餬（ㄏㄨˊ）口，孟僖子知其後必有達人。季文子相三君，妾不衣（一ˋ，穿）帛，馬不食（ㄙˋ，餵養）粟，君子以為忠。管仲鏤（ㄌㄡˋ）簋（ㄍㄨㄟˇ）朱紘（ㄓㄨ ㄏㄨㄥˊ）、山楶（ㄐㄧㄝˊ，柱頭短拱）藻梲（ㄓㄨㄛˊ，梁上短柱），孔子鄙（輕視）其小器。公叔文子享（宴請，通「饗」）衛靈公，史鰌（ㄑㄧㄡ）知其及禍，及戍（ㄕㄨˋ），果以富得罪出亡。何曾日食萬錢，至孫以驕溢傾家。石崇以奢靡誇人，卒（終）以此死東市（刑場）。近世寇萊公豪侈冠一時，然以（因為）功業大，人

壞家業，甚至喪失生命。如此一來，在朝當官一定會收受賄賂，在鄉里間也一定會做盜賊，所以說：「奢侈，是罪惡中最大的。」

（六）從前正考父吃稀飯過日子，孟僖子預料他一定有賢達的後人。季文子擔任過三位國君的丞相，家中妻妾不穿綾羅綢緞，馬匹也不吃粟米，君子認為他是忠臣。管仲使用雕花的器皿，佩朱紅色帽帶，住屋斗拱彩繪著山形，短柱則塗畫著水藻（住宅雕樑畫棟，十分美麗），孔子批評他器量狹小。公叔文子宴請衛靈公，史鰌知道他將招來災禍，等到他兒子公叔戍，果然因為豪驕奢侈而獲罪，逃亡外國。何曾每日飲食要花一萬貫錢，到了曾孫那一代終因浪費過度而傾家蕩產。石崇以豪富奢侈向人誇耀，最後因此而死在刑場。近代寇萊公的富有奢侈是當代第一，但因為功業太大，沒有人

莫之非，子孫習其家風，今多窮困。

（七）其餘以儉立名，以侈自敗者多矣，不可遍數，聊（姑且）舉數人以訓汝。汝非徒（不只）身當服行，當以訓汝子孫，使知前輩之風俗云。

敢批評他，只是後代子孫習慣了這種家風，現在大多已經窮困了。

（七）其他因為節儉而得美名，因為奢侈而招致失敗的例子太多了，無法一一列舉，姑且舉幾個人來告誡你。你不但要身體力行，更應當告誡你的後代，讓他們知道前人節儉的家風。

現代放大鏡

現代人的物質生活普遍無虞，甚至有奢華浪費的現象，閱讀起〈訓儉示康〉一文，應能收到暮鼓晨鐘的警惕之效。司馬光是北宋具有盛名的政治家、文學家、史學家，他所主持編纂的《資治通鑑》一書共花了十九的時間而完成，是一套編年體的通史鉅作。

由於司馬光在宋代歷任高官，享受俸祿，看到不少世族子弟奢靡成性，揮霍浪費，便有感而發藉由此文以勸勉後世子孫輩們。

全文分成七個段落，作者先說自己是寒家出身，對於金銀美飾、山珍海味並不追求，他舉自己的兩則小故事來說明這件事，①是「自為乳兒，長者加以金銀華美之服，輒羞赧棄去之」；②是「二十忝科名，聞喜宴獨不戴花」。

第二段便拿「自己」與「眾人」對比，他說「眾人皆以奢靡為榮，吾心獨以儉素為美」，但是在整個風俗習尚都傾向奢靡時，又該以什麼來作為內心的支撐，而不隨俗改變志向？司馬光搬出了三句《論語》中的文句加強證明自己的理念是正確的。

第三段再度進行對比，將「前朝士大夫們」與「近日士大夫們」會客備辦筵席時的簡約與鋪張做法進行比較，這樣風尚上行下效的結果是「走卒類士服，農夫躡絲履」（僕役穿得像讀書人，而農夫也穿上了絲鞋），並呼籲當政者應當對這樣的風氣有所警惕與作為吧！

第四段便是接續第三段的文意，提出了論證，將歷來幾位政治人物節儉的故事臚列出來：像李文靖公、參政魯公、張文節等人，這些賢人有許多深謀遠慮的灼見值得思考。像張文節說：

「吾今日之俸，雖舉家錦衣玉食，何患不能？顧人之常情，由儉入奢易，由奢入儉難。吾今日之俸豈能常有？身豈能常存？一旦異於今日，家人習奢已久，不能頓儉，必致失所。豈若吾居位、去位、身存、身亡，常如一日乎？」這些話語的確是深刻的見地。

第五段，司馬光拉高層次，以「君子」和「小人」對列比較（此處的「君子」、「小人」是指上位者與百姓）。並將節儉與品德的關係連結說明，認為有德行之人都

A：儉（寡欲）		
	君子（上位者）	小人（百姓）
做法	君子寡欲	小人寡欲
結果	則不役於物，可以直道而行	則謹身節用，遠罪豐家
B：侈（多欲）		
	君子（上位者）	小人（百姓）
做法	君子多欲	小人多欲
結果	則貪慕富貴，枉道速禍	則多求妄用，敗家喪身

表一（第五段　君子和小人的比較）

是從節儉而來的啊！（表一）

到了第六段，司馬光再度舉例以說明「以儉立名，以奢自敗」的例子。（表二）

末了，念茲在茲的要兒子司馬康將節儉的家風傳承下去，司馬光的用心可說很大。關於以「儉」為傳家寶的

以儉立名的有（正例）：		
名字	事件	結果
正考父	饘粥以餬口	其後必有達人（指孔子）
季文子	相三君，妾不衣帛，馬不食粟	君子以為忠
以侈自敗的有（反例）：		
名字	事件	結果
管仲	住宅鏤簋朱紘、山楶藻棁	孔子鄙其小器
公叔文子	以臣子之姿宴請君王	及戍，果以富得罪出亡
何曾	日食萬錢	傳至曾孫以驕溢敗家
石崇	以奢靡誇人，處處炫耀	最後死於東市（刑場）
寇準	豪奢冠一時	子孫今多窮困

表二（第六段　簡約和奢侈的事例比較）

名人所在多有，像清朝曾國藩曾說：「凡人多望子孫為大官，余不願為大官，但願為讀書明理之君子。勤儉自持，習勞習苦，可以處樂，可以處約，此君子也。余服官二十年，不敢稍染官宦氣習，飲食起居，尚守寒素家風，極儉也可，略豐也可，太豐則我不敢也！」、「居家之道，惟崇儉可以長久，處亂世尤以戒奢為要義：衣服不宜多製，尤不宜大鑲大緣，過於絢爛。」曾國藩對於子孫的期待是否和司馬光有異曲同工之妙呢？

閱讀動動腦

一、以下為一段曾國藩家書中的文句，請你閱讀完之後，嘗試從司馬光〈訓儉示康〉中找出文意概念相近似的文句？

> 作官不過偶然之事，居家乃是長久之計，能從勤儉耕讀上做出好規模，雖一旦罷官，尚不失為興旺氣象；若貪圖衙門之熱鬧，不立家鄉之基

業，則罷官之後，便覺氣象蕭然。凡有盛必有衰，常常作家中無官之想，時時有謙恭省儉之意，則福澤悠久矣！

二、李文靖公說：「居第當傳子孫，此為宰相廳事誠隘，為太祝奉禮廳事已寬矣。」為什麼他會提到「太祝」、「奉禮郎」這些官銜呢？李文靖是確定他的子孫一定會擔任這些官位嗎？

參考答案

一、吾今日之俸，雖舉家錦衣玉食，何患不能？顧人之常情，由儉入奢易，由奢入儉難。吾今日之俸豈能常有？身豈能常存？一旦異於今日，家人習奢已久，不能頓儉，必致失所。豈若吾居位、去位、身存、身亡，常如一日乎？

二、「太祝」、「奉禮郎」這些官銜屬於「蔭官」，所謂「蔭官」便是家中的先祖輩們擔任過大官或對國家有貢獻，其子孫輩可以獲得庇蔭而擔任官職，通常都不是重要的位置。所以李文靖便揣想如果子孫輩擔任這些官職時，房子的配置已經足夠了。

閒適自得，不見憤懣——貶謫生活風情（一）

醉翁亭記

北宋・歐陽脩

原文

（一）環滁（ㄔㄨˊ）皆山也。其西南諸峰，林壑尤美。望之蔚然（草木茂盛的樣子）而深秀者，琅邪（ㄌㄤˊ ㄧㄝˊ）也。山行六七里，漸聞水聲潺潺，而瀉出於兩峰之間者，釀泉也。峰回路轉，有亭翼然臨於泉上者，醉翁亭也。作亭者誰？山之僧智僊（ㄒㄧㄢ）也。名之者誰？太守自謂也。太守與客

翻譯

（一）滁州四面都被山所環繞。其中西南一帶的山峰，樹林、山谷尤其美麗。而一眼望去，林木蔚然茂盛，景色幽深秀麗的，正是琅邪山。沿著山路走六、七里路，漸漸可以聽到潺潺的水聲，而從兩座山峰之間流瀉出來的，正是釀泉。隨著迂曲的山勢、蜿蜒的路徑，來到泉水上方，有座亭子四周翹起，猶如飛鳥般展開翅膀的，就是醉翁亭。是誰建造這座亭子呢？是山中和尚智僊。是誰為這亭子命名呢？是自稱醉翁的太守。

來飲於此，飲少輒醉，而年又最高，故自號曰醉翁也。醉翁之意不在酒，在乎山水之間也。山水之樂，得之心而寓（寄託）之酒也。

（二）若夫日出（朝）而林霏（ㄈㄟ，霧氣）開，雲歸（暮）而岩穴暝（ㄇㄧㄥˊ，昏暗），晦明變化者，山間之朝暮也。野芳（春）（花）發而幽香，佳木秀（夏）而繁陰（樹木濃蔭），風霜高潔（秋），水落（冬）而石出者，山間之四時也。朝而往，暮而歸，四時之景不同，而樂亦無窮也。

（三）至於負者歌於塗（通「途」），行者休於樹，前者呼，後者應，傴僂（ㄩˇ ㄌㄡˊ，老人）提攜（指孩童），往來而不絕者，滁人遊也。臨谿而漁，谿深而

太守和賓客們到這兒喝酒，稍微喝一點就醉倒了，而年齡又是最高的，因此就自稱為醉翁。其實醉翁的本意並不是在於喝酒，而是在於欣賞山水之間的美景。他將遊賞山水的樂趣，領會在心裡而寄託在酒中啊！

（二）早上太陽出來之時，林中的煙霧慢慢散開；傍晚雲霧聚回到山裡，岩洞就跟著晦暗起來，天氣明暗的交替變化，這就是山間早晚不同的景象。春天野花綻放充滿幽香，夏天樹木枝葉茂盛，樹蔭濃郁，秋天天高氣爽，霜色潔白，而冬天水位降低，河石裸露，這是山中四季的景色啊。清晨前往，黃昏歸來，四季的景色不同，其中遊賞的樂趣也是無窮無盡啊！

（三）至於背負東西的人在路上邊走邊唱歌，走路的行人在樹 下稍微休息，前面的人呼叫著，後面的便跟著應答，老老少少不停地來往著，這是滁州百姓的遊賞啊。臨靠溪邊釣魚，溪水深而魚肥美；用釀泉來

魚肥；釀泉為酒，泉香而酒洌（香醇）；山肴野蔌（ㄙㄨˋ，蔬菜），雜然而前陳（陳列）者，太守宴也。宴酣之樂，非絲非竹，射（投壺）者中，弈（下棋）者勝，觥籌（ㄍㄨㄥ ㄔㄡˊ，酒杯籌碼）交錯，起坐而諠譁者，眾賓懽（同「歡」）也。蒼然白髮，頹然（喝醉的樣子）乎其間者，太守醉也。

（四）已而（不久），夕陽在山，人影散亂，太守歸而賓客從也。樹林陰翳（ㄧˋ，昏暗），鳴聲上下，遊人去而禽鳥樂也。然而禽鳥知山林之樂，而不知人之樂；人知從太守遊而樂，而不知太守之樂其樂也。醉能同其樂，醒能述其文者，太守也。太守謂誰？廬陵歐陽脩也。

釀酒，泉水清香而酒味濃醇；再加上山中野味蔬菜，紛雜地擺在面前，這正是太守的宴席啊。宴飲酣醉的樂趣，不依賴音樂來助興，玩投壺遊戲的人射中了目標，下棋的人贏了棋局，只見酒杯、籌碼交相錯雜，人們時而站起，時而坐下，諠譁不已，眾賓客們都盡享歡樂啊！其中有位蒼顏白髮的老翁，醺醺然地醉倒在人群之間，原來是太守喝醉了。

（四）不久，夕陽西下，人影散亂，太守要回去而賓客們也踏上歸途了。樹林茂密而陰暗，鳥兒上下飛鳴，這是遊人散去後鳥兒歡樂的景象。然而鳥兒只知道棲息山林的快樂，並不知道遊人心中的快樂；遊人只知道跟隨太守出遊的快樂，而不知道太守是因百姓生活快樂而快樂啊！在酣醉的時候能夠和大夥共同快樂，酒醒後又能寫文章敘述這些事情的，那就是太守啊！太守是誰呢？就是廬陵歐陽脩。

記承天寺夜遊

北宋・蘇軾

原文

元豐六年十月十二日，夜，解衣欲睡，月色入戶，欣然起行。念無與為樂者，遂步至承天寺，尋張懷民，懷民亦未寢，相與步於中庭。庭中如積水空明，水中藻荇交橫，蓋竹柏影也。何夜無月，何處無松柏，但少閒人如吾兩人者耳。

翻譯

元豐六年十月十二日的晚上，我脫掉衣服正準備就寢，月光照進我的屋內，我高興的起身出去散步。想到沒有和我一起共享樂事的人，於是便走到承天寺找張懷民，懷民也還沒有睡，我們兩人一起在庭院中散步。月光照在庭院的地上，像積水一般的透明清澈，水中似乎有藻菜荇菜交相錯雜，原來是竹柏影子的投射啊！哪個夜晚沒有月亮？哪裡沒有松柏？但很少人像我們兩個這樣悠閒的了。

現代放大鏡

余秋雨曾說：「中國文化中極其奪目的一個部位可稱之為『貶官文化』。隨之而來，許多文化遺跡也就是貶官行跡。」

中學國文課程中選錄了不少唐宋古文名家的作品，其中多為作者在貶謫的時候所寫，也就是所謂「貶謫文學」，這些離開了政經核心的文人，來到了窮鄉僻壤，與山水相親，寫下一篇篇膾炙人口的經典之作。如：白居易〈琵琶行〉、柳宗元〈始得西山宴遊記〉、范仲淹〈岳陽樓記〉、歐陽脩〈醉翁亭記〉、蘇東坡〈赤壁賦〉等等，所謂「物不得其平則鳴」，困蹇潦倒的生活際遇，激發了文人們創作的潛能與底蘊。古來文人的擎天之作，似乎拜貶謫之賜而得以昇華，看來有些悲涼！我們要以三個單元來看看這些「貶謫文學」的不同風格，它所流露的面貌氣質是否一定是悲涼而憤慨的呢？文人遭遇仕途的困頓後，他的想法是什麼？不同文人，有異樣的生命取向，面對貶謫一事，有的可以化悲憤為力量，而有的則抑鬱以終，大詩人屈原也是遭受貶謫，最後他選擇的是抱著石頭，沉入汨羅江成了波臣，令人唏噓啊！

首先來看看國中教材裡的〈記承天寺夜遊〉與高中課程裡的〈醉翁亭記〉兩篇文章，前者是蘇東坡貶謫黃州時所寫，後者是歐陽修左遷滁州時寫的，這兩篇文章在字裡行間及風情上流露的是一種「閒適自得」的愉悅。〈記承天寺夜遊〉一文中，「解衣欲睡，月色入戶，欣然起行」，東坡看到美麗月色便高興得無法入睡，起來散步，他的率性自得由此可見，然後「念無與為樂者，遂至承天寺，尋張懷民，懷民未寢，相與步中庭。」睡不著的東坡去找了張懷民，張懷民沒有任何隻字片語，便有默契的和東坡在承天寺中散步，可見兩人交誼之情，相知之深，一切盡在無語中。

雖然所品賞的僅是月夜下的竹柏影子，但人情重於景物，好友相伴，景物如何似乎不是重點，於是有了「但少閒人如吾兩人耳」之歎，「閒人」兩字帶有淡淡的哀愁，其實是因為貶謫，兩人無事可忙而成了閒人啊！若純粹以文解文來看，〈記承天寺夜遊〉誠然是篇月光如水下的閒賞小品，絲毫不見貶謫的抑鬱。

而歐陽脩貶謫滁州擔任太守時所寫的〈醉翁亭記〉一文，容納敘事、寫景、抒情的筆觸於一爐，層次井然。文章先以「剝筍法」的方式逐步引出醉翁亭的所在位置，從「環滁皆山→西南諸峰→琅邪山→釀泉→醉翁亭」一層層地引領讀者一探究竟，到底這座位在深山的亭子有何殊異之處？其實醉翁亭並非著名的旅遊場景，作者為何要寫作此文呢？他的重點並非在為醉翁亭立碑紀念，通篇文章看出作者想呈現一幅悠然自適、與民同樂的圖像。喜歡小酌的歐陽脩，在文章中這樣說：「醉翁之意不在酒，在乎山水之間也。山水之樂，得之心而寓之酒也。」充分流露出人與自然相親的情韻，也暗示了自然景色能讓人入勝，所以下文便開始著力於山中美景的描繪。而太守倒底如何與民同樂？又有什麼場景是值得歡樂的呢？於是，文章第二部分便以勾勒山間種種的景致入手：「日出而林霏開，雲歸而巖穴暝，晦明變化者，山間之朝暮也。野芳發而幽香，佳木秀而繁陰，風霜高潔，水落而石出者，山間之四時也。」此段極具聲色之美，將山林中的早晚四季景色的變化摹寫得極為生動而立體，良辰美景在前，能不好好遊賞品味一番嗎？

正因如此佳景，太守、民眾、賓客可以同歡共享，所以文章緊接的第三部分，作者以「滁人遊→太守宴→眾賓懽→太守醉」等四個層次，將太守與民眾、賓客在山中的歡樂宴飲及人情之趣，有投壺、有下棋、有隨口哼唱……交融勾勒出一幅賞心樂事的浮世繪。

最後，眾人歡樂暢遊後歸返，歐陽脩講了一段饒富深意的話：「然而禽鳥知

山林之樂，而不知人之樂；人知從太守遊而樂，而不知太守之樂其樂也。」從禽鳥之樂→眾人之樂→與民同樂，太守是以百姓的快樂為快樂呢！展現一種地方父母官體貼百姓的胸懷，也體現了孔子「老者安之，朋友信之，少者懷之」的境界。

全文沒有謾罵，沒有悲歎，醉翁從山水間探索超然物外、安時處順的人生哲學，這是至高的昇華境界，表現了父母官與民同樂的襟懷，全文絲毫未見歐陽脩貶謫的憤懣之情。

這兩篇作品如果不了解它的寫作背景，的確很難從字裡行間嗅出屬於貶謫的鬱悶氣息啊！

閱讀動動腦

一、〈醉翁亭記〉中共出現了二十一個「樂」字，請問它的「樂」與范仲淹〈岳陽樓記〉中「先天下之憂而憂，後天下之樂而樂」的「樂」有何差異呢？

參考答案

一、〈醉翁亭記〉中出現了那麼多「樂」字，可見歐陽脩在滁州生活的情趣之美，而他又能以百姓之樂與否當作他自己快樂的根源，可以看出太守對民眾的關懷。而〈岳陽樓記〉則是指仁人志士以最先憂愁天下事，最後才自己快樂作為理念，是一種時間軸上的順序及大我的情懷。

歷屆大考試題

一、國文課堂上討論「宋代貶謫文學」，範圍為范仲淹〈岳陽樓記〉、歐陽脩〈醉翁亭記〉、蘇轍〈黃州快哉亭記〉，則下列敘述，正確的選項是：

(A)三篇文章雖皆流露遭逢貶謫的感慨，仍不忘對時局提出諍言

(B)三篇文章的敘寫次序皆為：登高望遠→遙望京城→抒發感懷→物我合一

(C)歐陽脩〈醉翁亭記〉認為官運難卜，應該及時享受與民同遊共飲的快樂

(D)范仲淹〈岳陽樓記〉認為儘管仕途受挫，知識分子仍當以百姓安樂為念

(E)蘇轍〈黃州快哉亭記〉認為心胸坦然，超越人生的缺憾，才能擁有自在的生命

96年大學學測

二、下列關於古代士人在其文章中展現襟抱的敘述，正確的選項是：

(A)范仲淹〈岳陽樓記〉以「遷客騷人」和「古仁人」對照，顯示自我「先天下之憂而憂，後天下之樂而樂」的胸懷

(B)歐陽脩〈醉翁亭記〉以「人知從太守遊而樂，而不知太守之樂其樂也」，陳述個人不以貶謫為意，而能樂民之樂

(C)蘇轍在〈上樞密韓太尉書〉中認為「文者，氣之所形」，故歷覽名山大川，求謁賢達，藉以充養其氣，宏博其文

(D)蘇軾在〈赤壁賦〉中藉「蘇子」與「客」討論水與月的「變」與「不變」，申明其濟世之志絕不因憂患而改易的態度

(E)顧炎武〈廉恥〉藉顏之推「不得已而仕於亂世」的自警自戒，與「閹然媚於世者」對比，寄託自我處身明清易代之際的選擇

98年大學學測

解答　一、D, E　三、A, B, C, E

山不轉路轉的超脫——貶謫生活風情(一)

前赤壁賦

北宋・蘇軾

原文

(一)壬(ㄖㄣˊ)戌(ㄒㄩ)之秋，七月既望，蘇子與客泛舟遊於赤壁之下。清風徐(緩慢的)來，水波不興(起)。舉酒屬(ㄓㄨˇ，勸請)客，誦〈明月〉之詩，歌〈窈(ㄧㄠˇ)窕(ㄊㄧㄠˇ)〉之章。少(ㄕㄠˇ)焉，月出於東山之上，徘徊於斗牛(星斗名)之間。白露橫(瀰漫)江，水光接天。縱一葦(小船)之所如(往)，凌(踰越)萬頃之茫然。浩浩乎如馮(ㄆㄧㄥˊ，通「憑」)虛(天空)御風，而不知其所

翻譯

(一)壬戌年的秋天，七月十六日，蘇子和客人在赤壁下泛舟遊覽。清風徐徐地吹來，水面波浪平靜。舉起酒杯，勸客飲酒，然後吟誦著《詩經》的〈月出〉篇，歌詠〈窈窕〉章的詩句。不久，月亮從東邊的山頭升起，在星斗之間緩慢移動。白露瀰漫整個江面，水光與天色接連成一片。我們任憑小舟隨意飄盪，橫越茫茫萬頃的江面。(這樣的情景)就好像乘風遨遊在天空中，不知道將要停止於何方；又飄

止；飄飄乎如遺世獨立，羽化而登仙。

（二）於是飲酒樂甚，扣舷而歌之，歌曰：「桂櫂兮蘭槳，擊空明兮泝流光。渺渺兮予懷，望美人兮天一方。」客有吹洞簫者，倚歌而和之，其聲嗚嗚然：如怨、如慕、如泣、如訴；餘音嫋嫋，不絕如縷；舞幽壑之潛蛟，泣孤舟之嫠婦。

（三）蘇子愀然，正襟危坐而問客曰：「何為其然也？」

（四）客曰：「『月明星稀，烏鵲南飛』，此非曹孟德之詩乎？西望夏口，東望武

遺世：遠離塵世
舷：ㄒㄧㄢˊ，船邊
櫂：ㄓㄠˋ，船槳
空明：水中的月亮倒影
泝：ㄙㄨˋ，同「溯」
嫋：ㄋㄧㄠˇ
嫠：ㄌㄧˊ，寡婦
愀：ㄑㄧㄠˇ，神色改變的樣子
危：端正
昔—豪傑

飄然地好像遠離世俗，超然獨立，身生羽翼而飛升成仙。

（二）此時，我們喝著酒歡樂極了，敲著船舷唱起歌來：「桂木做的棹呀，蘭木做的槳，拍擊著水中倒映的月光，逆水划行。我的情懷是如此的悠遠呀，內心思慕的人卻遠在天的另一邊。」客人當中有會吹洞簫的，和著歌聲吹奏起來，簫聲嗚咽低沉：像是幽怨，像在思慕，像是哀泣，又像在傾訴；餘音迴盪悠揚，像一縷青絲般不絕於耳；簫聲的動人，彷彿能使潛藏在幽谷中的蛟龍隨之舞動，讓獨守在孤舟中的寡婦為之涕泣。

（三）蘇子變了臉色，整理衣襟，直身端坐，問客人說：「簫聲何以如此悲傷呢？」

（四）客人回答道：「『月明星稀，烏鵲南飛』，這不是曹操的詩句嗎？向西望去是夏口，東邊望

昌；山川相繆，鬱乎蒼蒼，此非孟德之困於周郎者乎？方其破荊州，下江陵，順流而東也，舳艫千里，旌旗蔽空，釃酒臨江，橫槊賦詩，固一世之雄也，而今安在哉？況吾與子，漁樵於江渚之上，侶魚蝦而友麋鹿；駕一葉之扁舟，舉匏樽以相屬；寄蜉蝣於天地，渺滄海之一粟。哀吾生之須臾，羨長江之無窮；挾飛仙以遨遊，抱明月而長終；知不可乎驟得，託遺響於悲風。」

（五）蘇子曰：「客亦知夫水與月乎？逝

繆：ㄌㄧㄠˊ，通「繚」
方：當
舳艫：ㄓㄡˊ ㄌㄨˊ，舳，船尾。艫，船首
旌：ㄐㄧㄥ
釃：ㄙ，斟酒
槊：ㄕㄨㄛˋ，長矛
固：的確
今——吾與子
渚：ㄓㄨˇ，沙洲
麋：ㄇㄧˊ
扁：ㄆㄧㄢ
匏：ㄆㄠˊ，葫蘆酒器
屬：ㄓㄨˇ
蜉蝣：朝生暮死的蟲
粟：ㄙㄨˋ
挾：ㄒㄧㄚˊ
遺響：洞簫的餘音

去是武昌，山水環繞，草木茂盛，這不是當年曹操被周瑜圍困的地方嗎？當曹操攻破荊州，佔領江陵，順著長江東下的時候，戰船一艘接一艘有千里之長，旗幟飄揚，遮蔽了天空，他面對著長江飲酒，橫置長矛，吟誦詩歌，實在是一世英雄啊！可是如今又在哪裡呢？何況我和您，只是在江邊沙洲上捕魚砍柴，以魚蝦作伴，和麋鹿為友，駕著一葉小舟，拿起酒杯，彼此勸飲；生命短暫得像蜉蝣寄生於天地間，個人渺小得如滄海中的一粒粟米。我為人生的短促而感傷，羨慕長江無窮無盡；幻想能隨著飛仙逍遙自在地遨遊，並伴隨明月長存。明知道這不可能在一時之間實現，只好將這悲傷愁苦的情緒化為簫聲，寄託在悲涼的秋風中。」

（五）蘇子說：「您知道江水流逝和月亮盈缺的道理嗎？江水雖然日夜不停地奔流，可是水的整體

者如斯（此），而未嘗往（未嘗變動）也；盈虛者如彼（那），而卒（最終）莫消長也。蓋將自其變者而觀之，則天地曾（乃）不能以一瞬（短時間）；自其不變者而觀之，則物於我皆無盡也。而又何羨乎？且夫天地之間，物各有主。苟（假如）非吾之所有，雖一毫而莫取；惟江上之清風，與山間之明月，耳得之而為聲，目遇之而成色。取之無禁，用之不竭。是造物者之無盡藏（ㄗㄤˋ）也，而吾與子之所共適。」

（六）客喜而笑，洗盞（ㄓㄢˇ，小酒杯）更（ㄍㄥ）酌，肴核既盡，杯盤狼藉（ㄐㄧˊ）。相與枕藉（ㄓㄣˇ ㄐㄧㄝˋ，交互相枕而臥）乎舟中，不知東方之既白。

本質卻從來不曾消逝；月亮雖然也有盈虧圓缺的變化，可是它本身始終沒有任何增減啊。如果從變的角度來看，那麼天地萬物沒有片刻停止變化；如果從不變的角度來看，那麼萬物和我們的生命都是無窮無盡的。如此說來，還有什麼值得羨慕的呢？而且天地之間，萬物各有它的主人，如果不是我應該擁有的，即使一絲一毫，也不能取用；只有那江上的清風，和山間的明月，耳朵聽到了就成為悅耳的聲音，眼睛看到了就成為動人的景色，取之不盡、享用不完。這是大自然賜給人類無窮盡的寶藏，也正是我和您所共同享受的啊。」

（六）客人聽後高興地笑了，便洗了酒杯，重新斟酒再喝，菜肴水果都已吃完了，杯盤散亂不整。我們彼此枕著頭橫躺在小船裡睡著了，不知東方天色已經泛白了。

現代放大鏡

前一回所看的兩篇貶謫作品〈醉翁亭記〉及〈記承天寺夜遊〉，在字裡行間聞嗅不到屬於落寞憂鬱的氣息，反而是一種愉悅閒適的暢達。而本回再來看看另一種貶謫風情的呈現，便是在文章中可以清楚見到情緒轉折變化之調適歷程。蘇東坡因為「烏臺詩案」遷謫到黃州，這段謫居黃州的時期向來被視為他創作的巔峰，而東坡的性格曠達自放，在〈前赤壁賦〉一文中，藉由蘇子與洞簫客的問答對話，模擬一段心境轉折的路徑，展現超脫的襟懷。

〈前赤壁賦〉一文常被人視為蘇軾的代表作，這篇文章的內蘊、情思與哲理極為豐富而有層次。它的寫作背景是某個秋夜，蘇軾與友人在赤壁夜遊泛舟，面對良辰美景，心裡產生種種的感懷。全文從「摯友們月夜泛舟的快意↓洞簫客弔古傷今的感慨↓蘇子哲理剖析的達觀超脫」，情緒的蘊藉隨著文意而一路翻轉，從喜而悲，再從悲轉樂，讓人讀來彷彿在看戲一般，不停地周折反轉。

文中有美麗的月夜圖，「月出於東山之上，徘徊於斗牛之間。白露橫江，水光接天。」月亮緩步、白露迷濛、水光淋漓、沁涼如水的秋夜，豈不美麗？也有洞簫客的高妙簫聲，這一段關於聲音的摹寫，非常細膩而有韻味，他以「如怨、如慕、如泣、如訴」來形容簫聲吹奏時的狀態，用「餘音嫋嫋，不絕如縷」說明簫聲的餘韻不絕，最後再以「舞幽壑之潛蛟，泣孤舟之嫠婦」形容簫聲感人至深及深刻的影響。一段難以形容的抽象聲音，用具體的意象來呈現，從吹奏時的進行式，到吹奏後的餘音旋繞及迴響，逐步遞嬗描寫，的確精湛不已。

而文章發展到洞簫客吹簫之前，整個情緒是暢快的，是什麼關鍵讓劇情急轉直下？又為什麼歡樂的情緒會變成悲傷？事實上，東坡在飲酒作樂時所唱的歌謠中留下了伏筆：「渺渺兮予懷，望美人兮天一方」，一股淡淡的悵然流洩出來，句中的「予懷」是什麼樣的懷抱呢？其實，所謂的「予懷」正是貶謫文人們，身在異地，只能遙望遠在京城的國君時，內心所湧現出的惆悵與傷感啊。

於是，緊接著洞簫客才抒發出弔古傷今的歎息，曾經的蓋世英雄，如今早已塵歸塵，土歸土，杳杳無痕，而渺小如我者，更是滄海一粟，轉瞬即逝，想到這裡，豈不令人傷感？此時，蘇軾以達觀、超然的思維，說明變與不變、永恆與短暫的關係來慰勉洞簫客。他以水和月來比喻這樣說，水似乎時時不停奔流，月也日日有圓缺的變化，但，那只是我們肉眼這一刻所看到的現象，就本質（本體）而言，水的整體並沒有變化（文學角度而言），只是流到不同地方，以其他形式來存在而已；而月亮也是如此，初一、十五的圓缺變化，只是所處位置不同所產生的。所以，人如果可以超然看待變與不變，明瞭「現象」和「本質」的關係，那麼，對於人生就能夠有比較豁達的態度了。我們嘗試將這段文字用表格呈現，如附表。

這篇文章最大的特色便是利用主與客的問答，來呈現旨趣，而「問答體」正是「賦」重要的呈現方式之一。值得思索的是，洞簫客的悲傷是否真的是他的悲傷呢？有沒有可能是蘇軾內心的另一種代言呢？人的思緒或情感常有正反兩面向同時出現，就是所謂「天使」與「魔鬼」的掙扎，而文人利用兩股聲音的辯證，來釐清自己的確切思維到底在哪裡，這樣的情形是可能的，就像屈原的〈漁父〉篇裡，漁父和屈原的對話一樣。

面對仕途的失意與貶謫的困頓，東坡懂得以超然物外的態度來轉化自己的心境與思維，豁達看待人生的每場風景。而此文除了描寫月夜泛舟，景色優美的筆觸極為動人之外，在關於「變與不變」的哲理論辯之處，更是值得好好咀嚼。

主體	現象（變）	本體（不變）
水	逝者如斯	未嘗往也（未曾變動）
月	盈虛者如彼	卒莫消長也

閱讀動動腦

閱讀框線內文章後，回答問題：

一、客所以有「而今安在哉」的感歎，是因何而起？

二、「寄蜉蝣於天地，渺滄海之一粟」所提示的人生問題是什麼？

三、客云：「知不可乎驟得，託遺響於悲風。」請解釋他對於問題(2)要如何解決？

客曰：「『月明星稀，烏鵲南飛』，此非曹孟德之詩乎？西望夏口，東望武昌。山川相繆，鬱乎蒼蒼。此非孟德之困於周郎者乎？方其破荊州，下江陵，順流而東也，舳艫千里，旌旗蔽空，釃酒臨江，橫槊賦詩，固一世之雄也，而今安在哉？況吾與子漁樵於江渚之上，侶魚蝦而友麋鹿；駕一葉之扁舟，舉匏樽以相屬；寄蜉蝣於天地，渺滄海之一粟；哀吾生之須臾，羨長江之無窮；挾飛仙以遨遊，抱明月而長終；知不可乎驟得，託遺響於悲風。」（蘇軾〈赤壁賦〉）

參考答案

一、洞簫客認為像曹操這樣的一世英雄，曾經睥睨群雄，呼風喚雨，如今也是一抔黃土，更何況渺小如我輩之人，還留有何種價值及意義呢？

二、「寄蜉蝣於天地」是說明一己的生命短暫易逝，正如朝生暮死的蜉蝣；「渺滄海之一粟」是描述個人渺小得如滄海中的一粒粟米。無論從時間或空間來看，人的生命的確幽渺。

三、對於這樣大哉問的人生命題無法得到答案，只好將自己滿腔悲傷愁苦的情緒化為簫聲，寄託在悲涼的秋風中。

94年大學指考

一、下列關於文學常識的敘述，正確的選項是：

(A)「傳奇」本指情節曲折離奇的唐代文言短篇小說，〈虬髯客傳〉即其代表作

(B)「行」、「歌行」均為樂府詩體式，佚名〈飲馬長城窟行〉、白居易〈琵琶行〉皆屬之

(C)「書」可用於下對上，如李斯〈諫逐客書〉；亦可用於平輩之間，如白居易〈與元微之書〉

(D)「賦」盛行於兩漢，歷魏晉、隋唐，至宋而不衰；其中宋賦受古文影響，傾向散文化，蘇軾〈赤壁賦〉即其代表作

(E)唐宋以來，「記」體文學迭有名篇，或抒寫山水名勝，或描寫特定名物，不一而足。范仲淹〈岳陽樓記〉、歐陽脩〈醉翁亭記〉即屬前者；柳宗元〈始得西山宴遊記〉、袁宏道〈晚遊六橋待月記〉則屬後者

二、針對下列古文名篇內容，敘述正確的選項是：

(A)蘇洵〈六國論〉藉論六國賂秦之弊，諷諭宋朝屈辱求和的政策

(B)蘇軾〈前赤壁賦〉藉變與不變之辯證，表現作者通達的人生觀

(C)韓愈〈師說〉藉贈文李蟠的機會，批判時人一味崇尚佛老的風氣

(D)柳宗元〈始得西山宴遊記〉藉「始得」二字，表現作者初次尋得心靈寄託的喜悅感受

(E)顧炎武〈廉恥〉藉論「士大夫之無恥，是謂國恥」，寄寓作者對易代之際，士人變節的感慨。

95年大學學測

三、教完柳宗元〈始得西山宴遊記〉、范仲淹〈岳陽樓記〉、歐陽脩〈醉翁亭記〉、蘇洵〈六國〉、蘇軾〈赤壁賦〉等課之後，老師要求同學掌握課文中詞語的原意練習造句。下列符合要求的選項是：

(A)芒果冰滋味甜美、清涼解渴，在炎熱的夏天吃一碗，真是令人「心凝形釋」，暑氣全消

(B)她的音質好，又肯努力練習，因此加入合唱團沒多久就「水落石出」，受到大家的讚賞

(C)中秋夜晚皎潔的月光映照在屏東大鵬灣的海面上，一片「浮光躍金」的景象，真是美不勝收

(D)老師把自己的薪水捐出來，幫助那些沒有錢繳午餐費的學童，真是具有「抱薪救火」的情操

(E)參加推薦甄試面談或口試的時候，與其「正襟危坐」，緊張嚴肅，不如放鬆心情，從容自然

97年大學學測

解答　一、A, B, C, D　二、A, B, D, E　三、C, E

勸勉他人也撫慰自己——貶謫生活風情（二）

北宋．范仲淹

岳陽樓記

原文

（一）慶曆四年春，滕子京謫（ㄓㄜˊ）守巴陵郡。越明年，政通人和，百廢具（皆）興，乃重修岳陽樓，增其舊制，刻唐賢今人詩賦於其上；屬（ㄓㄨˇ，請託）予作文以記之。

（二）予觀夫巴陵勝狀，在洞庭一湖。銜遠山，吞長江，浩浩湯湯（ㄕㄤ，水大流急的樣子），橫

翻譯

（一）（仁宗）慶曆四年春天，滕子京因罪被貶官到巴陵郡擔任太守。到了第二年，政事通達、人民和樂，各種廢弛的事務，都再度興辦起來，於是重新整修岳陽樓，擴充它舊有的規模，把唐代賢人以及當今文人的詩賦作品刻在樓上，並要我寫篇文章來記述這件事。

（二）我看巴陵郡的美景，全在洞庭湖上。它銜著遠處的君山，吸納長江的流水，湖水洶湧澎湃，湖面廣大無垠，早上陽光燦爛，傍晚雲靄陰暗，天氣景象真是變

無際涯，朝暉（日光）夕陰，氣象（景象）萬千；此則岳陽樓之大觀也，前人之述備矣。然則北通巫峽，南極瀟湘，遷客騷人，多會於此，覽物之情，得無異乎？

（三）若夫霪（一ㄣˊ，久雨）雨霏霏，連月不開；陰風怒號，濁浪排空（推向空中）；日星隱耀（光芒），山岳潛形（形體）；商旅不行（航行前進），檣（ㄑㄧㄤˊ，桅杆）傾楫（ㄐㄧˊ，船槳）摧；薄暮（傍晚）冥冥（昏暗），虎嘯猿啼。登斯樓也，則有去（離開）國（京城）懷鄉，憂讒（毀謗）畏譏，滿目蕭然，感極而悲者矣。

（四）至若春和景明，波瀾不驚，

化萬千；這就是岳陽樓壯麗的景色，前人的作品已經描述得非常詳盡了。然而由此處向北可以通到巫峽，向南也能到達瀟湘二水，被貶謫的官員、多愁善感的詩人，大多會經過這個地方，他們觀賞景物的心情，能夠沒有不同嗎？

（三）如果是久雨綿綿不斷地下著，連續好幾個月都沒有放晴；陰冷的風猛烈地吹，混濁的浪濤洶湧地激盪到空中；日月星辰都隱沒了光芒，層層相連的峰巒也遮蔽了形體；商人、旅客無法通行，帆柱傾倒、船槳斷折；到了傍晚天色昏暗，只聽見一陣陣老虎怒吼及猿猴哀號的聲音。此時登上岳陽樓，便有種遠離京城、想念故鄉的感懷，又擔心受惡言中傷、害怕被奸人詆毀，而眼裡所見剛好是這樣淒涼的場景，不禁為自己的遭遇感慨萬千而悲從中來了。

（四）倘若是春風和煦、陽光溫暖的天氣，水面平靜

上下天光，一碧萬頃；沙鷗翔集，錦鱗游泳，岸芷汀蘭，郁郁青青。而或長煙一空，皓月千里，浮光躍金，靜影沉璧，漁歌互答，此樂何極！登斯樓也，則有心曠神怡，寵辱偕忘，把酒臨風，其喜洋洋者矣。

（五）嗟夫！予嘗求古仁人之心，或異二者之為，何哉？不以物喜，不以己悲，居廟堂之高，則憂其民；處江湖之遠，則憂其君。是進亦憂，退亦憂，然則何時而樂耶？其必曰：「先

翔：飛翔　集：棲息　汀：ㄊㄧㄥ　郁郁：香氣濃烈　青青：ㄐㄧㄥ，通「菁」　或：有時　一：全　浮光躍金，靜影沉璧：月光如同閃爍的金光，月影如同下沉的璧玉　二者：指上述遇雨而悲，遇晴而喜的兩種心境　廟堂：朝廷　江湖：在野民間

無波，天光與水色相連，一片碧綠橫亙萬里；沙洲上鷗鳥在飛舞、棲息，美麗的魚兒在水中游來游去，岸上的芷草、水邊的蘭花，香氣濃郁又茂盛。有時煙霧全部消散，明月照耀千里，月光照在跳動的水面上如同閃爍的金光，而月影倒映在水中猶如下沉的璧玉，漁人的歌聲此起彼落互相應答，真是快樂啊！此時登上這樓臺，就覺得胸襟開朗、精神舒暢，所有得失榮辱的事全都忘記，拿起酒杯迎著風，真是快樂極了。

（五）唉！我曾經研究古代仁者的胸懷，他們和遷客騷人因雨而悲、因晴而喜的表現有所不同，這是為什麼呢？因為他們不為外物好壞而高興難過，也不因個人遭遇而悲傷喜悅。在朝廷為官時，就憂慮人民百姓；貶謫在外時，就擔心他的國君。因此，在朝當官也憂慮，遭貶在野也掛心，那麼要何時才能快樂呢？他一定說：「在天下人還沒憂慮之前就先憂慮，在天下人都快樂之後才

天下之憂而憂，後天下之樂而樂」乎！

噫！微（沒有）斯人，吾誰與歸？

（六）時六年九月十五日。

快樂吧！」唉！如果沒有這種先憂後樂的人，我該追隨誰呢！

（六）寫作此文的時間是仁宗慶曆六年九月十五日。

黃州快哉亭記

北宋・蘇轍

原文

（一）江出西陵，始得平地，其流奔放肆（水勢廣大）大，南合沅（ㄩㄢˊ）、湘，北合漢、沔（ㄇㄧㄢˇ），其勢益張（更加擴大）。至於赤壁之下，波流浸灌（灌注），與海相若。清河張君夢得，謫居齊安，即其廬之西南為亭，以覽觀江流之勝，而余兄子瞻名之曰「快哉」。

（二）蓋亭之所見，南北百里，東西一

翻譯

（一）長江出了西陵峽後，才進入平原，它的水勢奔騰壯闊。南邊匯集沅江、湘水；北邊匯集漢水、沔水，使水勢更加浩大。到了赤壁之下，大小支流沖激灌注，江面遼闊如海。清河人張夢得先生貶官到齊安，在他住所的西南方蓋了座亭子，用來觀賞江流勝景，而我的兄長子瞻，為它取名「快哉」亭。

（二）從快哉亭上所見到的景觀，南北有一百

舍（三十里為一舍）。濤瀾洶湧，風雲開闔。晝則舟楫（ㄐㄧˊ）出沒（ㄇㄛˋ）於其前，夜則魚龍悲嘯於其下。變化倏忽（倏，ㄕㄨˋ，快速），動心駭（ㄏㄞˋ，驚）目，不可久視。今乃得翫（ㄨㄢˋ，玩）之几席之上，舉目而足。西望武昌諸山，岡陵起伏，草木行列（縱橫排列）。煙消日出，漁父樵夫之舍，皆可指數（計算）。此其所以為「快哉」者也。至於長洲之濱，故城之墟，曹孟德、孫仲謀之所睥（ㄆㄧˋ）睨；周瑜、陸遜之所騁騖（奔馳追逐），其流風（遺留的風範）遺跡，亦足以稱快世俗。

(三)昔楚襄王從宋玉、景差於蘭臺之宮，有風颯（ㄙㄚˋ）然至者，王披襟（敞開衣襟）當之，曰：「快

多里，東西約莫三十里。江面波濤洶湧，風雲聚散，變幻不定。白天可見船隻在亭前來來往往；夜裡可聽見亭下有魚龍悲嘯哀鳴。景致變化快速，令人觸目驚心，無法一直久視。現在卻可以坐在亭中席上，極目遠眺，賞玩四周景致，令人心滿意足。向西望去可看到武昌一帶群山，山陵高低起伏，草木縱橫排列。待煙消霧散，太陽出來時，漁人樵夫的屋舍，都可一一清楚地數出來。這就是亭子取名「快哉」的原因。至於那長洲的水濱，是古城的廢墟遺址，曾經是曹操、孫權傲視爭雄之處；也是周瑜、陸遜角逐戰鬥的所在，他們所遺留下的風範遺跡，也足以讓世人稱快不絕。

(三)從前楚襄王帶著宋玉、景差到蘭臺之宮遊賞，剛好一陣涼風颯然而至，襄王敞開衣襟迎著

哉此風！寡人所與庶人共者耶？」宋玉曰：「此獨大王之雄風耳，庶人安得共之！」玉之言，蓋有諷焉。夫風無雄雌之異，而人有遇（得志）不遇之變。楚王之所以為樂，與庶人之所以為憂，此則人之變也（人生際遇之別），而風何與（ㄩˋ，參與）焉？

士生於世，使其中（內心）不自得，將何往而非病（憂慮）？使其中（內心）坦然，不以物（外物）傷性，將何適（往）而非快？今張君不以謫為患（憂愁），竊會計（公務）之餘功（公餘之暇），而自放山水之間，此其中宜有以過人者。將（即使）蓬戶甕牖（ㄨㄥˋ ㄧㄡˇ），無所不快；而況乎濯（ㄓㄨㄛˊ，洗滌）長江之清流，揖（ㄧˋ，引）西山之白雲，窮耳目之勝，以自適也哉？

風說：「真是舒暢涼爽啊！這清風，是我和百姓一起共享的吧！」宋玉說：「這只是大王的雄風罷了，百姓哪能與您共享呢？」宋玉的話，大概是有所諷刺吧！風沒有雄雌的差別，但人卻有得意不得意的變化。楚王之所以快樂，和百姓之所以憂傷，這是人事際遇上的不同變化，和風有何關係呢？

人活在世上，假使內心不自適暢快，那麼到哪兒去不會感傷呢？假如他心中坦蕩，不因外物而傷害清明的本性，那麼無論去哪裡又怎麼會不快意的呢？現在張夢得不因己身貶官而煩憂，利用公餘閒暇寄情於山水之間，這表示他心中應該有超出常人的修養。所以即使處在蓬草為門、破甕為窗的窮困環境，也不會不快樂啊！何況還能在長江清流中洗滌自己，又能把西山的白雲招來作伴，盡情享受山水之美，以求安適愉快呢！如

不然，連山絕壑，長林古木，振之以清風，照之以明月，此皆騷人思士之所以悲傷憔悴而不能勝（ㄕㄥ，承受）者，烏（何、哪裡）睹其為快也哉？

（五）元豐六年十一月朔日趙郡蘇轍記。

果不是如此，那連綿的山崖、險阻的山谷、幽深高大的樹林，清風吹拂、月光照耀，這些都是詩人文士容易觸景傷情，感到悲傷憔悴而無法承受的景物，又哪裡能夠看得出其中的快樂呢？

（五）元豐六年十一月一日趙郡蘇轍所記。

現代放大鏡

接續前兩回所談的貶謫作品，這次要來看的是〈岳陽樓記〉與〈黃州快哉亭記〉兩篇，會將它們放在一起討論共觀，主要的考量是，這兩文有個共同特色，那就是文章雖然同為貶謫時所寫，但描述的主題場景並非作者自身遷謫處的亭台樓閣，而是為他人的貶謫處所操刀之作，我們先來比較一下兩篇文章在共相中的異相。

	作者	作者當時貶謫處	文中所寫貶謫者	文中亭臺所在處
岳陽樓記	范仲淹	鄧州	滕子京	岳州
黃州快哉亭記	蘇轍	筠州	張夢得	黃州

這兩篇文章的類似之處很多，同為受人囑託而寫，而作者與修樓築亭之人同樣都是被貶之士，且文章的主要用意都不在寫景及敘事上，反而是以說理勸慰的口吻進行勉勵，可算是意在言外，借題發揮的作品，唐宋的亭台樓閣雜記常有這樣的現象，光看題目，會誤以為是遊記式的文章，但多數是藉描摹景色寄寓作者的思維與心聲。

這兩篇文章都是唐宋文中的名篇，我們將分兩大層次來比較他們的異同。

A、**文意鋪排及思想內容**

〈岳陽樓記〉一文的立意、取材、布局極為恰當而巧妙，繁簡得宜，一直為人稱讚。范仲淹沒有親自走一趟岳陽樓，僅藉著滕子京送來一幅〈洞庭晚秋圖〉而寫就這篇文章，我們也發現，范仲淹對於洞庭湖的景色描摹採用的是大筆式、概略性的介紹：「予觀夫巴陵勝狀，在洞庭一湖。銜遠山，吞長江，浩浩湯湯，橫無際涯，朝暉夕陰，氣象萬千，此則岳陽樓之大觀也。」這樣的描寫是從岳陽樓向外眺望洞庭湖所看到的景觀，而全文實際的場面摹寫也僅止於此。

然後作者說「前人之述備矣！」以一個「備」字交代已經有許多人都針對岳陽樓的美景著墨了，我就不再贅述。他將焦點移轉，引領讀者進入他想說的面向去：「然則北通巫峽，南極瀟湘，遷客騷人，多會於此，覽物之情，得無異乎？」范仲淹以地理位置的樞紐來凸顯岳陽樓的重要，為何要這麼做呢？因為岳陽樓正是文人升官或貶謫交通轉運的必經之處，從地理位置帶出文人的仕途境遇，實在很高妙，范仲淹與滕子京當時都是貶謫之身，作者這樣文意的牽引，剛好與際遇可以互相關聯啊！

接著，作者安排了一場雨天與晴天的大自然奏鳴曲，「霪雨霏霏，連月不開；陰風怒號，濁浪排空」，灰暗的雨景讓騷人遷客「滿目蕭然，感極而悲」。而「春和景明，波瀾不驚，上下天光，一碧萬頃」，則讓人「心曠神怡，寵辱偕忘、把酒臨風，其喜洋洋」。這些景物因為觀賞者的際遇顛簸而有不同的詮釋，人生到底是

「心隨境轉」或是「境隨心轉」呢？

最後，范仲淹來一段議論之筆，說明古代賢人不以物喜、不以己悲的超脫，也呈現他們和遷客騷人的懷抱不同。又這些仁人志士何以能夠超脫於物外呢？他歸結出這些古仁人「先天下之憂而憂，後天下之樂而樂」，因為所憂所樂都以天下為先，所以能夠忘卻己身的得失，拋除環境的種種變化，而有超然處世的態度了。

而蘇轍寫〈黃州快哉亭記〉一文時，人被貶至筠州，與黃州並無關聯，真正貶謫到黃州的是哥哥蘇軾與友人張懷民。張懷民起初寓居在承天寺，之後，他在寓所西南臨江處，自建一亭，目的在「覽觀江流之勝」，亭成之後，蘇軾以宋玉〈風賦〉一文中「快哉此風」的「快哉」兩字，來替亭子命名；而蘇轍也寫了一篇〈記〉來紀念。接著，作者以兩大層次來說明將亭子命名為「快哉」之故，一是寫亭的位置絕妙足以覽觀勝景，「南北百里，東西一舍，濤瀾洶湧，風雲開闔。晝則舟楫出沒於其前，夜則魚龍悲嘯於其下。」二是藉亭懷古，倚樓一望，「曹孟德、孫仲謀之所睥睨；周瑜、陸遜之所騁騖，其流風遺跡，亦足以稱快世俗」，得以憑弔古人遺跡，並遙想當年風華，更增添命名為「快哉」的適切性。

其中，穿插楚襄王與宋玉蘭臺臨風遊賞的對話，暗示人生的際遇有「遇」、「不遇」之別，更是很重要的一段過渡，因為它為其後的旨趣先行鋪墊。

最末段蘇轍轉以說理的方式，說明人生的境遇有順有逆，如果能「使其中坦然，不以物傷性，將何適而非快？」進而達到「無入而不自得」的超然悠遊了。而張懷民正是能隨緣自適，豁然達觀之人，蘇轍一方面是慰藉哥哥與朋友，另一方面，也可視為對自己貶謫處境的自勉呢！

B、寫作技巧及字詞錘鍊

〈岳陽樓記〉在寫作技巧上，巧妙將駢散句子穿插使用，文字顯得清麗可喜，尤其最為人稱頌的是「雨悲」及「晴喜」這兩段的造境與抒情，還有末段關於憂樂的議論之筆。

在「雨悲」及「晴喜」的部分，范仲淹以極為精巧細密的筆觸描寫景色，先將景致完全鋪排完畢之後，再抒發觀賞這樣畫面的情感點滴。雨天時的用字顯得灰暗、迷茫而陰鬱，如：「霪雨霏霏、陰風怒號、濁浪排空、隱耀、潛形、檣傾楫摧，虎嘯猿啼。」久雨不絕的陰暗，狂風巨浪咆嘯，行人商賈也都無法順暢移動，種種的畫面讓文人一看，感慨萬千而悲傷起來。至於晴天的描摹則流露輕盈、燦亮、柔媚的味道，如：「春和景明、天光、一碧萬頃、沙鷗翔集、錦鱗游泳、岸芷汀蘭，郁郁青青，皓月，浮光躍金、靜影沉璧。」從白日寫到夜晚，天光、水光，沙鷗、游魚，粼粼光亮，動態十足，而芳草萋萋，香氣濃郁，月影映照湖面，漁歌聲唱，此起彼落，全然是一幅歡樂愉悅的畫面。這兩大段藉由濃淡深淺的不同字眼烘托景致並呈現觀物時的不同情感，讀來一氣呵成。其實，如此雨悲晴喜的態度，正是文人將自身際遇的顯達與窮厄投射在外物上的結果，也就是遷客騷人以己物喜、以己物悲的寫照。末了，作者以三層次揭示古仁人的生命態度，從「不以物喜，不以己悲」來說明超脫己身的得失，再以「居廟堂之高，則憂其民；處江湖之遠，則憂其君」呈現古仁人所關心的對象，不局限於自己，最後以「先天下之憂而憂，後天下之樂而樂」宣告己身的終極目標，自小而大，層次井然。

〈黃州快哉亭記〉一文在遣詞用字上的特色是記敘、議論之處多用散句，而寫景部分多為駢偶之句。如描寫登臨快哉亭所見的景色：「南北百里，東西一舍。濤瀾洶湧，風雲開闔。晝則舟楫出沒於其前；夜則魚龍悲嘯於其下」；懷古歷史上黃州場景的部分，像「曹孟德、孫仲謀之所睥睨，周瑜、陸遜之所騁騖」等，都是以駢偶句式呈現，其他如「連山絕壑，長林古木，振之以清風，照之以明月」等，也是透過對偶句增添所描摹景色的分量與氣勢。而寫作層次上，全文從地理、歷史、景色、人情井然而敘，詳贍而豐沛。

這兩篇文章在寫作手法上的共同特色是：除了寫景、抒情之外，最終都藉議論揭示全文的主旨，而且都提及「憂」與「樂」的概念。〈岳陽樓記〉中的「先天下之憂而憂，後天下之樂而樂」，與〈黃州快哉亭記〉的「楚王之所以為樂，與庶人之所以為憂，此則人之變也，而風何與焉」。讀者或許可以比較一下，這兩文的憂與樂有何相似與相異之處呢？

范仲淹的〈岳陽樓記〉一文歷來為人稱頌，無論在文章結構、遣詞用字、思想意趣都極為豐富，駢散夾雜的文字清麗可喜。尤其末了轉為議論之處「先天下之憂而憂，後天下之樂而樂」更為士人的出路找到了終極志向。〈黃州快哉亭記〉一文，蘇轍雖然是為勸慰他人而寫成，但也藉機惕勵自己，面對人生的進與退能超然處之，便能快哉面世。

閱讀動動腦

一、「不然，連山絕壑，長林古木，振之以清風，照之以明月，此皆騷人思士之所以悲傷憔悴而不能勝者，烏睹其為快也哉？」為什麼騷人思士看到這些景物會悲傷憔悴呢？

二、兩篇文章中皆提到「憂與樂」，請問它們出現的時機和內涵有什麼不同嗎？

參考答案

一、因為心境未釋懷，不論到何處，或看到任何佳山麗水，都無法真正適意暢快。

二、〈岳陽樓記〉一文的憂與樂是天下人的憂樂與仁人志士的憂樂聯繫一起，當天下未憂之前先憂，天下已樂之後才樂；〈黃州快哉亭記〉一文的憂與樂則是楚王之樂，與庶人之憂的對照，蘇轍於此引用此段典故，或是有所寄託及寓意。

歷屆大考試題

一、范仲淹〈岳陽樓記〉：「不以物喜，不以己悲。居廟堂之高，則憂其民；處江湖之遠，則憂其君。是進亦憂，退亦憂。然則何時而樂耶？其必曰：『先天下之憂而憂，後天下之樂而樂。』」這種生命情懷與任事態度，與下列人物哪一位最為接近？

(A)伊尹　(B)伯夷　(C)莊子　(D)柳下惠

93年大學指考

二、下列文句中的「以」字，意義與其他選項不同的是：

(A)《左傳．燭之武退秦師》：晉侯、秦伯圍鄭，「以」其無禮於晉，且貳於楚也

(B)范仲淹〈岳陽樓記〉：不「以」物喜，不以己悲。居廟堂之高，則憂其民；處江湖之遠，則憂其君

(C)曹丕〈典論論文〉：西伯幽而演《易》，周旦顯而制《禮》；不「以」隱約而弗務，不以康樂而加思

(D)曾鞏〈墨池記〉：推王君之心，豈愛人之善，雖一能不以廢，而因以及乎其跡邪？其亦欲推其事「以」勉學者邪

96年大學指考

三、國文課堂上討論「宋代貶謫文學」，範圍為范仲淹〈岳陽樓記〉、歐陽脩〈醉翁亭記〉、蘇轍〈黃州快哉亭記〉，則下列敘述，正確的選項是：

(A)三篇文章雖皆流露遭逢貶謫的感慨，仍不忘對時局提出諍言

(B)三篇文章的敘寫次序皆為：登高望遠→遙望京城→抒發感懷→物我合一

(C)歐陽脩〈醉翁亭記〉認為官運難卜，應該及時享受與民同遊共飲的快樂

(D)范仲淹〈岳陽樓記〉認為儘管仕途受挫，知識分子仍當以百姓安樂為念

(E)蘇轍〈黃州快哉亭記〉認為心胸坦然，超越人生的缺憾，才能擁有的生命。

96年大學學測

四、滕宗諒重修岳陽樓，「刻唐賢今人詩賦於其上」，並請范仲淹作記。范仲淹讀了前人作品，將其歸納為悲、喜兩類。下列有關岳陽樓的唐詩，抒發悲懷的

選項是：

(A)白首看黃葉，徂顏復幾何。空慙(慚)棠樹下，不見政成歌(張說〈岳州看黃葉〉)

(B)日長風暖柳青青，北雁歸飛入窅冥。岳陽樓上聞吹笛，能使春心滿洞庭(賈至〈西亭春望〉)

(C)昔聞洞庭水，今上岳陽樓。吳楚東南坼，乾坤日夜浮。親朋無一字，老病有孤舟。戎馬關山北，憑軒涕泗流(杜甫〈登岳陽樓〉)

(D)倚樓高望極，展轉念前途。晚葉紅殘楚，秋江碧入吳。雲中來雁急，天末去帆孤。明月誰同我，悠悠上帝都(江為〈岳陽樓〉)

(E)萬古巴丘戍，平湖此望長。問人何淼淼，愁暮更蒼蒼。疊浪浮元氣，中流沒太陽。孤舟有歸客，早晚達瀟湘(劉長卿〈岳陽館中望洞庭湖〉)

96年大學指考

五、歐陽脩〈醉翁亭記〉：「有亭翼然臨於泉上者，醉翁亭也」，其中「有亭翼然臨於泉上者」，意即「有翼然臨於泉上之亭」。下列文句「　」內屬於這種造句方式的選項是：

(A)蓋「有不知而作之者」，我無是也

(B)村南「有夫婦守貧者」，織紡井臼，佐讀勤苦

(C)軻曰：今「有一言可以解燕國之患而報將軍之仇者」，何如

(D)昔楚襄王從宋玉、景差於蘭臺之宮，「有風颯然至者」，王披襟當之

(E)如「有不嗜殺人者」，則天下之民，皆引領而望之矣，誠如是也，民歸之，由水之就下，沛然誰能禦之

97年大學指考

六、好的翻譯不應只是直接的語譯，而宜兼顧意義的正確與意境的掌握，同時可以呼應原文的優美。依此標準，以下〈岳陽樓記〉「至若春和景明，波瀾不驚，上下天光，一碧萬頃；沙鷗翔集，錦鱗游泳，岸芷汀蘭，郁郁青青。而或長煙一空，皓月千里，浮光躍金，靜影沉璧，漁歌互答，此樂何極！」的

五、**B, C, D**　　六、**B, D, E**

翻譯，正確的選項是：「至於春氣和暢、陽光明媚的日子，＿＿？＿＿漁人的歌聲彼此唱和，這種快樂真是無窮無盡！

(A)湖面波平浪靜，山色相互輝映，一片碧綠，廣闊無邊；

(B)沙洲的鷗鳥時而飛翔、時而止息，美麗的魚兒悠然的游來游去；

(C)湖岸的芷草，沙洲的蘭花，洋溢著青春的色彩。

(D)而有時瀰漫的霧氣全部消散，皎潔的月光流瀉千里，

(E)隨波浮動的月光，彷彿是閃耀的黃金，靜靜倒映的月影，就像是沉落的璧玉，

98年大學指考

解答	一、A	二、D	三、D, E	四、A, C, D, E

古人也愛拜碼頭——干謁作品

上樞密韓太尉書

北宋・蘇轍

原文

（一）太尉執事：轍生（ㄒㄧㄥˋ，天性）好為文，思之至深，以為文者氣（人之精神氣質）之所形。然文不可以學而能，氣可以養而致。孟子曰：「我善養吾浩然之氣。」今觀其文章，寬厚宏博，充（充塞）乎天地之間，稱（ㄔㄣˋ，配合）其氣之小大。太史公行天下，周覽四海名山大川，與燕、趙間豪

翻譯

（一）我蘇轍生性喜歡作文章，對於事情常常思考得相當深入，我認為文章是個人氣質的表現。但是文章不是光靠學習就寫得好，而氣質卻可以透過培養而得到。孟子說：「我善於培養我的浩然正氣。」現在看他的文章，氣勢宏偉，內容廣博，充塞於天地之間，正與他的浩然之氣互相呼應。太史公走遍天下，遊覽許多名山大川，並和北方燕趙地區的豪傑之士交往，所以他的文章疏暢奔

俊交遊，故其文疏蕩（流暢奔放），頗有奇氣。此二子者，豈嘗執筆學為如此之文哉？其氣充乎其中（內心），而溢（流露）乎其貌，動乎其言，而見（ㄒㄧㄢˋ，表現）乎其文，而不自知也。

（二）轍生十有（ㄧㄡˋ）九年矣，其居家所與遊者，不過其鄰里鄉黨之人；所見不過數百里之間，無高山大野，可登覽以自廣；百氏（諸子百家）之書，雖無所不讀，然皆古人之陳跡（過往事蹟），不足以激發其志氣。恐遂汩沒（ㄍㄨˇ ㄇㄛˋ，埋沒），故決然捨去，求天下奇聞壯觀，以知天地之廣大。

（三）過（經過）秦漢之故鄉，恣（ㄗˋ，任意）觀終南、嵩（ㄙㄨㄥ）、

放，具有奇氣。他們兩人，難道是刻意拿筆學作那樣的文章嗎？他們的氣質充塞在內心，然後在外表顯露出來，反映在言語之中，呈現在文字之間，但自己並沒有察覺到。

（二）我現年已經十九歲，日常居家所交往的人，都是左鄰右舍鄉里之人，所見識到的也不過是百里之內的景物；沒有高山曠野可以登臨觀賞以開拓自己的視野與胸襟；諸子百家書籍，雖然無所不讀，然而都是古人陳舊的事跡，不足以激發自己的志氣。我害怕就此汩沒一生，因而毅然決然離開家鄉，去探求天下間的奇聞壯觀，以明瞭天地間的廣大。

（三）（離開家鄉之後）我經過秦朝、漢朝的故都，盡情觀賞終南山、嵩山、華山的高峻；北望黃河浩瀚奔騰的流水，猛然想起古代英雄豪傑的

華（ㄏㄨㄚˋ）之高；北顧黃河之奔流，慨（ㄎㄞˇ）然想見古之豪傑。至京師，仰觀天子宮闕（宮殿）之壯，與倉（穀倉）廩（ㄌㄧㄣˇ）府庫、城池（護城河）苑（ㄩㄢˋ）囿（ㄧㄡˋ）之富且大也，而後知天下之巨麗。見翰林歐陽公，聽其議論之宏辯，觀其容貌之秀偉，與其門人賢士大夫遊，而後知天下之文章聚乎此也。

（四）太尉以才略冠（ㄍㄨㄢˋ）天下，天下之所恃以無憂，四夷之所憚（ㄉㄢˋ，憂慮）以不敢發。入則周公、召（ㄕㄠˋ）公，出則方叔、召虎，而轍也未之見焉。且夫人之學也，不志（立志於，動詞）其大，雖多而何為？轍之來也，於山見終南、嵩、華

事蹟。來到京城後，抬頭望見皇帝宮殿的宏偉，以及糧倉、財庫，城池、苑囿的充沛豐富，然後才知道天下是多麼的宏偉壯麗。我也見過翰林學士歐陽公，聽到他宏偉雄辯的言論，看到他秀美奇偉的容貌，也和他的門人學生交遊，然後，我才知道天下間奇妙優越的文章都匯聚在此。

（四）太尉以才能謀略之名，稱冠於天下，這也是國家及天下人所依恃而無所憂慮，四方蠻夷畏懼而不敢侵犯的主因。在朝為政，您就像周公、召公一樣輔佐君王；帶兵守邊，就像方叔、召虎一樣的威鎮外族，可是我卻至今還沒有見過您。更何況，一個人求知問學，若不立志於學習那最偉大的，學得再多又有何用呢？我來京城的途中，就山而言，已經見過終南山、嵩山、華山的高聳；就水來說，也已親見黃河的廣闊與深

之高；於水見黃河之大且深；於人見歐陽公，而猶以為未見太尉也！故願得觀賢人之光耀（風範），聞一言以自壯，然後可以盡天下之大觀而無憾者矣。

（五）轍年少，未能通習吏事。嚮（ㄒㄧㄤˋ，之前）之來，非有取於升斗之祿（微薄的俸祿），偶然得之，非其所樂。然幸得賜歸待選（等待派任官職），使得優遊數年之間，將歸益治（鑽研）其文，且學為政。太尉苟以為可教而辱（謙詞）教之，又幸矣。

度；以人來說，更已經求見過歐陽公了，還沒能謁見您是我引以為憾的事。所以，希望能見到賢士的光采風華，聽聞到您的一句話，來充實壯闊自己的內涵，如此，我才算完成天下的雄奇景觀之旅，而沒有任何遺憾了！

（五）我年紀尚輕，還不能通曉作官之道。之前來京，並不是想要求得一官半職，就算偶然得到（進士資格），也不足以高興自喜。如今有幸讓我獲得功名回家等待選用，給我優遊自在幾年的時間（好好再自我充實），我準備回家繼續努力研究文章，順便學習作官為政之道。太尉如果認為我還值得教誨而願意指導的話，那我真是太有福氣了！

古人為求仕途順遂或期待重用，毛遂自薦式的干謁（拜見）作品時有所聞。如唐代大文豪李白寫的〈與韓荊州書〉，目的是希望當時任荊州長史的韓朝宗引薦他，李白在表明景仰韓朝宗之餘，極力推薦自己的才能，語氣謙遜卻充滿自信，名句如「生不用封萬戶侯，但願一識韓荊州。」傳頌千古。而白居易十六歲時，拿著自己的詩作去長安應考，考前，白居易將自己寫好的〈賦得古原草送別〉一詩，呈遞給顧況看，顧況看了詩歌作者的署名後，笑道：「長安百物貴，居大不易！」然而當他讀到詩中「野火燒不盡，春風吹又生」的詩句，又驚又喜，道：「有句如此，居天下何難！」

而本文則是蘇轍十九歲考上進士後，有著一展抱負的雄心壯志，因而寫信給當時的名臣韓琦，韓琦和范仲淹共同防禦西夏，並稱「韓范」，當時歌謠曰：「軍中有一韓，西賊聞之心膽寒；軍中有一范，西賊聞之驚破膽。」

在〈上樞密韓太尉書〉這封信中，一開始，蘇轍先說自己生性好為文，認為「文者氣之所形。然文不可以學而能，氣可以養而致。」（文章是個人氣質的展現。

然而文章不是光靠學習就寫得好，但氣質卻可以透過修養培育而得到。）並以孟子與司馬遷兩人為例證來說明「文者，氣之所形」的道理。孟子以善養浩然正氣而使得文章寬厚宏博；司馬遷周遊天下，閱歷豐富，而使文章「疏蕩有奇氣」。兩人由於內在充實而豐厚，終能使作品英華發外，這暗示了作者也期許自己能夠藉由養氣而行文。

承續這樣的觀點，接著蘇轍提到了自身，認為自己蝸居家鄉，見識有所囿限，無法拓展視野，於是毅然決然離開家鄉以求天下之大觀，來京城的一路上，蘇轍所見擴大，他詳敘自己的所見所聞，如下方表格：

從家鄉至京城的一路見聞	課文文句對應
地理人文	過秦漢之故鄉，恣觀終南、嵩、華之高；北顧黃河之奔流，慨然想見古之豪傑。
京城風物	仰觀天子宮闕之壯，與倉廩府庫、城池苑囿之富且大也，而後知天下之巨麗。
賢人雅士	見翰林歐陽公，聽其議論之宏辯，觀其容貌之秀偉，與其門人賢士大夫遊，而後知天下之文章聚乎此也。

作者採用層層遞進的方式，從物到人，連歐陽脩都已經見過了，自己全方位學習的拼圖上只差了面見韓琦這一塊，如此鋪陳的用意是為了凸顯主角「韓琦」的獨到性，在下文中，除了讚許韓琦的豐功偉業外，作者還說：「且夫人之學也，不志其大，雖多而何為？」（一個人求學問，如果不立志於學習那最偉大的，學得再多又有什麼用？）在看過那麼多美麗的風景後，如果未能致力於更高遠的學習目標，那是非常遺憾的（此處暗指韓琦正是那高遠的學習標的）。然後，蘇轍又以三個排比句型：「轍之來也，於山見終南、嵩、華之高，於水見黃河之大且深，於人見歐陽公，而猶以為未見太尉也！」說明自己於山、於水、於人已見過高山、大河、聖哲之豐，可惜的是未能一睹韓太尉的光耀，這樣的說法將韓琦拉抬至與歐陽脩齊名，可稱得上是盛讚了，而唯有見得韓琦之後，所謂的「養氣」（內在充實）才真正的圓滿完成。

最後，蘇轍又提及自己生性好為文，求見韓琦，是為了充實內在，並非著意於功名富貴而藉機攀龍附鳳，以表現他和其他干謁之士的不同之處。

這篇文章除了體裁上屬於上書類的文體外，它在內容思想上還有些重要的觀察點，首先是關於「氣」的問題，歷來作家提及「氣」的概念者不少，如曹丕〈典論論文〉中的「文以氣為主，氣之清濁有體，不可力強而致。」不妨將它與本文的「氣」進行對照。再來，蘇轍的「氣」是精神、氣質、修養、閱歷等的總和，他將現實生活的一切與寫作進行連結，增加作品的社會意義。

閱讀動動腦

讀完蘇轍這一封拜碼頭的作品後，請你想一想，作者成功面見韓琦的關鍵點在哪兒？如果你要運用本文來為自己寫一篇履歷表，投遞到人力銀行，你會利用文中哪些句子呢？

參考答案　自由發揮

歷屆大考試題

一、下列關於古代士人在其文章中展現襟抱的敘述，正確的選項是：

(A)范仲淹〈岳陽樓記〉以「遷客騷人」和「古仁人」對照，顯示自我「先天下之憂而憂，後天下之樂而樂」的胸懷

(B)歐陽脩〈醉翁亭記〉以「人知從太守遊而樂，而不知太守之樂其樂也」，陳述個人不以貶謫為意，而能樂民之樂

(C)蘇轍〈上樞密韓太尉書〉中認為「文者，氣之所形」，故歷覽名山大川，求謁賢達，藉以充養其氣，宏博其文

(D)蘇軾在〈赤壁賦〉中藉「蘇子」與「客」討論水與月的「變」與「不變」，申明其濟世之志絕不因憂患而改易的態度

(E)顧炎武〈廉恥〉藉顏之推「不得已而仕於亂世」的自警自戒，與「閹然媚於世者」對比，寄託自我處身明清易代之際的選擇

98年大學學測

二、下列引用《論語》文句詮釋經典名篇的敘述，正確的選項是：

(A)諸葛亮於〈出師表〉中，充分展現「其行己也恭，其事上也敬」的行事態度

(B)蘇轍於〈上樞密韓太尉書〉中，表述基於「仕而優則學」的體悟，進京求師

(C)韓愈〈師說〉中舉孔子師郯子、萇弘、師襄、老聃等人為例，寓有「三人行，有我師焉」之意

(D)蘇軾〈赤壁賦〉「哀吾生之須臾，羨長江之無窮」的心理，等同於「未知生，焉知死」的生死觀

(E)〈燭之武退秦師〉中，燭之武深知「及其壯也，血氣方剛，戒之在鬥；及其老也，血氣既衰，戒之在得」的道理，故向鄭伯委婉推辭曰：「臣之壯也，猶不如人；今老矣，無能為也已。」

99年大學學測

解答　一、A, B, C, E　二、A, C

古人的科普書寫

《夢溪筆談》選

北宋・沈括

《夢溪筆談》是北宋中葉沈括的一部雜談式筆記類著作。沈括進士及第後在朝廷任官，當時的宰相正是王安石，由於他與王安石的許多見解相近，很快便加入了變法行列。沈括晚年時在夢溪園度過，而《夢溪筆談》正是他在夢溪園總結自己一生經歷活動、與人交談、及各種見聞等具有價值的忠實記錄，英國科學史的學者李約瑟在他的《中國科學技術史》中，稱呼此書為「中國科學史上的座標」。

本書共有二十六卷，分為十七類：「故事、辯證、樂律、象數、人事、官政、權智、藝文、書畫、技藝、器用、神奇、異事、謬誤、譏謔、雜誌、藥議」共六〇九條，在每一類別底下，沈括並未編碼，而是採筆記體的方式，紀錄所見聞的人事物。此外，從類別上加以審視，《夢溪筆談》一書並不是只有科學的記載，其他關於人事材料、詩文掌故、典章制度、奇聞軼事……等也有相關著錄，因此內容豐富廣袤，極具史料參考價值。值得注意的是：這些內容有交叉的現象，例如在「藝文書畫」類的文字可能包含了自然科學的內容，藉由交叉參照閱讀，可以提高對於當時知識架構的理解。

如以下一則選自《夢溪筆談・書畫》，以自然觀察的科學角度品賞畫作，在美的鑑賞外，能兼顧真的價值。

歐陽公嘗得一古畫牡丹叢，其下有一貓，未知其精粗（不知道這幅畫是好是壞）。丞相正肅吳公與歐公姻家，一見曰：「此正午牡丹也。何以明之？其花披哆（披，分開。哆，張口）而色燥，此日中時花也；貓眼黑睛如線，此正午貓眼也。有帶露花，則房斂而色澤。貓眼早暮則睛圓，日漸中狹長，正午則如一線耳。」此亦善求古人心意也。

上述文字主要說明正午和朝夕時的動物與植物在姿態上有所不同，而在畫作中的真實呈現：

	正午	朝夕
花朵的變化	披哆而色燥	有帶露花，則房斂而色澤（早晨）
貓眼的變化	黑睛如線（一條線）	貓眼早暮則睛圓（圓形）

接著我們來看《夢溪筆談・雜誌》篇首次出現「石油」這一名稱的敘述：

> 鄜、延境內有石油，舊說「高奴縣出脂水」，即此也。生於水際，沙石與泉水相雜，惘惘（慢慢滲出）而出，土人以雉尾裛（通「浥」），沾濕之，乃采入缶（瓦罐）中。頗似淳漆，然（通「燃」）之如麻，但煙甚濃，所沾幄幕皆黑。余疑其煙可用，試掃其煤以為墨（試著掃下煙灰來做墨），黑光如漆，松墨不及也，遂大為之（於是大批製作），其識

（記）文為「延川石液」者是也。此物後必大行於世，自余始為之。蓋石油至多，生於地中無窮，不若松木有時而竭。

本段文字值得注意的是觀察及實證的精神，當地土人採集石油後便燃燒它，沈括發現煙極濃，懷疑煙或許可以使用，乃收集煙以製造成墨，沒料到所做的墨又黑又亮像漆一樣，甚至超越松煙墨的品質，於是開始大量生產，並大膽預言此物在後世必定盛行。科學的起源往往來自生活中的經驗與觀察，此文更足以證明之。再來我們來看古人和「化石」的初次相見歡《夢溪筆談・異事》：

治平中，澤州人家穿井（挖井），土中見一物，蜿蜒如龍蛇狀，畏之不敢觸。久之，見其不動，試摸之，乃石也。村民無知，遂碎之（於是敲碎它），時程伯純為晉城令，求得一段，鱗甲皆如生物（石頭上的鱗甲就像活的生物一樣）。蓋蛇蜃所化，如石蟹（螃蟹變石蟹）之類。

《夢溪筆談》一書中便是聚合了諸多像上述筆記體式的短文，透過這些記錄我們可以明瞭當時的生活實像，此書的記載包羅萬象，觸及面向極多，在人文科學、自然科學方面，此書確實對中國的科學發展有開創性的影響，而它所揭櫫的懷疑與實驗的精神，更是以開拓的思想提供科學發展養料與沃土。

延伸閱讀站

《夢溪筆談》除了科學的記載受人矚目外，它也有歷史與文學的載錄，以下便揀擇書中對於王安石及韓愈的文字段落，一同檢驗看看和你在教科書上的認知是否相應和呢？

一、我們都知道王安石個性剛正固執，在政事及學識上極為用功認真，可是他有個習慣，不喜歡盥洗，對於外表不甚打理，以下小故事適巧可以佐證這樣的特質。

王荊公病喘，藥用紫團山人參，不可得。時薛師政自河東還，適（剛好）有之，贈公數兩，不受。人有勸公曰：「公之疾非此藥不可治，疾可憂，藥不足辭。」公曰：「平生無紫團參，亦活到今日。」竟不受。公面黧（ㄌㄧˊ）黑（臉色黑），門人憂之，以問醫。醫曰：「此垢汗，非疾也。」進澡豆令公洗面。公曰：「天生黑于予，澡豆其如予何！」

《夢溪筆談・人事》

二、世人所畫的韓愈是小臉而有美麗的鬍鬚，並且帶著紗帽。事實上這個畫像應當是韓熙載，因為韓熙載也稱韓文公，與韓愈的號相同，因此便以訛傳訛誤用多時。

世人畫韓退之，小面而美髯（ㄖㄢˊ），著（ㄓㄨㄛˊ）紗帽。此乃江南韓熙載耳，尚有當時所畫，題志（同「誌」）甚明。熙載卒謚文靖，江南人謂之韓文公，因此遂謬以為退之。退之肥而寡髯。元豐中，以退之從享文宣王廟，郡縣所畫，皆是熙載。后世不復可辨，退之遂為熙載矣。

《夢溪筆談．辯證》

劉伯溫說故事

《郁離子》選

元末明初・劉基

明太祖朱元璋在元末起義時，劉基陳時務十八策，為明朝開國功臣之一，太祖嘗以張良目之，譽為「吾之子房」，他的詩寫得很好，有不少諷世詩，詩風沉鬱頓挫，與高啟齊名，而文章則與宋濂並為一代之宗。劉基在元末棄官歸隱青田時寫作《郁離子》，《郁離子》一名典出於《周易》，「郁」，繁盛的樣子。「離」，《周易》六十四卦之一，卦象是「火」，它是文明的意思。因此《郁離子》的書名，是取「郁郁（繁盛）光明」之意，由於元末政治黑暗，社會腐敗、道德淪喪，劉基乃棄官歸隱而寫成此書，《郁離子》一書是採寓言的體裁來勸世諷俗，它的故事內容機趣橫生，多數具有諷喻意義，全書可以說是劉基政治、社會、經濟、哲學、文化等思想的總結。

以〈良桐〉一文為例：

> 工之僑得良桐焉，斫（砍）而為琴，弦（動詞）而鼓之，金（金鐘）聲而玉（玉磬）應，自以為天下之美也，獻之太常。使國工視之，曰：「弗古。」還之。
>
> 工之僑以歸，謀諸漆工，作斷紋焉；又謀諸篆工，作古窾（落款題字）焉；匣（動詞）而埋諸土。期年（一年）出之，抱以適（往）市。貴人過而見之，易（交易）之以百金。獻諸朝，樂官傳視，皆曰：「希世之珍也。」

> 工之僑聞之歎曰：「悲哉，世也！豈獨一琴哉？莫不然矣。而(若)不早圖之，其與亡矣！」遂去，入於宕冥之山，不知其所終。

本文在文意的安排及轉折上對於良桐製成琴的動作特意仔細描摹，從「斲」→「弦」→「鼓」三字逐次層遞，顯示工之僑努力製作一把美琴的苦心，卻在眾人以古為貴的扭曲觀念下遭退回，後再經加工，作者又著意於對琴進行「美化動作」，從漆工到篆工，努力將琴裝飾的具有古意。我們以表格嘗試來看這所有過程：

良桐	製作琴的過程	回應
良桐製成琴	斲而為琴，弦而鼓之，金聲而玉應	國工視之，曰：「弗古。」還之
良桐被退回後再加工	①謀諸漆工，作斷紋焉 ②謀諸篆工，作古窾焉，匣而埋諸土	朞年出之，抱以適市。獻諸朝，樂官傳視，皆曰：「希世之珍。」

這個故事令人感歎賢才正如美琴，只因當道的昏昧於事理而被埋沒，工之僑感歎之餘遂隱居起來，入於「宕冥之山」，「宕冥」二字具有幽深渺遠之義，可見工之僑應該是對世俗價值觀沮喪失望到極點了。

延伸閱讀站

除了像「良桐」這樣醒世的寓言故事之外，《郁離子》一書也有不少針對社會政治的事件提出見解的，如下列的《郁離子．螢與燭》一文，請你閱讀完後，回答以下問題：

> 郁離子曰：「螢之為明微微也，昏夜得之，可以照物，取而置諸燭下，則黝然亡矣。燭亦明矣哉，而不能不晦於月也。太陽出矣，月之明又安在哉？故狗制狐，豹制狗，虎制豹，狻（ㄙㄨㄢ）猊制虎。魏、吳、晉、

宋、齊、梁、陳、隋之君，惟其不當漢祖之時也，使其在漢祖之時，不敢與布、越伍，而況能南面哉？是故湯、武不作，而後有桓、文；桓、文不作，而後有秦；秦之王適逢六國之皆庸君，故有賢人弗能用，而秦之間得行。嗚呼，豈秦之能哉？」

一、從「狗制狐，豹制狗，虎制豹，狻猊制虎」可知最強的動物是？

二、「魏、吳、晉、宋、齊、梁、陳、隋之君，惟其不當漢祖之時也，使其在漢祖之時，不敢與布、越伍，而況能南面哉！」這句話是說魏、吳、晉……等國的國君皆臣服於漢高祖嗎？如果不是，你能說出它的意義嗎？

語譯：郁離子說：「螢火蟲發光雖然微弱，但在黑夜裡得到它，依然可以照明物件，但若取來放置在燭光底下，就顯得黯然無光了。燭光也稱得上明亮，但比起月亮，它仍然算黯淡的。太陽出來了，月亮的光輝又在哪裡呢？所以狗能制服狐狸，豹能制服狗，虎能制服豹，獅子能制服老虎。魏、吳、晉、宋、齊、梁、陳、隋的國君，只因他們不是處在漢高祖之時，倘使讓他們身處在漢高祖的時代，以他們的能力要與英布、彭越同列都不可能，又怎麼能夠南面稱王呢？所以商湯、周武王沒世了，而後有齊桓公、晉文公；齊桓公、晉文公沒世了，而後有秦王朝；秦的一統天下是恰巧碰上六國都是平庸之國君，所以有賢能之士也不能善用，因此秦國才能夠對他們挑撥離間。唉，這哪裡是因為秦國真有本事呢？」

參考答案

一、狻猊（獅子）

二、不是。它是說上面各國的國君是沒有與漢高祖相遇，若在漢高祖時代，恐怕連英布、彭越都比不上，哪有機會南面稱王呢！

意在言外說故事

指喻

明・方孝孺

原文

（一）浦陽鄭君仲辨，其容闐然，其色渥然，其氣充然，未嘗有疾也。他日，左手之拇有疹焉，隆起而粟，君疑之，以示人。人大笑，以為不足患。既三日，聚而如錢，憂之滋甚，又以示人。笑者如初。又三日，拇之大盈握，近拇之指，皆為之

闐：ㄊㄧㄢˊ，強壯的樣子
渥：ㄨㄛˋ，光潤的樣子
充然：充沛貌
未嘗：未曾
而：如
患：擔憂
盈握：一手所能握持大小
之：代名詞，拇指

翻譯

（一）浦陽縣的鄭仲辨，他的外貌強壯，面色紅潤，精神充沛，從來沒有生過病！有一天，左手的大拇指長了一個疹斑，腫起來像米粒一般大，鄭君感到懷疑而給別人看，看的人哈哈大笑，認為不值得擔憂。過了三天，疹粒腫得像銅錢那般大，他更為擔憂，又拿給人看，看的人像以前一樣笑他。又過了三天，拇指腫得可以用手掌滿握，靠近拇指的指頭，都因而疼痛起來，彷彿被針刺到一般，四

痛，若㓡(ㄉㄨㄛˊ，刺)刺狀，肢體心膂(ㄌㄩˇ，脊椎骨)無不病(疼痛)者。懼而謀諸醫。醫視之，驚曰：「此疾之奇者，雖病在指，其實一身病也，不速治，且(將)能傷生。然始發之時，終日可愈(通「癒」)；三日，越旬(十天)可愈；今疾且成，已非三月不能瘳(ㄔㄡ，痊癒)。終日而愈，艾可治也；越旬而愈，藥可治也；至於既成，甚將延(蔓延)乎肝膈(ㄍㄜˊ)，否，亦將為一臂之憂。非有以禦(遏止)其內，其勢不止；非有以治其外，疾未易為也(不易治好)。」君從其言，口服湯劑(湯藥)，而傅(通「敷」，塗抹)以善藥。果至二月而後瘳(ㄔㄡ)，三月而神色始復。

肢、心臟及背脊骨沒有不痛的。鄭君心中害怕，就去請教醫生。醫生看了，吃驚地說：「這是一種奇特的病，雖然病發在指頭上，其實全身都是病了，不趕快治療，將會喪失生命。不過剛開始發病的時候，只需一天就可治好；發病三天之後，得花費十天以上才能治好；現在病已經形成了，非得三個月不能痊癒。一天的時間可以治好的，用艾草就可以醫治；超過十天可以治好的，用藥物才行；到了疾病已經形成之後，甚至會蔓延到肝臟、橫隔膜等處，也有可能會使一隻手臂殘廢。現在若不設法從體內治療，它的病勢將不會停止發展；不設法從體外加以敷治，這病就不容易治好！」鄭君聽從醫生的話，每天內服湯劑，又外敷良藥。果然兩個月後就好了，三個月後精神氣色才復原。

(二)我因此聯想到：天下事，也常發生在細微

(二)余因是思之：天下之事，常發於至微，而終為大患；始以為不足（不值得）治，而終至於不可為（治）。當其易也，惜（捨不得）旦夕（時間短暫）之力，忽之而不顧；及其既成也，積歲月，疲思慮（絞盡腦汁），而僅克之，如此指者多矣！蓋（大概）眾人之所可知者，眾人之所能治也，其勢雖危，而未足深畏；惟（只是）萌（產生）於不必憂之地，而寓（隱藏）於不可見之初（初期），眾人笑而忽之者，此則君子之所深畏也。

(三)昔之天下，有如君之盛壯無疾者乎？愛天下者，有如君之愛身者乎？而可

或隱而不顯之處，最後終於演變成大禍患；最初認為並不值得處理，最後卻發展成不可挽救的局面。當它容易處理時，捨不得花費少許的力量，故意忽略它而不去理會；等到禍患形成了，要花費許多的時間，費盡心思，卻只能把這禍患勉強解決，天下事像拇病這樣的例子太多了！大概眾人能看得出來的事，一般人都能夠加以處理，情勢看起來雖然危急，卻不需要過於懼怕；只有那些發生在好像不必擔憂的地方，而且隱藏在不易發現的初期，大家都笑而不把它當一回事，這才是君子應該深感畏懼的！

(三)以往天下的情勢，有像鄭君的身體一樣強壯無病痛嗎？愛護天下的人，有像鄭君那樣愛惜自己的身體嗎？但是足以構成天下大患的事情，豈只是長在手指上的疔瘡這樣的小事呢？鄭君對拇指上

以為天下患者，豈特（只有）瘡痏（ㄔㄨㄤ ㄨㄟˇ，皮膚病）之於指乎？君未嘗敢忽之；特以（因）不早謀於醫，而幾至於甚（重病）病。況乎視之以至踈（通「疏」，疏忽）之勢，重（ㄔㄨㄥˋ，加）之以疲敝之餘，吏之戕摩（ㄑㄧㄤ ㄇㄛˊ，迫害）剝削以速其疾者亦甚矣！幸（僥倖）其未發，以為無虞（憂）而不知畏，此真可謂智也與哉！

（四）余賤，不敢謀國，而君慮周行果（思慮周密行動果決），非久於布衣（平民）者也。《傳》（左傳）不云乎：「三折肱（ㄍㄨㄥ，手臂）而成良醫。」君誠（如果）有位於時，則宜以拇病為戒！

的疔瘡不敢忽視，只因為沒有及早求醫，幾乎釀成大病。更何況統治者對天下事本就極為疏忽，再加上國家久經戰亂，民力疲困之後，官吏殘害剝削百姓，而加速問題的惡化，這種情況更是嚴重！僥倖問題還沒有發生，就認為無需憂慮而不知畏懼，這算得上是聰明的做法嗎？

（四）我身分卑微低下，不敢籌謀治國大計，而鄭君思慮周密，行事果決，不是久居平民的人。《左傳》不是這樣說嗎？：「多次折斷手臂的人，有了經驗，自然能成為好醫生了。」鄭君以後如果居官的話，就應該以「拇病」的例子來作警惕才好。

病梅館記

清・龔自珍

原文

（一）江寧之龍蟠（ㄆㄢˊ），蘇州之鄧尉，杭州之西谿，皆產梅。

（二）或曰：「梅以曲為美，直則無姿；以欹（ㄑㄧ，傾斜）為美，正則無景；以疏為美，密則無態。」固（固然如此）也。此文人畫士，心知其意，未可明詔（ㄓㄠˋ，告訴）大號，以繩（約束）天下之梅也；又不可

翻譯

（一）江寧的龍蟠，蘇州的鄧尉山，杭州的西谿，都以種植梅花聞名。

（二）有人說：「梅以枝幹彎曲為美，筆直就沒有風姿；梅以枝幹橫斜為美，端正就少了景致；梅以稀疏為美，稠密的就沒有美妙姿態。」事實固然如此。但是這些文人畫士自己心裡明白就好，卻不宜公開宣告，大聲號召，用來當成衡量天下梅花的標準；更不可以讓天下種梅人，（按照這樣

以使天下之民，斫（ㄓㄨㄛˊ，砍）直，刪密，鋤正，以殀（一ㄠ，摧折）梅、病梅為業以求錢也。梅之欹、之疏、之曲，又非蠢蠢（愚昧無知貌）求錢之民，能以其智力為也。有以文人畫士孤癖（ㄆㄧˇ，嗜好）之隱，明告鬻（ㄩˋ，賣）梅者，斫其正，養其旁條；刪其密，夭（一ㄠ，彎曲）其稚枝；鋤其直，遏（ㄜˋ，制止）其生氣（生機），以求重價（好價錢），而江、浙之梅皆病。文人畫士之禍之烈至此哉！

（三）予購三百盆，皆病者，無一完者，既泣之三日，乃誓療之、縱之、順之，毀其盆，悉（全）埋於地，解其椶（ㄗㄨㄥ，通「棕」，棕繩）縛（ㄈㄨˊ）；以五年為期，

的標準）砍掉筆直的，刪掉繁密的，去掉端正的，以不斷折毀梅花、摧殘梅花當做職業來賺錢。梅花枝幹的傾斜、稀疏、彎曲，又不是那些愚蠢無知只知賺錢的人，能憑他們的才智做到的。有人把文人畫士喜愛病梅的癖好明白告訴賣梅的人，（讓他們）砍除長得端正的主幹，培養橫斜的側枝；刪掉繁密的枝條，彎折幼嫩的細枝；鋤去梅的直枝，阻抑它的生機，以賣得好價錢，因此江蘇、浙江一帶的梅花都成了病梅。文人畫士所造成的禍害竟然到了這種地步啊！

（三）我買了三百盆梅花，都是病殘的，沒有一盆是完好的，我為它們難過了三天之後，發誓要治好它們的病，解放它們的束縛，讓它們順著天性伸展，並且把那些花盆摧毀，把梅花全部種在地裡，解開捆綁它們的棕繩；以五年為期限，一定要使它

必復之全之。予本非文人畫士，甘受詬厲（責罵），闢病梅之館以貯（ㄓㄨˇ，儲存）之。嗚呼！安得使予多暇日，又多閒田，以廣貯江寧、杭州、蘇州之病梅，窮（窮盡）予生之光陰以療梅也哉？

們恢復天然的生機，保全健康的形態。我本來就不是文人畫士，甘心情願承受到世俗的辱罵，於是就設立了一間病梅館來貯存它們。唉！如何才能使我有更多空閒的時間，更多的田地，來收存江寧、杭州、蘇州的病梅，用我一生的時間來治療它們？

現代放大鏡

此回將〈指喻〉和〈病梅館記〉放在一起參看，主要因為兩篇文章的取材都是來自日常易見的事件，而且都通過事件的紀錄，以抒發個人的思想與見解，也就是託物以言志的寫作手法。〈指喻〉是以方孝孺的友人指病發生卻未能及時治療，而幾乎變成大患的經過，來推思天下諸事發生的因果循環。〈病梅館記〉則是作者龔自珍見當時因文人畫風的趨向認為梅必須以彎曲、疏落為美，造成種梅之人，極盡各種能事將梅花「整形」以符合時風，作者藉此描述，影射清廷統治者對人才的禁錮與箝制，正像鬻梅者種植梅花的態度一般。

以「喻」為篇名的文章，它主要的寫作特色是假借事件以作比喻，來說明道理，代表性的作品除了方孝孺的〈指喻〉之外，還有蘇軾的〈日喻〉、錢大昕的〈弈喻〉等等。

〈指喻〉的脈絡安排可就兩大層次來看：先「記敘」鄭君的指病經過，再轉成「議論」，藉由指病來影射天下事理的發生，我們將全文的發展以表格方式比較呈現。

此部分有句重要的關鍵：「醫

層次一：記敘故事部分→鄭君指病的發展歷程與醫師的診斷建議			
	指病初起	指病三日之後	指病三日之後
鄭仲辨指病情形（層遞法記敘）	他日，左手之拇有疹焉，隆起而粟，君示之。人大笑以為不足患。	既三日，聚而如錢，憂之滋甚，又以示人。笑者如初。	又三日，拇之大盈握，近拇之指，皆為之痛，若剟刺狀，肢體心膂無不病者。
醫師評估診斷（層遞法記敘）	始發之時，終日可愈。終日而愈，艾可治也。	三日，越旬可愈。越旬而愈，藥可治也。	今疾且成，非三月不能瘳。至於既成，非有以禦其內，其勢不止；非有以治其外，疾未易為也。

視之，驚曰：「此疾之奇者，雖病在指，其實一身病也，不速治，且能傷生！」說明小處不注意，終釀成大患，此概念與下一層次的議論正好互相呼應。

接著，作者話鋒一轉說道：「昔之天下，有如君之盛壯無疾者乎？愛天下者，有如君之愛身者乎？而可以為天下患者，豈特瘡痏之於指乎？」以三個連續的問句，將天下事與指病進行類比，他認為鄭君是懂得愛護身體之人，有病尚能求醫；而國君對於天下的愛護，是否如鄭君一般呢？況且天下的隱憂極多，不像指病容易處理，此處作者以激問的方式，鼓勵大夥思考。循此，方孝孺便直接論及國勢，直陳其害，說：「況乎視之以至疏之勢，重之以疲敝之餘，吏之戕摩（迫害）剝削以速其疾者亦甚矣！幸其未發，以為無虞而不知畏，此真可謂智也與哉！」對於為政者的輕率、當官者的壓榨剝削提出控訴，也對執政當

層次二：議論說理部分→指病與天下事的連結（指病看來輕微，其蔓延之勢難料，天下事亦是如此）	
天下事類型一：不足畏	眾人之所可知者，眾人之所能治也，其勢雖危，而未足深畏。
天下事類型二：足以畏	惟萌於不必憂之地，而寓於不可見之初，眾人笑而忽之者，此則君子之所深畏。

局面對國家潛藏的危機，未能察覺，發出喟歎。

而〈病梅館記〉一文先說明江浙當地的風尚對於病梅有所癖好：「梅以曲為美，直則無姿；以欹為美，正則無景；以疏為美，密則無態，固也。」也因為文人雅士的偏愛，那些賣梅花的人為了投其所好以獲得更多利益，便「斫其正，養其旁條；刪其密，夭其稚枝；鋤其直，遏其生氣，以求重價」，這段話中的動詞「斫、養、刪、夭、鋤、遏」等字，使用極為精準，將賣梅者為求賣得好價，努力將梅花從昂揚之姿矯成病梅的過程生動表達。

龔自珍對病梅極為痛心，於是以實際行動展現對此現象的不滿，他買了三百盆病梅，特別闢館治療它們，相對於鬻梅者對於梅花矯殀所使用的動詞，作者在治療病梅時也著意在動詞上變化：「乃誓療之、縱之、順之，毀其盆，悉埋於地，解其棕縛；以五年為期，必復之全之。」從「療、縱、順、毀、埋、解、全、復」等字可見他發誓治療病梅的心意。接著，作者又說：「予本非文人畫士，甘受詬厲（責罵），闢病梅之館以貯之。」除表現他的決心外，此言也與前文的「文人畫士之禍之烈至此哉」相呼應，龔自珍對於文人畫士以己私的偏好竟使梅花受殃，深感憤懣。

通過對病梅的描述，其實隱含作者對當時政治氛圍下，科舉八股取士與政府箝制思想等種種作為的不滿，梅花暗喻人才，梅花無法順勢自然生長，必須依照既定審美標準而加以矯正，一如人才無法發展自我，只能扼殺己性，對於一個以文人自詡的人，豈不痛哉？

閱讀動動腦

一、日常生活中你是否有類似〈指喻〉中鄭君的經驗，小處不注意，終引起大患，請你簡要敘述，二百字以內。

二、〈病梅館記〉中因為文人畫士喜歡敧曲的梅花，所以造成江南盡是病梅，現代社會裡，是否有觀察到哪一種特殊而你卻不盡認同的審美觀？

參考答案　自由回答。

歷屆大考試題

一、下列各組文句中，「　」內的字讀音相同的選項是：
(A)「裨」補闕漏（諸葛亮〈出師表〉）／侍「婢」羅列（杜光庭〈虬髯客傳〉）
(B)若「剟」刺狀（方孝孺〈指喻〉）／何不餔其糟而「歠」其釃（屈原〈漁父〉）
(C)貧賤則「懾」於飢寒（曹丕《典論・論文》）／農夫「躡」絲履（司馬光〈訓儉示康〉）
(D)乃使人修「葺」南閤子（歸有光〈項脊軒志〉）／無「揖」讓拜跪禮（陳第〈東番記〉）

98年大學指考

解答　一、A

現實人物的書寫（二）親情篇

項脊軒志

明・歸有光

原文

（一）項脊軒，舊南閤（ㄍㄜˊ，小屋子）子也。室僅方丈，可容一人居。百年老屋，塵泥滲（ㄕㄣˋ）漉（ㄌㄨˋ，滲漏），雨澤下注，每移案（書桌）顧視，無可置者。又北向，不能得日，日過午已昏。余稍為修葺（ㄑㄧˋ，修補），使不上漏。前闢四窗，垣（ㄩㄢˊ，矮牆）牆周庭，以當南日（承受南面的陽光），日影反照，室始

翻譯

（一）項脊軒，就是從前房屋南邊的小閣子。面積僅有一丈見方，只可容納一個人居住。這是一間百年歷史的老房子，一遇到下雨，屋頂的塵土、泥沙便會從縫隙裡滲漏下來，每當想移動書桌，看看四周，都找不到可以安置的地方。又因這屋子是朝北的方向，陽光照不進來，一過中午，屋裡就已經昏暗了。我稍加修補過，使屋頂不再滲漏。又在屋子前面開了四扇窗，庭院四周築起了矮牆，用來擋住南面射來的

洞然（明亮的樣子）。又雜植蘭、桂、竹、木於庭，舊時欄楯（ㄕㄨㄣˇ，欄杆），亦遂增勝。借書滿架，偃仰（ㄧㄢˇ，俯仰）嘯歌，冥然兀坐（ㄨˋ，獨自端坐），萬籟有聲。而庭階寂寂，小鳥時來啄食，人至不去。三五（農曆每月十五日）之夜，明月半牆，桂影斑駁（錯落雜亂貌），風移影動，珊珊（多姿的樣子）可愛。

（二）然余居於此，多可喜，亦多可悲。先是，庭中通南北為一，迨（等到）諸父（眾伯叔父）異爨（ㄘㄨㄢˋ，分家各食），內外多置小門牆，往往而是。東犬西吠（親人如同陌路），客踰庖（ㄩˊ，穿越廚房）而宴，雞棲於廳。庭中始為籬，已（不久）為牆，凡再變矣。家有老

日光，日光從牆上反射進來，屋內才明亮起來。又在庭院中種植了些蘭花、桂樹、竹子和其他樹木，舊時的欄干，也因此增添了不少韻味。屋中藏書擺滿了書架，（生活在其中）有時高歌吟唱，有時靜默端坐著，似乎可以聽到大自然中一切聲響。安靜的庭階上，小鳥不時飛來啄食，即使人們走近牠，也不飛去。每到十五日的夜晚，月光照在牆上，桂花樹影，錯落參差，風一吹，影子也就隨風搖動，輕盈多姿的樣子，令人喜愛。

（二）然而我住在這裡，雖有許多可喜的事，也有許多悲傷的事。早先，這庭院是南北相通，連為一體的，等到伯叔父們分家後，裡裡外外便設置了許多小門牆，到處都是。東家的狗對著西家人叫，這家的客人來吃飯，得先穿越別家的廚房才能到，雞常常棲息在大廳中。庭院裡先是築了籬笆，後來又建起圍牆，

嫗（ㄩˋ，婦人），嘗居於此。嫗，先大母（去世的祖母）婢也，乳（哺乳）二世，先妣（ㄅㄧˇ，已逝的母親）撫之甚厚。室西連於中閨，先妣嘗一至。嫗每謂余曰：「某所，而（通「爾」，你）母立於茲（此）。」嫗又曰：「汝姊在吾懷，呱呱（ㄍㄨ）而泣；娘以指扣門扉曰：『兒寒乎？欲食乎？』吾從板外相為應答。」語未畢，余泣，嫗亦泣。余自束髮（十五歲）讀書軒中，一日，大母（祖母）過余曰：「吾兒，久不見若（你）影，何竟日（整天）默默在此，大類（似）女郎也？」比（ㄅㄧˋ，等到）去，以手闔門，自語曰：「吾家讀書久不效（成功，動詞），兒之成，則可待乎！」頃之，持一象笏（ㄏㄨˋ）

總共經歷了兩次的變化。家中有個老婆婆，曾經住在這裡。她是我先祖母的婢女，哺養過我家兩代人，先母對待她很優厚。這屋子的西邊接連著內室，先母曾來過這裡。老婆婆常對我說：「哪個地方，曾經是你母親站過的地方。」老婆婆又說：「你姊姊在我懷裡哇哇而哭時，你母親就用手指敲著門板問：『孩子是不是冷了？是不是餓了？』我就隔著牆板回答她。」話還沒說完，我就哭了，老婆婆也跟著哭了。我從十五歲束髮之後，就在這書軒裡讀書，有一天，祖母經過我這裡，對我說：「孩子，好久沒有看見你的人影了，為什麼整天不聲不響的躲在這裡，像個大姑娘似的。」等到離去時，用手關好門，她自言自語的說：「我們家中的子弟，已經好久沒有得到功名了，將來這個孩子的成就，或許可以期待。」過了一會兒，祖母拿著一塊象牙製的笏板進來，說道：「這塊笏板是我祖父

至，曰：「此吾祖太常公宣德間執此以朝，他日汝當用之。」瞻顧遺跡（睹物思人），如在昨日，令人長號（ㄏㄠˊ，放聲大哭）不自禁。

（三）軒東故嘗為廚，人往，從軒前過。余扃牖（ㄐㄩㄥ ㄧㄡˇ，關上窗戶）而居，久之，能以足音辨人。軒凡四遭火，得不焚，殆（大概）有神護者。

（四）項脊生曰：「蜀清守丹穴，利甲天下，其後秦皇帝築女懷清臺。劉玄德與曹操爭天下，諸葛孔明起隴中（田畝之中）。方二人之昧昧於一隅也，世何足以知之？余區區（微小，謙詞）處敗屋中，方揚眉瞬目（神采飛揚），謂有奇

太常公在宣德年間上朝覲見皇帝時用的，將來你應當會用到它！」回想往事，看看遺物，這一切好像就發生在昨天一樣，令人不禁痛哭失聲起來。

（三）項脊軒的東邊曾經是廚房，家人要到廚房去，都得從項脊軒前經過。我常常閉窗而居，日子久了，能從腳步聲分辨出是誰。項脊軒曾經遭遇到火災四次，都沒有被燒毀，大概是神明保護吧。

（四）項脊生說：「巴蜀的寡婦清，守住祖傳的丹砂礦穴，所獲得的財利，冠於天下，後來秦始皇築女懷清臺以表揚她的貞節。劉玄德跟曹操爭奪天下，諸葛孔明才有機會從田畝中被發掘出來。當寡婦清和諸葛亮二人默默無聞地隱居在一個小角落時，世人又怎麼知道他們的存在呢？渺小的我，居處在這破舊的屋子裡，卻還眉飛目動，甚為得意，認為這裡有奇特的景致。別人知道了，大概會說我和井底之蛙沒什麼差

景。人知之者，其謂與埳（ㄎㄢˇ）井之蛙何異？」

（五）余既為此志，後五年，吾妻來歸，時至軒中，從余問古事，或憑几（小桌子）學書。吾妻歸寧，述（轉述）諸小妹語曰：「聞姊家有閣子，且何謂閣子也？」其後六年，吾妻死，室壞不修。其後二年，余久臥病無聊，乃使人修葺（ㄑㄧˋ）南閣子，其制（格局）稍異於前。然自後余多在外，不常居。

（六）庭有枇杷樹，吾妻死之年所手植也；今已亭亭如蓋（傘）矣。

別吧？」

（五）我寫完這篇文章後五年，我的妻子嫁到我家，她時常到軒裡來，向我請問些古代事蹟，有時靠在桌上練習書法。我妻子回娘家向父母請安，從娘家回來後，她轉述妹妹們的話說：「聽說姊姊家有個閣子，但是什麼叫閣子呢？」過了六年，我的妻子去世了，項脊軒壞了也沒再修補。又過了二年，我一直臥病在床，感到非常無聊，便叫人去整修南閣子，修整後的屋子格局跟以前稍有不同。但是自此以後，我待在外面的時間多，不常住在這裡了。

（六）庭院中有棵枇杷樹，是妻子去世的那一年親手種植的，現在已高高挺立像把大傘了。

現代放大鏡

〈項脊軒志〉一文是一介多情書生對摯愛的追憶掠影。全文通過時間的流動與空間的變革，寄寓對人事的感懷。全文共有六段，可分為前四段與後兩段兩大部分來看，前者寫於歸有光十八歲時，後者則約三十五歲時（此處年齡是約略估計）作者增補上的，兩者寫作的時間前後相差了十六、七年，有兩個問題可以想一想：①什麼原因值得歸有光在多年之後增補文字②既然前後兩大部分間隔十七年，在文字銜接上是否發現有不連貫之處呢？

「項脊軒」是歸有光的書齋，由於當時家中人口多空間不足，項脊軒便建築在廚房邊，狹窄而昏暗，後經修葺（作者於三十一歲時修整項脊軒）而有了新的面貌。第一段的部分作者先交代項脊軒修葺前後的不同樣貌。

修葺之後，作者在項脊軒中讀書生活充滿情趣之美，他如此描述著：「借書滿架，偃仰嘯歌，冥然兀坐，萬籟有聲。而庭階寂寂，小鳥時來啄食，人至不去。三五之夜，明月半牆，桂影斑駁，風移影駁，珊珊可愛。」以駢偶句式形容俯仰其間的心境與情趣，文句細膩精美，淡雅自然。接著第二段，敘述層次上由寫

課文原文	環境特色	屋況呈現
修葺前	室僅方丈，可容一人	百年老屋，塵泥滲漉，雨澤下注 ，每移案顧視，無可置者。又北向，不能得日，日過午已昏
修葺後	雜植蘭桂竹木於庭，舊時欄楯，亦遂增勝。	使(屋頂)不上漏。前闢四窗，垣牆周庭，以當南日；日影反照，室始洞然。

景而進入抒情，前面曾提及作者企圖在空間的變化中寄寓對人事的感懷(本文中所述及的人物分別是作者的母親、祖母及太太)，因此他先記敘家族的變化，原本闔家融融，後因「異爨」(分家)，家裡從「庭中通南北為一」而變成「內外多置小門牆，往往而是。東犬西吠(形容家族間形同陌路)，客踰庖而宴，雞棲於廳。庭中始為籬，已為牆，凡再變矣。」令人不勝唏噓。然後作者開始追憶母親，由於歸有光母親過世得早，他對母親的印象很模糊，大都憑藉奶媽的口述而拼湊出梗概，他揀擇兩個片段來呈現母親：①嫗每謂余曰：「某所而母立於茲。」②嫗又曰：「汝姊在吾懷，呱呱而泣；娘以指扣門扉曰：『兒寒乎？欲食乎？』吾從板外相為應答。」讀來情摯而動人。

接著，作者所描繪的人物是祖母，他說祖母對他期待甚高，每每關心他讀書狀況，因而對於祖母所選擇的焦點是她對歸有光的囑咐：①「吾家讀書久不效，兒之成，則可待乎！」②「此吾祖太常公宣德間執此以朝，他日汝當用之。」人物書寫有輕與重，也有主線與旁支，作者對於母親與祖母這兩個至親的取材視角與剪裁方式，可供寫作時參照。

第三及第四段，作者又將視角回歸到項脊軒書齋與自身的關連，他先說項脊軒曾經遭火四度焚燒，他竟然能全身而退，而書齋還得以保全，這大概是有神助吧！也因為神助尚需自助，第四段的寫作便回歸到作者的自我期許，他以巴蜀寡婦清及諸葛亮的際遇為例，此二人都曾困厄於窘迫之境，後來飛黃騰達，希望藉此惕勵自己。以上四段都完成於作者十八歲時，此時歸有光正為個人功名科考而努力，也尚未結婚（歸有光於二十三歲時與元配魏氏結婚），因此寫作的焦點自然與後兩段不同。

最後兩段寫作時，大概是在三十五歲之前，因為歸有光在三十五歲中舉人之後，遷居嘉定，便很少回故鄉了，加上作者修葺項脊軒是在三十一歲時，可以據此判斷後兩段書寫的時間。而對於妻子魏氏的描述，作者著眼於妻子的好學與有光志趣相投之處「時至軒中，從余問古事，或憑几學書」、「吾妻歸寧，述諸小妹語曰：『聞姊家有閣子，且何謂閣子也？』」這也是對人物取材的視角取向，末了作者以一句「庭有枇杷樹，吾妻死之年所手植也；今已亭亭如蓋矣！」充滿對已逝者的眷念與無限情思。

〈項脊軒志〉是四十篇古文中少見的人物紀實抒情文類，從空間的變革暗渡時間的流動，並在此鋪墊上，書寫對人物的追憶感懷，他的抒情技巧及寫作筆法非常值得參酌學習。

一、下列各組文句中，「　」內的字讀音相同的選項是：

(A)「裨」補闕漏（諸葛亮〈出師表〉）／侍「婢」羅列（杜光庭〈虯髯客傳〉）

(B)若「刕」刺狀（方孝孺〈指喻〉）／何不餔其糟而「歠」其釃（屈原〈漁父〉）

(C)貧賤則「懾」於飢寒（曹丕《典論．論文》）／農夫「躡」絲履（司馬光〈訓儉示康〉）

(D)乃使人修「葺」南閣子（歸有光〈項脊軒志〉）／無「揖」讓拜跪禮（陳第〈東番記〉）

98年大學指考

解答　一、A　二、A, B, C

現實人物的書寫（二）師生篇

左忠毅公軼事

清・方苞

原文

（一）先君子嘗言，鄉先輩左忠毅公視學京畿（ㄐㄧ，京城及其附近）。一日，風雪嚴寒，從（ㄗㄨㄥˋ）數騎出，微行（微服出巡），入古寺（場景一——古寺）。廡（ㄨˇ，房屋兩側的廂房）下一生伏案臥，文方成草（文章剛剛完成草稿）。公閱畢，即解貂覆（指外衣）生，為（ㄨㄟˋ）掩戶，叩（詢問）之寺僧，則史公可法也。及試（場景二——試場），吏呼名，至史公，公瞿（ㄐㄩˋ，驚視的樣子）然注視，呈卷，即面

翻譯

（一）先父曾經說過：同鄉的前輩左忠毅公（左光斗）曾經主持京城及附近地區的學政。有一天，颳著風、下大雪，天氣十分寒冷，左公帶著幾名侍從一同出去，微服出行，進到一座古寺裡。廂房內，有個書生趴在桌上睡覺，文章才剛完成草稿。左公看完文章後，立刻脫下身上的貂皮外衣蓋在這名書生身上，並替他把門關好，詢問寺裡的和尚，知道這個書生叫做史可法。等到考試的時候，官員逐一呼叫考生的名

署第一。召入，使拜夫人，曰：「吾諸兒碌碌（平庸），他日繼吾志事，惟此生耳。」

（二）及左公下廠獄，史朝夕窺獄門外。逆閹（謀逆的宦官）防伺（看守）甚嚴，雖家僕不得近。久之，聞左公被炮烙，旦夕（指很短暫的時間）且死，持五十金，涕泣謀於禁卒，卒感焉。一日，使史公更敝衣草屨（草鞋），背筐，手長鑱，為除不潔者，引入，微指（暗指）左公處，則席地倚牆而坐，面額焦爛不可辨，左膝以下，筋骨盡脫矣！史前跪，抱公膝而嗚咽。公辨其聲，而目不可開，乃奮臂以指撥

字，叫到史可法時，左公驚訝地注視著他，待他交回考卷以後，就當面批示為第一名。考完試，將他召回府中，讓他拜見夫人，左公說：「我們的幾個孩子資質平庸，將來能夠繼承我的志向事業的，就只有這個學生了。」

（二）後來左公被捕進了東廠監獄，史可法早晚都等在監獄門外窺探著。謀逆的宦官戒備地非常嚴密，即使是家僕也不能夠接近。不久，聽說左公慘遭炮烙的酷刑，命在旦夕，史可法拿了五十兩銀子，流著淚向獄卒請求幫忙，獄卒被他感動了。某天，（獄卒）叫史可法換上破衣，穿著草鞋，背著竹筐，手裡拿著長柄夾子，偽裝成打掃垃圾的工人，獄卒引他進入監獄，並偷偷指出左公的位置，只見有個人倚著牆壁坐在地上，臉部已焦黑腐爛無法分辨，左膝以下，筋骨都已經脫落了。史可法前奔跪倒在地，抱住左公的膝

眥（ㄗˋ，眼眶），目光如炬。怒曰：「庸奴！此何地也，而汝前來！國家之事，糜（ㄇㄧˊ）爛至此，老夫已矣，汝復（又）輕身而昧大義（不明事理），天下事誰可支拄（ㄓㄨˇ，支撐）者！不速去，無俟（ㄙˋ，等待）姦人構陷（陷害），吾今即撲殺汝。」因（於是）摸地上刑械，作投擊勢。史噤（ㄐㄧㄣˋ，閉口）不敢發聲，趨而出。後常流涕述其事以語（ㄩˋ）人曰：「吾師肺肝，皆鐵石所鑄造也！」

（三）崇禎末，流賊張獻忠出沒蘄（ㄑㄧˊ）、黃、潛、桐間，史公以鳳廬道奉檄（ㄒㄧˊ，軍事文書）守禦，每有警，輒（往往）數月不就寢，使將士更（ㄍㄥ，輪替）

蓋嗚咽低泣。左公聽出是史可法的聲音，可是眼睛卻無法張開，於是就用力抬起手臂，用手指撥開眼眶，目光像火炬一樣光亮。左公生氣地說：「蠢材！這是什麼地方？你竟然來這兒！國家大事已經敗壞到這般地步了，老夫我已經沒有作為了，而你又不珍惜自己的生命，不懂得國家為先的大義，天下事還有誰能夠支撐呢！再不趕快離開的話，不必等到奸人設計陷害，我現在先把你打死！」一說完，立刻就摸著地上的刑具，做出要攻擊的樣子。史可法閉口不敢出聲，趕快離開。後來他常常流著眼淚說起這件事情，並告訴別人：「我老師的肺肝，都是用鐵石所鑄造出來的啊！」

（三）崇禎末年，流寇張獻忠在蘄春、黃岡、潛山、桐城一帶出沒流竄，史可法以鳳、廬（鳳陽及廬江）兵備道的身分奉命防守，每當局勢危急之時，經

休，而自坐幄幕（帳幕）外，擇健卒十人，令二人蹲踞，而背倚之，漏鼓（計時的工具）移，則番代（輪流替代）。每寒夜起立，振衣裳，甲上冰霜迸（ㄅㄥ）落，鏗（ㄎㄥ）然有聲。或勸以少休（稍微休息），公曰：「吾上恐負朝廷，下恐愧吾師也。」

（四）史公治兵，往來桐城，必躬（親自）造左公第（府第），候太公、太母起居，拜夫人於堂上。

（五）余宗老塗山，左公甥也，與先君（先父）子善，謂獄中語乃親得之於史公云。

常幾個月不上床睡覺，史可法讓將士們輪流休息，而自己卻坐在帳幕之外，他挑選十名身強力壯的士兵，讓兩個人為一組，背靠背蹲著，每過一更，就輪番替換。每次在寒夜中起身，抖動衣裳，鎧甲上的冰霜便掉落下來，發出鏗鏘的聲響。有人勸史可法稍微休息一下，史公卻說：「對上我恐怕辜負了朝廷的託付，對下我擔憂對不起老師對我的期望啊！」

（四）史可法率領軍隊，往來經過桐城之時，一定會親自去探望左公的父母，向兩人請安問候，並在廳堂上拜見左夫人。

（五）我家族的長輩塗山先生是左公的外甥，他和先父交情頗佳，他說左公在東廠監獄中所說的話，是他親自從史可法那兒聽來的！

現代放大鏡

如果〈項脊軒志〉是一介書生對摯愛的追憶，那麼〈左忠毅公軼事〉便是一幅師生忠貞為國的高貴圖像。

〈左忠毅公軼事〉是記載明神宗萬曆年間的賢臣左光斗的故事，天啟年間，左光斗與楊漣等人受奸臣魏忠賢所進讒言誣陷而被捕，遭受酷刑，臨死前左光斗的學生史可法買通獄卒前往探監，遭光斗怒斥離去。史可法受左光斗「忠義」感召，繼其志業，忠君愛國，亦身殉社稷。關於人物的書寫，為了在有限的篇幅內凸顯角色的鮮明形象，使其立體化，因此在材料上要適度剪裁，並選擇部分片段予以深度特寫描摹，才能讓人物聚焦，而這篇文章便擇取左光斗的兩件軼事作為主要書寫材料：①視學京畿，獎掖後進②身陷廠獄，曉以大義。

值得注意的是，在寫完上述兩件關於左公的材料後，文意的發展開始描述左公的學生史可法的小故事，為何作者要這麼安排呢？本文題名為「左忠毅公軼事」而非左公與史可法小故事，記載史可法的事蹟是不是離題了呢？

由於本文載錄的主角是歷史上真實存在的人物，因此，必須注重史實上的真切性，所以文章一開頭便說：「先君子（先父）嘗言：鄉先輩左忠毅公視學京畿。」由於左光斗與方苞同為安徽桐城人，方苞特別說明他所聽到的故事來自於他的父親以證明材料來源的真切。左光斗當時巡視京畿，正巧遇到在古寺苦讀的史可法，在這個部分，文意可分成兩個層次來解讀，其一是「一日，風雪嚴寒，從數騎出，微行，入古寺。廡下一生伏案臥，文方成草。公閱畢，即解貂（皮裘）覆生，為掩戶，叩之寺僧，則史公可法也。」此處表現左光斗愛才的心情，他看完史可法的文章後極為歎賞，所以基於愛才之故，他做了兩件事：「解貂覆生，為掩戶」，並「叩之寺僧」（向和尚詢問）。

接著第二層次的場面來到了考場，「及試，吏呼名，至史公，公瞿然注視。呈卷，即面署第一；召入，使拜夫人，曰：『吾諸兒碌碌，他日繼吾志事，惟此生耳。』」左光斗在考場一看到史可法頗為驚訝，除了將他的試卷簽署為第一名之外，還帶他拜見夫人，史可法儼然已是左光斗的入門高徒了。（題外話：左公對可法的做法算得上私心嗎？）

到了第二大段，描述左公身陷囹圄之事，史可法極憂心，常常在東廠監獄外面徘徊窺探，某日他買通獄卒喬裝變身去探望左公：「一日，使史公更敝衣草屨，背筐，手長鑱，為除不潔者」，他所看到的老師是遭受酷刑極為淒慘的面目：「則席地倚牆而坐，面額焦爛不可辨，左膝以下，筋骨盡脫矣！」而以下文字關於師生兩人之間的互動則是全文最令人動容之處，「史前跪，抱公膝而嗚咽。公辨其聲，而目不可開，乃奮臂以指撥眥（眼眶），目光如炬。怒曰：『庸奴！此何地也，而汝前來！國家之事，糜爛至此，老夫已矣！汝復輕身而昧大義，天下事誰可支拄（撐持）者？不速去，無俟（等待）姦人構陷（陷害），吾今即撲殺汝！』因摸地上刑械，作投擊勢。」史可法因人情之常探望老師，他抱著老師哭泣，卻招來左公怒罵，斥責史可法該以國家大事為重，豈有閒暇談及兒女私情？甚至作勢要拿刑具打史可法，左光斗這些作為其實是想趕走史可法，可法一言未語噙著淚便離開了。左公以國家為重忘卻己身的痛苦，即使瀕臨死亡，仍無所畏懼，他忠勇的精神真是足昭日月。史可法每每想起這件事便說：「吾師肺肝，皆鐵石所鑄造也！」

關於左公的故事至此完結了，接著描述的是史可法帶兵領卒的事蹟：「每有警，輒數月不就寢，使將士更休，而自坐幄幕外」、「每寒夜起立，振衣裳，甲上冰霜迸落，鏗然有聲。」可法身先士卒，勤於國事，但是讀至此難免有所懷疑，描述史可法與題目〈左忠毅公軼事〉有何關聯？作者方苞以史可法說了一句：「吾上恐負朝廷，下恐愧吾師也。」來連結，證明史可法如今有這番成就，能夠公忠體國，都來自老師左光斗的感召，此番以賓烘主，借雲烘月的側面寫法，更凸顯了左公的遺範長流於世的影響，這是書寫人物的另一種方式之一。末了，提及史可法統率軍隊，只要經過桐城時，一定會去探望左公的家人，師生情誼的深厚可見一斑。

史可法後來死守揚州城，為明殉難。當他被清兵包圍時，多爾袞聞訊趕來勸降，並尊稱他為「先生」，但史可法面對這樣的局勢，堅定的說：「城在我守，城亡我死！」多爾袞歎曰：「忠臣也，當殺之，以成其名節。」史可法的忠肝義膽與他的老師左光斗可謂如出一轍，多年後讀來，仍不得不為他們的忠貞節操感動落淚。

閱讀動動腦

一、〈左忠毅公軼事〉題名為「軼事」但仍有史實的佐證，在文章最後方苞又交代了來源出處，「余宗老塗山，左公甥也，與先君子善，謂獄中語乃親得之於史公云。」以呼應首句的「先君子嘗言，鄉先輩左忠毅公視學京畿。」請你從上述文字中整理出此故事來源的歷程。

二、本文在寫作上有詳、有略，場景的安排上也有所挑選，請問在左忠毅與史可法都出現的前兩段文字之中，你有沒有發現作者在安排上有何用心之處？（請依照理解填寫下列表格）

課文原文	場景在那兒	兩人戲分比一比
第一段	①古寺廂房 ②考試試場	
第二段	東廠監獄	

參考答案

一、史可法→方塗山→方苞之父→方苞。

二、

古寺廂房	左公主動慧眼識英才／史公被動入師門
東廠監獄	左公展現忠貞為國的大義／史公只能默默接受老師的決定（由左公主導情節的發展）

歷屆大考試題

一、作者敘事寫人時，常藉由動作的描繪，讓讀者體會言外之意。關於下列文句畫底線處動作描繪的說明，正確的選項是：

(A)〈桃花源記〉：（桃花源居民）問今是何世？乃不知有漢，無論魏、晉！此人（漁人）一一為具言所聞，皆歎惋。——藉歎惋表達桃花源居民對漁人見多識廣的欣羨

(B)〈左忠毅公軼事〉：廡下一生（史可法）伏案臥，文方成草。公（左光斗）閱畢，即解貂覆生，為掩戶。——以左光斗毫不猶豫地解下貂裘相贈，示左光斗家境優渥，出手大方

(C)〈明湖居聽書〉：那彈弦子的，亦全用輪指，忽大忽小，同她（王小玉）那聲音相和相合；有如花塢春曉，好鳥亂鳴，耳朵忙不過來，不曉得聽那一聲的為是。——藉聽眾在弦音和說書聲之間難以選擇，既凸顯彈弦子者的技藝高超，更以之烘托王小玉說書的精妙

(D)〈劉姥姥〉：便伸箸子要夾（鴿子蛋），哪裡夾得起來，滿碗裡鬧了一陣，好容易撮起一個來，才伸著脖子要吃，偏又滑下來滾在地下，忙放下箸子要親自去撿，早有地下的人撿了出去了。——以下人搶先一步撿蛋，點出賈府平日待下人苛刻吝嗇，故下人遇美饌則爭食

解答　一、C

士之道・君之道

廉恥

明末清初・顧炎武

原文

（一）《五代史・馮道傳論》曰：「『禮、義、廉、恥，國之四維；四維不張，國乃滅亡。』善乎管生之能言也！禮、義，治人之大法；廉、恥，立人之大節。蓋不廉則無所不取，不恥則無所不為。人而（如果）如此，則禍敗亂亡，亦無所不至。況為大臣而無

翻譯

（一）歐陽修《新五代史・馮道傳論》評論說：「『禮、義、廉、恥，是維繫國家的四大綱紀；這四大綱紀如不能發揚的話，那麼國家就會滅亡了。』管仲說的話實在是很有道理啊！禮、義，是治理人民的重要法則；廉、恥，是立身行事的重要節度。因為人如果不廉潔的話，沒有什麼東西不敢拿；如果沒有羞恥心的話，沒有什麼壞事他不敢做的。一個人如果到這樣的地步，那麼災禍、失敗、變亂、滅

所不取，無所不為，則天下其（豈也，哪裡）有不亂，國家其有不亡者乎？」

（二）然而四者之中，恥尤為要，故夫子之論士曰：「行己有恥。」孟子曰：「人不可以無恥。無恥之恥，無恥矣。」又曰：「恥之於人大矣！為機變（巧詐）之巧者，無所用恥焉！」所以然者，人之不廉而至於悖（違逆）禮犯義，其原（通「源」，根源）皆生於無恥也。故士大夫之無恥，是謂國恥。

（三）吾觀三代（夏商周）以下，世衰道微，棄禮義，捐（拋棄）廉恥，非一朝一夕（短時間）之故。然而松柏

亡，沒有不降臨到他身上的。更何況那些身為朝廷大臣的人，如果無所不取，無所不做，那麼天下哪有不亂？國家哪有不滅亡的呢？」

（二）然而在這四種綱紀中，恥是尤其重要的。所以孔子在評論讀書人的時候說：「對自己的行為要能夠有羞恥心。」孟子說：「人不可以沒有羞恥心的。如果能夠把沒有羞恥心當作是件可恥的事，那麼終身就能遠離恥辱了。」孟子又說：「羞恥心對於人實在是非常重要啊！只有投機、到處詐騙的人，是用不著羞恥心的。」所以，一個人因為不廉潔而違背禮法、觸犯義理，都是因為沒有羞恥心而產生的啊！因此，士大夫沒有羞恥心，可以說是國家的恥辱。

（三）我觀察夏、商、周三代以後，世風敗壞，道德衰微，拋棄禮義，捨棄廉恥的比比皆是，這不是短時間所能夠造成的。然而，松柏在寒冬時節，

後凋於歲寒，雞鳴不已（停止）於風雨，彼眾昏之日，固未嘗無獨醒之人也。

（四）頃（最近）讀《顏氏家訓》，有云：「齊朝一士大夫，嘗（曾經）謂吾曰：『我有一兒，年已十七，頗曉書疏（ㄕㄨˋ，奏章）。教其鮮卑語及彈琵琶，稍欲通解，以此伏事（通「服事」）公卿，無不寵愛。』吾時俯而不答。異哉，此人之教子也！若由此業（技藝本領），自致卿相，亦不願汝曹（你們）為之！」嗟呼！之推不得已而仕於亂世，猶為此言，尚有〈小宛〉詩人之意；彼閹然（ㄧㄢ，曲意迎合的樣子）媚於世者，能無愧哉！

總是最後才凋零；公雞也不會因為風雨晦暗，就不按時間報曉，在那眾人昏醉的年代，一定不會沒有獨醒之人。

（四）我最近在讀《顏氏家訓》，書中有段話說：「北齊有位士大夫，曾經對我說：『我有個小孩，已經十七歲了，讀了不少書也很會寫奏章。我找人教他鮮卑話和彈琵琶，稍微了解之後，用這些本事去服侍公卿貴人，沒有不受到寵愛的。』我當時低著頭沒有答話。真奇怪，這個人竟用這種方式教導孩子啊！倘若用這種方法，能讓自己求得高官，我也不希望你們去做啊！」唉！顏之推不得已而在亂世中做官，還能說出這樣的話，尚且保存著《詩經．小宛》詩人不同流合污的深意；相形之下，那些只知遮遮掩掩、迎合世俗的人，能不感到慚愧嗎！

原君

明末清初・黃宗羲

原文

(一)有生（有生命）之初，人各自私也，人各自利也，天下有公利而（卻）莫或興之，有公害而莫或除之。有人者出，不以一己之利為利，而使天下受其利，不以一己之害為害，而使天下釋其害。此其人之勤勞必千萬（千萬倍）於天下之人。夫以千萬倍之勤勞，而己又不享

翻譯

(一)人類社會剛出現的時候，人都是自私自利的，天下對眾人有關的利益，卻沒有人來興辦它；天下有危及眾人的禍害，也沒有人去除掉它。有一個人出來，他不以自己的利益為利益，而要讓天下人蒙受利益；他不以自己的災禍為災禍，而要讓天下人都能免除災禍。這個人的辛勤勞苦，一定是超過天下人千萬倍。要付出千倍萬倍的勞苦辛勤，而自己又不享受利益，這一定不

其利，必非天下之人情所欲居也。故古之人君，量（考慮）而不欲入者，許由、務光是也；入而又去（離開）之者，堯、舜是也；初不欲入而不得去者，禹是也。豈古之人有所異哉？好逸惡勞，亦猶夫人之情也。

（二）後之為人君者不然，以為天下利害之權皆出於我，我以天下之利盡歸於己，以天下之害盡歸於人，亦無不可。使天下之人不敢自私，不敢自利，以我（君主）之大私為天下之大公，始而慚焉，久而安焉。視天下為莫大之產業，傳之子孫，受享無窮。

是天下人的常情所願意去做的啊！所以古代君主的位置，有思考之後而不願意出來擔任的，像許由、務光等人就是；有成為君主之後又離去的，像唐堯、虞舜等人就是；有起初不願意擔任，當了之後卻不能推辭的，像大禹就是。難道古人和現代人有什麼不一樣嗎？喜好安逸討厭勞苦，這是人之常情啊！

（二）後世擔任君主的人就不是這樣了，他們認為天下利害的大權都出於自己一人，我把全天下的利益都歸於自己，把全天下的災禍都歸給他人，也沒有什麼不可以的。讓全天下人都不敢自私，也不敢自利，拿我君主自己最大的私利，當作是天下最大的公義，剛開始還覺得慚愧，時間一久，也就心安了。把全天下看作是自己最大的產業，將它傳給後世子孫，永遠的享用。漢高祖

漢高帝所謂「某業所就，孰（ㄕㄨˊ）與仲多」者，其逐利之情不覺溢之於辭矣。

（三）此無他，古者以天下為主，君為客，凡君之所畢世（終其生）而經營者，為天下也。今也以君為主，天下為客，凡天下之無地而得安寧者，為君也。是以（因此）其未得之也，屠毒天下之肝腦（指百姓生命），離散天下之子女，以博（贏得）我一人之產業，曾（竟然）不慘然（悲慘）！曰：「我固為子孫創業也！」其既得之也，敲剝天下之骨髓，離散天下之子女，以奉我一人之淫樂，視為當然，曰：「此我產業之花息（利息）也。」

當年說：「我的成就，比起二哥，誰比較多呢？」這句話把漢高祖追逐利益的私心，不知不覺地表露出來了。

（三）這沒有其他的原因，古代人將天下百姓看作主體，而將君主看作客體，舉凡君主一輩子所努力經營的，都是為了天下百姓。現在則是把君主看作主體，視天下百姓為客體，天下百姓之所以無法安寧生活，都是因為君主的緣故啊！因此在沒有得到天下之前，殘害百姓讓他們肝腦塗地，讓天下人的子女流離失所，用來換取我一個人的產業，竟然一點兒也不覺得悲傷啊！還說：「我是在為後代子孫創立基業啊！」取得天下之後，就壓榨剝奪天下百姓的家產，離散他們的家庭子女，來供奉我一人的荒淫享樂，並視為是理所當然，還說：「這是我的產業所得到的利息啊！」這

然則為天下之大害者，君而已矣。向（從前）使無君，人各得自私也，人各得自利也。嗚呼，豈設君之道固如是乎！

（四）古者天下之人，愛戴其君，比之如父，擬之如天，誠（實在）不為過也；今也天下之人，怨惡其君，視之如寇讎（敵人），名之為獨夫，固其所也。而小儒規規（見識鄙陋的樣子）焉，以為君臣之義無所逃於天地之間，至桀、紂之暴，猶謂湯、武不當誅之，而妄傳伯夷、叔齊無稽（不可考證）之事，視兆人（兆民）萬姓崩潰之血肉，曾（竟）不異夫腐鼠。豈天地之大，於兆人萬姓之

麼說來，全天下最大的禍害，就是君主啊！假如從前沒有君主的話，百姓還能關照自己的私求，照顧自己的利益。唉！難道設立君主的用意，就是為了這樣傷害百姓嗎？

（四）古代的天下百姓，愛戴他們的君主，把他當作是自己的父親，更把他比擬成天，這實在不算過分！而現在的百姓，怨恨憎惡他們的君主，把他看得像仇敵一樣，稱他是「獨夫」，這也是他應得的。可是小儒們卻識見膚淺，以為君臣之義是天地之間無可逃避的大義，即使像夏桀、商紂那樣暴虐無道，還認為商湯、周武王不該討伐他們，甚至胡亂流傳伯夷、叔齊（叩馬勸諫）那種無法考證的事情，他們看待千萬百姓血肉崩潰的犧牲，就和老鼠的死亡腐爛一樣沒什麼差別啊！難道廣大的天地中，在千萬的百姓中，老天只單單

中，獨私（偏愛）其一人一姓乎？是故武王，聖人也，孟子之言，聖人之言也。後世之君，欲以如父如天之空名，禁人之窺伺者，皆不便（利也）於其言，至廢孟子而不立，非導源於小儒乎？

（五）雖然，使後之為君者，果能保此產業，傳之無窮，亦無怪乎其私之也。既以產業視之，人之欲得產業，誰不如我？攝（收緊）緘縢（ㄐㄧㄢ ㄊㄥˊ，結繩子），固扃鐍（ㄐㄩㄥ，關鈕　ㄐㄩㄝˊ，鎖匙），一人之智力不能勝天下欲得之者之眾，遠者數世，近者及身，其血肉之崩潰在其子孫矣！昔人願世世無生帝

私愛某一人一姓嗎？所以周武王是個聖人；孟子的言論，也是聖人的言論。後代君主，想要以國君像父親、像老天一般的空名，來禁止他人窺伺君位的，都感到孟子的話是對他不利，甚至不讓孟子配祀孔廟，這難道不是那些識見膚淺的小儒們所造成的嗎？

（五）即使如此，如果後代的君王，真能保住他的產業，世世代代地傳下去，也就難怪他們會將天下看成是私有的了。既然把天下看成個人產業，那麼誰不是像我一樣，也想要得到這個產業？於是用大繩子將它綁緊，再用鎖鑰牢牢鎖上，但是一個人的智慧哪裡比得上眾多想要謀奪這分產業的天下人呢？因此，遠的在幾代之後，近的恐怕就在自己身上，國家的滅亡必定會在後代子孫身上，從前有人說「希望生生世世都不要生長在帝

王家，而毅宗（崇禎皇帝）之語（ㄩˋ）公主，亦曰：「若（你）何為生我家！」痛哉斯言！回思創業時，其欲得天下之心，有不廢然摧沮（ㄘㄨㄟ ㄐㄩˇ，沮喪）者乎！

（六）是故明乎為君之職分，則唐、虞之世，人人能讓，許由、務光非絕塵也；不明乎為君之職分，則市井之間，人人可欲，許由、務光所以曠（絕）後世而不聞也。然君之職分難明，以俄頃（ㄜˊ ㄑㄧㄥˇ，片刻）淫樂不易無窮之悲，雖愚者亦明之矣。

王家！」而崇禎皇帝對長平公主也說：「你為什麼要生在我家呢！」這話說得真悲痛啊！回頭看看當年他們（祖先）打天下時，那想要得到天下的雄心，（和現在相較之下），難道不令人沮喪嗎？

（六）因此，明白了做君主的職分後，那麼在唐堯、虞舜的時代，人人都能禪讓；許由、務光也不是那麼超俗絕塵了；相反地，若不明白做君主的職分的話，那麼民間升斗小民，人人都可以當君主，而許由、務光這樣的事蹟，必定不再見於後世了。雖然，君主的職分難以清楚瞭解，但是不宜為了短暫的荒淫享樂，而換來無窮無盡的悲哀，這個道理即使是愚蠢的人也能明白啊！

現代放大鏡

此次我們要看的兩篇作品〈廉恥〉與〈原君〉，作者都是明末清初的人，同樣身處明末亂世、改朝換代之際，目睹家國鉅變，兩人各有思維及見地。顧炎武在國家破敗時，目睹許多士大夫變節投降，內心沉痛而憤慨，所以寫下〈廉恥〉一文；而黃宗羲的〈原君〉一文則寫成於明代滅亡後，為君主的起源及責任職分提出自己的觀點，顧名思義就是探究為君之道，也可以說是對孟子「民貴君輕」民本思想的深度闡發。炎武與宗羲兩人再加上王夫之，被人尊稱為「清初三大儒」。

〈廉恥〉一文，主要行文方向是將士大夫重視廉恥與否和國家的興亡盛衰鏈結在一起，而文中除了思想意旨之外，最值得關注的是文章的脈絡與寫作手法。首段中，顧炎武自己先不提出論述，而引用歐陽脩在《新五代史．馮道傳論》中的一段評論，這段評論中又有管仲的話，藉由層層的過渡來引出自己的觀點，我們不妨以表格方式來看待：

首段的論理過程：

論述者	課文原文	遞進引渡的手法
管仲觀點	禮、義、廉、恥，國之四維；四維不張，國乃滅亡。	平提並列禮、義、廉、恥，強調四者的重要
歐陽脩觀點	①先稱許管仲的論點：禮、義，治人之大法；廉、恥，立人之大節。 ②提出自己看法： A.蓋不廉則無所不取，不恥則無所不為。 B.況為大臣而無所不取，無所不為，則天下其有不亂，國家其有不亡者乎。	從「四維」並重到側重「廉恥」兩者。又將「士大夫」拉了進來，認為士大夫的廉恥道德與國家興亡盛衰有關。（這樣的論點正是顧炎武在下文所要提及的）

第二段，顧炎武自己的口終於說話了，他說「然而四者之中，恥尤為要」，也是採用「層遞」法將焦點從「廉恥」轉到「恥」，並引用《論語》、《孟子》中的文句來佐證自己的觀點：①夫子之論士曰：「行己有恥。」②孟子曰：「人不可以無恥。無恥之恥，無恥矣！」③又曰：「恥之於人大矣！為機變之巧者，無所用恥焉！」此段中顧炎武以歸因的方式說明「恥」的重要：「人之不廉而至於悖禮犯義，其原皆生於無恥也。故士大夫之無恥是謂國恥。」他以為人之所以有違反禮義廉的作為，主要根源於缺乏羞恥心，假如是士大夫缺乏羞恥心，那便

是國家之恥了，這樣的論點與首段中歐陽脩的說法可以互相呼應，因為士大夫是國家的中流砥柱，有指引國家發展的重責啊！

從作者引用歐陽脩的話，而歐陽脩的話中又引了管仲的話，作者藉由「層遞」的方式最後提出自己所要論述的重點「恥」，此種不著痕跡的寫法，頗為高明，尤其是本文選自《日知錄》一書，而《日知錄》其實是作者的讀書札記，札記多為隨筆性質，信手拈來能成佳篇，令人折服！

全文的發展脈絡可分為一、二段與三、四段這兩大層次，前面著重在辯證四維的比重、發展關係及它們與士人間的連結，而後者則轉向正面論述：雖然三代以來，捐棄禮義廉恥的人所在多有，但顧炎武相信即使身處亂世，仍有獨醒之人。接著第四段提及顏之推在《顏氏家訓》中的事例，說明顏之推以漢人之姿不得已而在北朝異族任官，但對於個人的節操仍有所固守與堅持，顧炎武此言在諷刺那些明末時媚外變節，一遇清朝便卑躬屈膝的人，並哀歎獨醒之人何在呢？

至於黃宗羲的〈原君〉，表面看來是探討為君之道，事實上背後的涵義是希望君王應當以為百姓興利、為社會設想為施政主軸，這與黃宗羲一貫「經世濟民」的主張相吻合。

首尾兩段文意互相呼應

首段	
古之君王	古者以天下為主，君為客，凡君之所畢世而經營者，為天下也
今之君王	今也以君為主，天下為客，凡天下之無地而得安寧者，為君也

末段	
明乎為君之職分	則唐虞之世，人人能讓；許由、務光非絕塵也
不明乎為君之職分	則市井之間，人人可欲；許由、務光所以曠後世而不聞也

首段，作者說明人各自私自利乃是人之常情，君主所需付出的辛勞一定比百姓還多，因此要當君主，便必須有所覺知，所以我們可以看到三種古代賢人為君的典型：①「量而不欲入者，許由、務光是也。」（衡量過後不願意當國君的）②「入而又去之者，堯、舜是也。」（擔任君王後禪讓的）③「初不欲入而不得去者，禹是也。」（起初不願意擔任後又無法推辭的）這些人的思維和一般人其實並無差別，可見好逸惡勞是人之本性，而賢君也的確難得。第二段則轉而說明後世國君竟以「家天下」的態度治國，「視天下為莫大之產業，傳之子孫，受享無窮」，並舉證漢高祖劉邦便是這樣的人。而第三段透過古今君主的對比，

批判後世之君對人民所造成的傷害，人民最大的憂患來源竟是國君，如果沒有國君還能有所喘息，面對暴君該如何呢？黃宗羲此番言論的確是大膽而前衛！

第四段作者更進一步批判某些小儒墨守君臣之意，昧於現實，以為民眾就應當侍奉國君，即使像夏桀、商紂這般暴君，也當尊敬，黃宗羲認為這是愚忠，他認為人臣是可以討伐無道之君的。接著第五段作者以為，君王即使獲得帝位，但他若以天下為私產，不知體恤百姓，這般的厚利勢必引起其他人的覬覦，因此，災難的降臨便是不可避免的了，末了引用明思宗對長平公主的話為證：「毅宗之語公主，亦曰：『若何為生我家！』」令人感歎！

最後，黃宗羲呼應首段而提出，當明白為君的職責本分後，人人都能禪讓君位，許由、務光也不再是遙不可及的人；若不懂得為君的本分，想把天下視為私人財產，那即使販夫走卒，人人都想得到君位了。

閱讀動動腦

上述兩篇文章分別對於士人及國君提出基本的行為準則與看法，如果放在現在社會，你覺得主政者及知識分子各自應當扮演什麼樣的角色？並具備何種使命呢？

歷屆大考試題

一、針對下列古文名篇內容，敘述正確的選項是：

(A)蘇洵〈六國論〉藉論六國賂秦之弊，諷諭宋朝屈辱求和的政策

(B)蘇軾〈前赤壁賦〉藉變與不變之辯證，表現作者通達的人生觀

(C)韓愈〈師說〉藉贈文李蟠的機會，批判時人一味崇尚佛老的風氣

(D)柳宗元〈始得西山宴遊記〉藉「始得」二字，表現作者初次尋得心靈寄託的喜悅感受

(E)顧炎武〈廉恥〉藉論「士大夫之無恥，是謂國恥」，寄寓作者對易代之際，士人變節的感慨。

95年大學學測

一、下列關於古代士人在其文章中展現襟抱的敘述，正確的選項是：

(A)范仲淹〈岳陽樓記〉以「遷客騷人」和「古仁人」對照，顯示自我「先天下之憂而憂，後天下之樂而樂」的胸懷

(B)歐陽脩〈醉翁亭記〉以「人知從太守遊而樂，而不知太守之樂其樂也」，陳述個人不以貶謫為意，而能樂民之樂

(C)蘇轍在〈上樞密韓太尉書〉中認為「文者，氣之所形」，故歷覽名山大川，求謁賢達，藉以充養其氣，宏博其文

(D)蘇軾在〈赤壁賦〉中藉「蘇子」與「客」討論水與月的「變」與「不變」，申明其濟世之志絕不因憂患而改易的態度

(E)顧炎武〈廉恥〉藉顏之推「不得已而仕於亂世」的自警自戒，與「闇然媚於世者」對比，寄託自我處身明清易代之際的選擇

98年大學學測

二、文章分析（十八分）

閱讀框線內的文字，說明：（一）歐陽脩如何藉管仲的言論提出自己的觀點？（二）顧炎武「自己」所強調的觀點是什麼？（三）三人（管仲、歐陽脩、顧炎武）言論所構成的文意脈絡，呈現何種論述層次？答案必須標明（一）、（二）、（三）分列書寫。（一）、（二）、（三）合計文長限二百五十～三百字。

《五代史・馮道傳論》曰：「『禮、義、廉、恥，國之四維；四維不張，國乃滅亡。』善乎！管生之能言也！禮、義，治人之大法；廉、恥，立人之大節。蓋不廉則無所不取，不恥則無所不為。人而如此，則禍敗亂亡，亦無所不至；況為大臣而無所不取，無所不為，則天下其有不亂，國家其有不亡者乎？」然而四者之中，恥尤為要，故夫子之論士曰：「行己有恥。」孟子曰：「人不可以無恥。無恥之恥，無恥矣！」又曰：「恥之於人大矣！為機變之巧者，無所用恥焉！」所以然者，人之不廉而至於悖禮犯義，其原皆生於無恥也。故士大夫之無恥，是謂國恥。（顧炎武〈廉恥〉）

99年大學學測

解答　一、A, B, D, E　二、A, B, C, E

福爾摩沙的美麗

東番記

明・陳第

原文

(一)東番夷人（指台灣的平埔族人）不知所自始，居彭湖外洋海島中。起魍港（ㄨㄤˇ，嘉義布袋）、加老灣（台南七股），歷大員（台南安平）、堯港（高雄茄定）、打狗嶼（高雄旗津）、小淡水（屏東東港）、雙溪口、加哩林（台南佳里）、沙巴里（淡水三芝）、大幫坑（台北八里），皆其居也，斷續凡千餘里。種類甚蕃（通「繁」），別為社，社或千人，或五六百。無酋長，子女多者眾雄（動詞，推為頭目）之，聽

翻譯

(一)東番(台灣)的夷人不知道從哪裡來的(不知道始祖是誰)，他們居住在澎湖外面的海島。從魍港、加老灣，經過大員、堯港、打狗嶼、小淡水、雙溪口、加哩林、沙巴里、大幫坑，都是夷人居住的地方，散布在千餘里的地方。他們的族群非常多，區別的單位叫做「社」，有的社有一千多人，有的只五、六百人。他們沒有「酋長」的職位，推戴子女多的人做為首領，大家聽從他的號令。夷

其號令。性好勇喜鬥，無事晝夜習走。足蹋（ㄊㄚˋ，腳底）皮厚數分，履荊刺如平地，速不後犇（ㄅㄣ，通「奔」）馬，能終日不息（休息），縱之，度（ㄉㄨㄛˋ，推測）可數百里。鄰社有隙（紛爭）則興兵，期而後戰（相約定打鬥日期）。疾力相殺傷，次日即解怨，往來如初，不相讎（仇視）。所斬首，剔（ㄊㄧ）肉存骨，懸之門，其門懸骷（ㄎㄨ）髏（ㄌㄡˊ）多者，稱壯士。

（二）地暖，冬夏不衣。婦女結草裙，微蔽下體而已。無揖讓拜跪禮。無曆日、文字，計月圓為一月，十月為一年，久則忘之，故率（大抵）不紀歲，艾耆老髦（ㄇㄠˊ，老人），問之，弗

人生性勇敢，喜愛打鬥，沒事的時候則整天練習跑步，腳底長了厚皮，行走在荊棘上就如同踩在平地一樣，跑起來的速度不會輸給奔馳的快馬，而且可以整天不休息；若讓他盡情的跑，一天大概可以跑上數百里。和鄰社產生嫌隙時就以武力決勝負，雙方約好一個時間然後開戰，戰鬥的時候奮力交戰，但第二天就把彼此的恩怨化解了，又跟從前一樣互相交流。戰鬥期間砍下的人頭，把肉剔除只保存骨頭，然後懸掛在門上面，凡是門前面懸掛很多骷髏頭的人，就被尊為「壯士」。

（二）因為氣候暖和，所以夷人整年都未穿衣服，只有婦女們編織草裙將下半身稍微遮一下。他們也沒有拱手與跪拜等禮節。沒有曆法、文字，月亮圓滿一次就算一個月，十個月就是一年，日子一久也就忘了，所以大概也沒有在算時間年紀的，

知也。交易，結繩以識（ㄓˋ，做記號），無水田，治畬（ㄕㄜ，用火燎原再種植的耕作方式）種禾，山花開則耕，禾熟，拔其穗（ㄙㄨㄟˋ），粒米比中華稍長，且甘香。採苦草，雜（摻雜）米釀，間（ㄐㄧㄢˋ，偶爾）有佳者，豪飲能一斗。時燕會（通「宴會」），則置大罍（ㄌㄟˊ，酒器），團坐，各酌以竹筒，不設肴。樂起跳舞，口亦烏烏若歌曲。男子剪髮，留數寸，披垂，女子則否。男子穿耳，女子斷齒，以為飾也（女子年十五、六，斷去唇兩旁二齒）。地多竹，大數拱（兩手合抱），長十丈。伐竹搆屋，茨（ㄘˊ，動詞）以茅（用茅草鋪蓋屋頂），廣長數雉（ㄓˋ，此處為單位詞）。族又共屋，一區稍大，曰公廨（ㄒㄧㄝˋ）。少壯

詢問年長的人，他們也不知道自己幾歲。交易時，以繩子打結作為記號，夷人沒有水田，用火燒荒原（即火耕）的方式來種稻，當山花開的時候就開始耕作，稻子成熟便將稻穗取出，米粒比中華所產的稍微長一些，而且味道芳香甘甜。他們也採擷苦草，加米釀成酒，有些釀得還不錯，酒量好的人能喝上一斗。宴會的時候，放一大罈酒在中間，大家團團圍坐，各自用竹筒盛酒暢飲，沒有其他菜餚。音樂奏起就開始跳舞，口裡也哼著歌曲的旋律。男子剪掉頭髮，會留下數寸長披垂下來；女子則不剪。男子穿耳洞，女子則將牙齒拔掉，當作裝飾（女子十五、六歲時拔去嘴唇旁邊的兩顆牙齒）。當地盛產竹子，粗壯的可以由多人共抱，長十丈左右。夷人砍伐竹子建造房屋，屋頂鋪上茅草，長寬約有數丈。同族的人共同住在一棟屋子裡，稍微大點的一

未娶者，曹居（群居）之，議事必於公廨，調發易也。

（三）娶則視女子可室者，遣人遺（ㄨㄟˋ）瑪瑙珠雙，女子不受則已（止）；受，夜造（到）其家，不呼門，彈口琴挑之。口琴，薄鐵所製，齧（ㄋㄧㄝˋ，咬）而鼓（吹奏）之，錚錚（ㄓㄥ，狀聲詞）有聲。女聞，納宿，未明徑（直接）去，不見女父母。自是（從此）宵來晨去必以星，累（ㄌㄟˇ）歲月不改。迨（ㄉㄞˋ，等到）產子女，婦始往婿家迎婿，如親迎，婿始見女父母。遂家其家（以女方的家作為家），養女父母終身，其本父母不得子（以……為子，動詞）也。故生女喜倍男，為（ㄨㄟˋ，因為）女可繼嗣，男不足著代（傳宗接代）故

間，稱作「公廨」是公共事務中心。還沒有娶妻的少年都群居在一起，討論事情時必定在公廨，因為比較容易調度。

（三）娶妻則找適婚的少女，請人送一對的瑪瑙珠子過去，女方如果不願意接受就算了；若是接受，晚上男子就到女方的家，他不叫門，而是以吹口琴的方式逗弄。口琴是用薄鐵製成的，用牙齒咬著吹奏，發出清脆的聲音。少女聽到了就引男子入內，男子天亮以前就會自行離開，而不跟女方的父母見面。從此以後男子就來過夜，在天亮前、還有星星的時候離開，這樣一直持續下去。直到生了小孩，妻子才會到夫家迎婿，就像傳統結婚時新郎去女方家迎娶一般，那時女婿才第一次拜見女方的父母。以後男子住在妻子家，終身奉養女方的父母，而男方的父母親不能再把自己的兒子當作兒子。所

也。妻喪復娶，夫喪不復嫁，號為鬼殘，終莫之醮（ㄐㄧㄠˋ，已婚婦女再嫁）。家有死者，擊鼓哭，置尸（同「屍」）于地，環煏（ㄅㄧˋ，用火將肉烤乾）以烈火，乾，露置屋內，不棺。屋壞重建，坎屋基下，立而埋之，不封，屋又覆其上，屋不建，尸（同「屍」）不埋。然竹楹茅茨，多可十餘稔（ㄖㄣˇ，年），故終歸之土，不祭。

（四）當其耕時，不言不殺，男婦雜作山野，默默如也。道路以目（用眼睛交流），少者背立，長者過，不問答，即華人侮之，不怒。禾熟復初，謂不如是，則天不祐、神不福，將凶歉，不獲有年（豐年）也。女子健作，女常

以夷人生女兒的喜悅比生男孩還多，因為女生可以繼承家族，而男生則無法傳宗接代。妻子如果死掉了，丈夫可以再娶，但，若是丈夫死了，妻子則不能再嫁，他們稱寡婦為「鬼殘」，終身不再嫁人。家裡有人死亡，擊鼓痛哭，把屍體置於地上，四面燒大火，把屍體烤乾，屍體乾了之後，直接暴露在房屋裡面，不用棺材裝起來。房屋壞掉要重建時，在地基下面挖洞，把屍體以直立的方式埋起來，上面不堆土成墳，然後房屋再覆建在上面，假如屋子不重建，那就不埋葬屍體。然而，這種竹柱和茅草覆蓋屋頂的房子，最多可用十幾年，最後都會回歸於塵土，所以也不進行祭拜。

（四）他們耕作時，不交談也不爭鬥，男女一起在山野間工作，默默不發出聲音。路上相遇，他們以目示意，年輕者轉過身背向長者，讓長者先過，雙方都

勞，男常逸。盜賊之禁嚴，有則戮（ㄌㄨˋ，殺）於社。故夜門不閉，禾積場，無敢竊。器有床，無几案，席地坐。穀有大小豆、有胡麻、又有薏仁，食之已瘴（ㄓㄤ）癘（ㄌㄧˋ），無麥。蔬有蔥、有薑、有番薯、有蹲鴟（ㄔ，芋頭），無他菜。果有椰、有毛柿、有佛手柑、有甘蔗。畜有貓、有狗、有豕、有雞，無馬、驢、牛、羊、鵝、鴨。獸有虎、有熊、有豹、有鹿。鳥有雉、有鴉、有鳩、有雀。

（五）山最宜鹿，儦儦（ㄅㄧㄠ）俟俟（ㄙˋ，野獸成群行走貌），千百為群。人精用鏢，鏢竹棅（ㄅㄧㄥˇ，通「柄」）鐵鏃（ㄗㄨˊ，箭頭），長五尺有

沒有交談，即使受到漢人侮辱，他們也不生氣。一直要等到稻子成熟後，他們才回復本來的樣子，他們認為如果不這麼做，天地神明將不會保祐他們，甚至會降下凶禍，導致作物歉收。女子工作效率高，所以常勞動，而男子反倒安逸。他們嚴禁偷盜的行為，如果有人犯竊就會在社前被殺。所以夜不閉戶，堆在廣場的稻穀也沒有人敢偷。日常家具有床，沒有桌椅，只能席地而坐。穀類有大小豆、胡麻、薏仁，吃了可以驅除瘴癘，沒有麥子。蔬菜只有蔥、薑、番薯、蹲鴟（芋頭）。水果有椰子、毛柿、佛手柑、甘蔗。牲畜則有貓、狗、豕（豬）、雞，沒有馬、驢、牛、羊、鵝、鴨。獸類則有虎、熊、豹、鹿。鳥類有雉、鴉、鳩、雀。

（五）山上最適宜鹿的生長，野鹿眾多成群，慢慢行走。夷人擅長用鏢，鏢的柄是竹做的，箭頭是鐵做的，長約五尺多，非常鋒利。進出都會隨身攜

咫，銛（ㄒㄧㄢ，銳利）甚。出入攜自隨，試鹿鹿斃，試虎虎斃。居常禁不許私捕鹿。冬，鹿群出，則約百十人即之，窮追既及，合圍衷（同「中」）之，鏢發命中，獲若丘陵，社社無不飽鹿者。取其餘肉，離而腊（ㄒㄧˊ，肉乾 此處為動詞）之，鹿舌、鹿鞭（鹿陽也）、鹿筋亦臘，鹿皮、角委積充棟（堆滿房屋）。鹿子善擾（馴養），馴之，與人相狎習（互相親近）。篤嗜鹿，剖其腸中新咽（ㄧㄢˋ，通「嚥」）草將糞未糞者，名百草膏，旨食之，不饜（ㄧㄢˋ，飽足），華人見，輒嘔。食豕不食雞，畜（ㄒㄩˋ）雞任自生長，惟拔其尾飾旗，射雉，亦只拔其尾。見華人食雞雉，輒嘔。

帶，射鹿則鹿死，射虎則虎亡。平常他們禁止私自捕鹿。冬天時，鹿群出沒，則召集百十人追蹤鹿群，奮力追趕，合力把鹿圍到中間，用鏢槍射殺，捕獲的鹿堆得像小山一樣高，每個社內都飽餐鹿肉。剩下的鹿肉拿來醃製成臘肉，鹿舌、鹿鞭（生殖器）、鹿筋也一起曬乾成臘肉，鹿皮、鹿角堆滿整間房子。幼鹿很乖巧，加以馴服可以與人親近。夷人非常喜愛吃鹿，剖取鹿腸子中，剛吃過還沒成為糞便的草，稱做「百草膏」，當成美食來吃，並且百吃不饜，漢人一見了就嘔吐。夷人吃豬而不吃雞，他們養雞任其成長，只拔雞的尾巴毛當作裝飾的旗幟，射獵野雉，也只拔牠的尾毛。看到漢人吃雞肉，則反胃嘔吐。這麼看來，誰知道什麼叫做好的味道呢？又是誰說人的口味都是一樣的呢？

（六）他們住在島中，不會乘舟，非常害怕大

夫孰知正味乎？又惡（ㄨ，何也）在口有同嗜也？

（五）居島中，不能舟，酷畏海，捕魚則於溪澗，故老死不與他夷相往來。永樂初，鄭內監航海諭（ㄩˋ）諸夷，東番獨遠竄，不聽約，於是家貽（ㄧˊ，贈送）一銅鈴，使頸之，蓋狗之（視……為狗）也，至今猶傳為寶。始皆聚居濱海，嘉靖末，遭倭焚掠，迺（同「乃」）避居山。倭鳥銃（ㄔㄨㄥˋ）長技，東番獨恃鏢，故弗格（匹敵）。居山後，始通中國，今則日盛。漳、泉之惠民、充龍、烈嶼諸澳（港灣），往往譯其語，與貿易，以瑪瑙、磁器、布、鹽、銅簪環之類，易其

海，捕魚則在溪澗之內，所以老死不與其他的夷人民族相往來。永樂初年，鄭內監（鄭和）航海時，傳諭給每個夷族，只有東番夷人躲起來不順從約束，於是鄭和贈送給每家一個銅鈴，讓他們繫在頸上，其實那是把他們當狗的意思，傳到現在他們還以為這是寶物。起初夷人都聚居在濱海的地方，嘉靖末年，受到日本海盜的侵略，於是躲避到山區。日本海盜擅長用鳥銃（長火槍），而夷人則只依賴鏢槍，因此難以抗衡。居住在深山後，才開始與中國交往，現在已經很頻繁。漳州、泉州府內的惠民、充龍、烈嶼等港口的人民，往往通曉他們的語言，與他們貿易，以瑪瑙、磁器、布、鹽、銅簪環等物品交換鹿脯、鹿皮、鹿角。有時候也會給他們一些舊衣物，夷人都非常喜歡，並且把這些衣物小心地收藏起來，有時跟漢人見面時就穿一下，不久後

鹿脯（ㄈㄨˇ）、皮角。間（ㄐㄧㄢˋ，偶爾）遺（ㄨㄟˋ，贈送）之故衣，喜藏之，或見華人，一著（ㄓㄨㄛˊ），旋（立即）復脫去，得布亦藏之，不冠（ㄍㄨㄢˋ）不履，裸以出入，自以為易簡云。

（七）野史氏曰：「異哉東番！從烈嶼諸澳（港灣），乘北風航海，一晝夜至彭湖，又一晝夜至加老灣，近矣。迺（同「乃」）有不日不月，不官不長，裸體結繩之民，不亦異乎？且其在海而不漁，雜居而不嬲（ㄋㄧㄠˇ，戲弄，相擾；指男女雜居而不會淫亂），男女易位，居瘞（ㄧˋ，掩埋；指住家與墳墓在一起）共處，窮年捕鹿，鹿亦不竭。合其諸島，庶幾（差不多）中國一縣，相生相養，至今曆日書契，無而不闕，抑何異也！南倭北虜，

又脫下來，得到了布匹也都珍藏起來，他們不戴頭冠，不穿鞋子，居家出門都裸露身體，認為這樣比較簡單樸素。

（七）野史氏（即作者陳第）說：「東番真是奇怪啊！從烈嶼等港口，順著北風向南行，一天一夜就到彭湖，再一天就到了加老灣，距離並不遠呀。竟然有過著不記年月，沒有官吏，裸著身體以結繩記事的民族，不是很奇怪嗎？他們住在海島卻不捕漁，男女雜居卻不會亂性勾搭，男性與女性的地位與漢人相反，居家和埋葬同在一地，整年捕鹿，鹿群也不會捕盡。把諸島嶼的面積合起來，大概也只有中國一個縣的大小，他們互相依賴生長，到今天還沒有曆法與書契，卻不會感到不方便，真是太奇怪了啊！南方的倭寇、北方的胡人都有文字，字形看起來像鳥的足跡和古代的篆字，我想大概是最初

皆有文字，類鳥跡古篆，意其初有達人制之耶？而此獨無，何也？然飽食嬉遊，于于衎衎（ㄎㄢˋ ㄎㄢˋ，自得其樂的樣子），又惡（ㄨ，何）用達人為？其無懷、葛天之民乎？自通中國，頗有悅好，姦人又以濫惡（ㄜˋ）之物欺之，彼亦漸悟，恐淳朴（通「樸」）日散矣。萬曆壬寅冬，倭復據其島，夷及商、漁交病（感到痛苦）。浯嶼（ㄨˊ ㄩˇ）沈將軍往勦（ㄐㄧㄠˇ），余適有觀海之興，與俱。倭破，收泊大員，夷目大彌勒輩率數十人叩謁（ㄧㄝˋ），獻鹿餽酒，喜為除害也。予親睹其人與事，歸語溫陵陳志齋先生，謂不可無記，故掇（ㄉㄨㄛˊ，拾也）其大略。」

之時有睿智的人士創制的吧？唯獨東番這裡沒有文字，為什麼呢？然而他們每日吃飽後嬉戲玩耍，自足和樂，又何需通達的人士來教導呢？他們就像是古代無懷氏、葛天氏時候的人啊！自從與中國來往後，他們頗為喜悅，但是有些奸詐的人以劣等物品來欺騙他們，他們也開始有些覺悟了，恐怕淳樸的風氣將會逐漸消逝了。萬曆三十年冬天，日本海盜又佔據了台灣島，夷人、商人、漁民都深受其害。鎮守浯嶼的沈將軍（沈有容）前往剿討，我剛好有觀海的興致，便跟著一起去。日本海盜平定後，我們在大員（台南安平）停泊，夷人頭目「大彌勒」率數十人前來拜謝，送來鹿肉和贈餽好酒，感謝沈將軍為民除害。我親眼看到這些人物與事蹟，回來後告訴溫陵（泉州）的陳志齋先生，他告訴我這種奇事不能不記下來，所以我記下了大概的情況。」

北投硫穴記

清・郁永河《裨海紀遊》

原文

(一)余問番人硫土所產，指茅廬後山麓間。明日，拉顧君偕(ㄒㄧㄝˊ)往，坐莽葛(獨木舟)中，命二番兒操楫(ㄐㄧˊ)。緣溪入，溪盡為內北社，呼社人為導。

(二)轉東行半里，入茅棘中，勁茅高丈餘，兩手排之，側體而入，炎日薄(逼近)茅

翻譯

(一)我問住在這裡的原住民硫黃土的產地，原住民指著茅屋後方的山腳下。隔天我拉友人顧君一起前往，我們坐在獨木舟中，請兩個原住民替我們划船。沿著溪流進入，溪的盡頭是內北社，我們請部落裡的人作導引。

(二)往東走半里路，進入茅草叢中，堅韌的茅草高達丈餘，我們用雙手將草撥開，側身進入，烈日照在茅草上，暑氣潮濕燠熱，悶熱異常。茅草下

上，暑氣蒸鬱，覺悶甚。草下一徑，逶（ㄨㄟ）迤（ㄧˊ）僅容蛇伏。顧君濟勝有具（有登覽的能力），與導人（嚮導）行，輒前，余與從者後，五步之內，已各不相見，慮或相失，各聽呼應聲為近遠。

（三）約行二、三里，渡兩小溪，皆履而涉。復入深林中，林木蓊翳（ㄨㄥˇ ㄧˋ，草木茂盛貌），大小不可辨名，老藤纏結其上，若虯（ㄑㄧㄡˊ，小龍）龍環繞，風過葉落，有大如掌者。又有巨木裂土而出，兩葉始櫱（ㄋㄧㄝˋ，發芽），已大十圍，導人謂楠也。楠之始生，已具全體，歲久則堅，終不加大，蓋與竹笋（ㄙㄨㄣˇ，同「筍」）同理。樹上禽聲萬態，耳所創

面的一條小路，彎曲狹小僅容蛇行。顧君有登山的腳力，和嚮導同行，不久便遙遙超前，我與隨從走在後頭，明明只有五步之內的距離，已看不見對方，擔心會失聯，我們用呼叫聲來確認彼此的遠近。

（三）大約走了兩、三里路，渡過兩條小溪，都是穿著鞋子涉水。接著再走入幽深的林中，林中樹木茂盛，大大小小的樹種都分辨不出名稱，樹木上纏滿了藤蔓，就像小龍盤繞在樹上，一陣風吹過，樹葉掉落，有的像手掌那般大。又有巨大的樹木從土裡冒出來，才長出兩片葉子，它的枝幹就粗到需要十人才能合抱，嚮導說那是楠木。楠木一開始成長，就已具備大樹的體幹，時間越久就越堅實，但不會再加粗，大概和竹筍的生長是同一道理。樹上鳥叫聲千變萬化，都是第一次聽到的聲音，但我卻

聞，目不得睹其狀，涼風襲肌，幾忘炎暑。

（四）復越峻坂（ㄅㄢˇ，險坡）五、六，值（遇）大溪，溪廣四五丈，水潺潺巉（ㄔㄢˊ，山勢高峻貌）石間，與石皆作藍靛（ㄉㄧㄢˋ）色，導人謂此水源出硫穴下，是沸泉（溫泉）也；余以一指試之，猶熱甚，扶杖躡（ㄋㄧㄝˋ，踩踏）巉石渡。

（五）更進二、三里，林木忽斷，始見前山。又陟（ㄓˋ，登）一小山巔，覺履底漸熱，視草色萎黃無生意，望前山半麓，白氣縷縷，如山雲乍吐，搖曳青嶂（ㄓㄤˋ，山峰）間，導人指曰：「是硫穴也。」風至，硫氣甚惡。

（六）更進半里，草木不生，地熱如

無法找到牠們的蹤跡，涼風迎面吹來，幾乎忘了酷暑的炎熱。

（四）再越過五、六個險峻的山坡，遇到了一條大溪流，溪寬約四五丈，水流在險峻的石頭間潺潺流動，水和石頭都呈現深藍色，嚮導說這裡的水源出於硫穴下，也就是溫泉；我用一隻手指試探水溫，果然很熱，拄著手杖，腳踩著較高的岩石渡河。

（五）再前進兩三里路，林木忽然消失了，我們開始能看到前方的山。再登上一小山頂，感覺到鞋底逐漸變熱，眼前所見的草都枯黃無生氣，往半山腰看去，白色的煙氣接連不斷，就像山雲忽然湧出，在青色的山間搖曳，嚮導指著說：「那就是硫穴了。」風一吹來，硫磺的惡臭撲鼻。

（六）又前進半里路，草木都無法生長，地面熱炙（ㄓˋ），左右兩山多巨石，為硫氣所觸，剝蝕如粉。白氣五十餘道，皆從地底騰激（奔騰激盪）而出，沸珠噴濺，出地尺許。余攬衣即（接近）穴旁視之，聞怒雷震蕩地底，而驚濤與沸鼎聲間（錯雜）之，地復岌岌（危險的樣子）欲動，令人心悸。蓋周廣百畝間，實一大沸鑊（ㄏㄨㄛˋ，大鍋），余身乃行鑊蓋上，所賴以不陷者，熱氣鼓（撐起）之耳。右旁巨石間，一穴獨大，思巨石無陷理（道理），乃即石上俯瞰之，穴中毒焰撲人，目不能視，觸腦欲裂，急退百步乃止。左旁一溪，聲如倒（ㄉㄠˋ）峽，即沸泉所出源也。

得像被火燒烤一樣，左右兩邊的山大多布滿巨石，被硫磺燻到，剝落腐蝕像粉末一般。白煙五十多道都從地底下奔騰而出，滾熱的水珠四處噴濺，離地面大約一尺多。我拉起衣角走近洞穴邊觀看，聽到水聲如雷般在地底震盪，彷彿洶湧的波濤和燃燒的沸水的聲音交互更迭，地表又危險地像要搖動起來，令人心生不安。大概周圍百畝之廣，實在像是一個沸騰的大鍋，我就走在鍋蓋上，之所以能夠不陷落，是由於熱氣上衝撐起來的緣故。右手邊的巨石中，有一個特別大的洞穴，我想巨石應當沒有陷落的道理，於是就到巨石上低頭俯視這個洞穴，洞中臭氣撲人，什麼東西都看不到，臭氣碰觸到頭就好像要裂開一般，我趕緊退後了一百多步才停下來。左手邊有一條溪，聲音像流水急衝入峽谷般，而那就是溫泉的源頭。

（七）還就深林小憩，循舊路返，衣染硫氣，累日（接連數日）不散，始悟向（從前）之倒峽崩崖，轟耳不輟（ㄔㄨㄛˋ）者，是硫穴中沸聲也。

（七）我們回到幽深樹林休息一下，便沿著原路回去，衣服薰染了硫磺的味道，好幾天都無法散去，我才知道之前聽到像是急流傾瀉峽谷、崩毀山崖，讓耳朵不停轟轟作響的聲音，就是硫穴中的滾沸聲啊！

紀水沙連

清・藍鼎元

原文

（一）自斗六門沿山入，過牛相觸，溯濁水溪之源，翼日（同「翌日」）可至水沙連內山。山有蠻蠻、貓丹等十社，控弦千計（能拿武器打仗的，指成年人），皆鷙悍（ㄓˋ ㄏㄢˋ，兇猛蠻橫），未甚馴良（溫馴），王化所敷（君王教化的傳布），羈縻（ㄐㄧ ㄇㄧˊ，控制）勿絕而已。

（二）水沙連嶼在深潭之中，小山如贅疣（ㄓㄨㄟˋ ㄧㄡˊ），浮游水面。其水，四周大山，山外

翻譯

（一）從斗六門沿著山路往裡走，經過牛相觸這個地方，再從濁水溪逆流而上，第二天就能到達水沙連內山。山裡有蠻蠻、貓丹等十個原住民部落，拉弓射箭的戰士上千名，都很兇猛蠻橫，性格並不十分馴服良善，君王在這裡干涉並不多，只是讓他們不和朝廷脫離關係而已。

（二）水沙連島在深潭之中，面積不大，就像一個皮膚上的小肉瘤在水面上漂浮。潭水四周圍繞著

溪流包絡，自山口入匯為潭。潭廣八、九里，環可二、三十里，中間突起一嶼，山青水綠，四顧蒼茫，竹樹參差，雲飛鳥語，古稱蓬、瀛（蓬萊與瀛洲，仙山的代稱），不過是也。

(三)番繞嶼為屋以居，極稠密，獨虛（空出，動詞）其中為山頭，如人露頂然。頂寬平，甚可愛，詢其虛中之故，老番言：「自昔禁忌相傳，山頂為屋，則社有火災，是以不敢。」嶼無田，岸多蔓草，番取竹木，結為桴（ㄈㄨˊ，竹筏），架水上，藉（鋪墊）草承土以耕，遂種禾稻，謂之浮田。水深魚肥，且繁多，番不

高山，山的外面有溪流包圍環繞，他們在山的入口匯集成為潭水。這座潭寬有八、九里，周長大約二、三十里，潭水中間有一島嶼突起，山青水綠，放眼四顧，水氣氤氳視野蒼茫，竹林、樹林，高低參差，白雲高飛，鳥兒幽鳴，我想古人所稱的蓬萊仙島與瀛洲仙山也不過如此。

(三)原住民環繞著小島四周蓋房子，房屋分布稠密，唯獨中間空下來的是山頭，好像人露出頭頂一樣。山頂寬敞平坦，非常可愛，詢問住民為什麼中間要空下來，有一位長老說：「這是從前便流傳的一個禁忌，若在山頂上蓋房子，部落就會有火災，所以大家都不敢隨便在山頂上蓋房子。」島嶼中沒有田地，湖邊長著許多蔓生的野草，原住民取來竹木，綑綁在一起，編成竹筏，架在水上，在竹筏上鋪草，上面再覆蓋泥土，就可以栽種稻米，稱為「浮田」(浮動的田)。

用罾罟（ㄗㄥ ㄍㄨˇ，魚網），駕蟒甲（小船），挾弓矢射之，須臾盈筐。發家藏美酒，夫妻子女大嚼高歌，洵（ㄒㄩㄣˊ，實在）不知帝力（帝王的統治）於何有矣！蟒甲，番舟名，刳（ㄎㄨ，以刀挖空）獨木為之，划雙槳以濟（渡河）。大者可容十餘人，小者三、五人，環嶼皆水，無陸路，出入胥（ㄒㄩ，都）用蟒甲。外人欲詣（到達）其社，必舉草火，以煙起為號，則番刺（划船）蟒甲以迎，不然不能至也。

（七）嗟乎？萬山之內如有此水，大水之中有此勝地，浮田自食，蟒甲往來，仇池公安足道哉！武陵人誤入桃源，

潭水很深，魚兒肥美，數量繁多，原住民捕魚不用漁網，他們駕著獨木舟，拉開弓箭射魚，一會兒，籮筐中滿滿都是魚。拿出自家珍藏釀製的美酒，家人們一起喝酒高歌，實在不知道帝王的力量在此能發揮什麼作用呢！蟒甲，就是原住民所使用的獨木舟，是把木頭的中間挖空做成的，利用划動雙槳的方式來渡河。大的獨木舟可以容納十多人，小的獨木舟可以坐三到五個人，島的四周都是水，沒有陸路可以通行到外面，進出島嶼都用獨木舟。外界的人如果想要拜訪部落，一定要用枯草生火，以升高的煙霧為訊號，原住民才會駕著船來迎接，不然就無法到達島嶼。

（四）啊！在群山萬壑中竟有這樣一個水潭，大水潭裡又有如此秀麗的好地方，他們用浮田耕種自給自足，駕著獨木舟來往山水之間，比起他們，晉朝的仇池公也不算什麼了。陶淵明曾經寫過一個武

余曩（從前）者嘗疑其誕，以水沙連觀之，信（確實）彭澤之非欺我也。但番人服教未深，必時挾軍士以來遊，於情弗暢，且恐山靈笑我。所望當局諸君子，修德以淪浹（ㄌㄨㄣˊ ㄐㄧㄚˊ，滲透）其肌膚，使人人皆得宴遊焉，則不獨余之幸也已。

陵漁夫偶然間進入桃花源的故事，我從前懷疑那是荒誕的，如今從水沙連的美景看來，彭澤公的確沒有欺騙我。但是原住民接受教化的程度不深，以致必須帶著武裝兵卒一起來遊山玩水，如此一來，在情意上無法盡情歡暢，而且會被山神嘲笑。所以希望朝廷官員，能彰顯教化，以德政感化他們，使得每個人都有機會可以到水沙連遊賞，而不只是我一個人的幸運而已。

此次我們要來看看書寫了關於早期台灣生活內容的三篇作品，根據作者出生的年代，依序是陳第（西元一五四一—一六一七）的〈東番記〉、郁永河〈生卒年不確定）的〈北投硫穴記〉、藍鼎元（西元一六八〇—一七三三）的〈紀水沙連〉。這三篇文章是對於三、四百年前台灣當時生活的紀錄。

東番記 明萬曆三十年，沈有容將軍率領軍艦攻打藏匿在東番（台灣）附近島嶼上的倭寇，福建連江縣文人陳第，原名陳一齋，也隨著軍隊來到台灣。亂平之後，軍隊停泊於大員（安平）二十多天。當地的原住民頭目大彌勒，率領族人，設宴款待，獻鹿餽酒，以感謝他們。這段時間，陳第也順道了解地方習尚，回到家鄉與友人聊起台灣的見聞後，受到鼓舞便寫下了〈東番記〉一文，成為最早紀錄台灣原住民的文獻。

全文對於當時台灣的原住民生活型態及習俗特性記載甚詳，如：「性好勇，喜鬥，無事晝夜習走，足蹋皮厚數分，履荊刺如平地，速不後犇馬，能終日不息，縱之，度可數百里。」（生性勇敢，喜愛鬥毆，沒事的時候就練習跑步，腳底於是長了厚皮，行走在荊棘上就好像走在平地一樣，跑起來的速度也不會落後於奔馳的馬，且能整天不休息；讓他盡情的跑，大概可以跑數百里。）這段觀察極富趣味，連腳皮的厚度都入文呢！

還有他們的婚姻型態，若以現在角度看來，比我們更為先進呢！「女聞，納宿，未明徑去，不見女父母。自是宵來晨去必以星，累歲月不改。迨產子女，婦始往婿家迎婿，如親迎，婿始見女父母。」（少女聽到了口琴聲就引男子入內，男子天亮前就會自行離開，不跟女方的父母見面。從此後晚上來住宿，天亮前星星還在時就會自行離開，這樣持續下去，直到女子生產後，女方才會到夫家迎婿。）上面敘述看出愛情的自主，可以「先有後婚」及母系社會的型態。

以中國儒生的角度來看東番夷人的生活，陳第是好奇且詫異的，他驚訝於台灣與中國地理位置很近便，但風俗文化卻迥異，於是有了大哉問：「迺有不日不月（沒有時間歲月），不官不長（沒有長官），裸體結繩之民，不亦異乎？且其在海而不漁，雜居而不嬲（男女交互戲弄），男女易位，居瘞（埋葬）共處，窮年捕鹿，鹿亦不竭？」但是對於沒有所謂知識系統的進入，夷人這般的生活模式，陳第覺得很好啊！

「然飽食嬉遊，于于衎衎（自足和樂的樣子），又惡（何）用達人（通達之人）為？其無懷、葛天之民乎？自通中國，頗有悅好，姦人又以濫惡（不好的）之物欺之，彼亦漸悟，恐淳朴（通「樸」）日散矣。」反倒是與中國通往之後，陳第擔心他們的純樸民風會消失。本文寫作上最特殊的地方是，仿照史傳的方式，在最後一段加入「野史氏曰」，以總結評論之筆為全文收束。

北投硫穴記

〈北投硫穴記〉出自《裨海紀遊》，共分上中下三卷，以日記的方式紀錄郁永河所見所聞，敘述簡單但文字十分精鍊。郁永河是在康熙三十六年春天到台灣採硫礦，十月返回福州，所以《裨海紀遊》一書便是這九個多月台灣見聞的紀錄，呈現了三百多年前台灣的自然風貌，尤其書中附有〈台灣竹枝詞〉及〈土番竹枝詞〉更是探究當時台灣歷史的重要資料。如：

鐵板沙連到七鯤，鯤身激浪海天昏。任教巨舶難輕犯，天險生成鹿耳門。

台灣西向俯汪洋，東望層巒千里長。一片平沙皆沃土，誰為長慮教耕桑。

在寫景的部分郁永河的筆觸優美流暢，摹寫生動，如〈北投硫穴記〉中記錄採硫的過程，有一段描寫抵達硫穴後所看到的景象極為傳神：「更進半里，草木不生，地熱如炙；左右兩山多巨石，為硫氣所觸，剝蝕如粉。白氣五十餘道，皆從地底騰激而出，沸珠噴濺，出地尺許。余攬衣即穴旁視之，聞怒雷震蕩地底，而驚濤與沸鼎聲間之（聽到水聲像怒雷般在地底下震蕩，而且又像驚濤聲和鍋水沸騰聲相雜）；地復岌岌欲動，令人心悸。蓋周廣百畝間，實一大沸鑊，余身乃行鑊蓋上，所賴以不陷者，熱氣鼓（撐）之耳。」難怪文學者老葉石濤曾稱讚《裨海紀遊》與《台灣使槎錄》為台灣文學的「散文雙璧」。

紀水沙連　藍鼎元隨其兄藍廷珍來台平定「朱一貴事件」，他用心觀察並為治理台灣提出許多謀劃策略，曾撰寫《平台紀略》一書。本文是他途經水沙連時，對秀麗的山水讚賞不已而寫就的文章。

〈紀水沙連〉在文意鋪排上從記敘水沙連的地理位置，摹寫水沙連的景致，再到寫當地居民的生活梗概及習俗文化，最後話鋒一轉，在極力讚美之餘，「嗟乎！萬山之內有如此水，大水之中有此勝地，浮田自食，蟒甲往來，仇池公安足道哉！武陵人誤入桃源，余曩者（從前）嘗疑其誕；以水沙連觀之，信彭澤（陶淵明）之非欺我也。」又說當地番人未受教化，以致來遊賞時可能得帶著士兵在身旁以保安全，因此說希望官員要來此處彰顯教化，教育原住民，讓此處得以成為多數人都能遊賞的勝地：「所望當局諸君子，修德化以淪浹（滲透、浸潤）其肌膚，使人人皆得宴遊焉，則不獨余之幸也已。」此言不免流露漢人的優越意識及企圖馴化原住民的想法，也增加了此文在政治層次上的意味。

閱讀動動腦

讀完上述三篇關於描述台灣的文章後，你能夠就內容取材、思想旨趣來分析他們之間的異相與共相嗎？例如：他們以何種角度看待台灣的原住民？對於台灣當時的民智與民情有何看法呢？

歷屆大考試題

下列各文句「　」中的句意，解釋正確的選項是：

(A)秦有餘力而制其敝，「追亡逐北」：是說秦軍大勝，追趕敗逃的敵軍將之驅逐至北方（賈誼〈過秦論〉）

(B)「而君慮周行果」，非久於布衣者也：是稱讚對方思慮周密，故行事皆能有好的結果（方孝孺〈指喻〉）

(C)於水見黃河之大且深，於人見歐陽公，「而猶以為未見太尉也」：是指見到歐陽脩後，歐陽脩還以為蘇轍尚未見過韓琦之面（蘇轍〈上樞密韓太尉書〉）

(D)武陵人誤入桃源，余曩者嘗疑其誕，「以水沙連觀之，信彭澤之非欺我也」：意謂從水沙連的風土人情來看，陶淵明筆下的世外桃源的確不是虛構騙人的（藍鼎元〈紀水沙連〉）

98年大學指考

解答　一、D

替台灣寫歷史

台灣通史序

清・連橫

原文

（一）台灣固（本來）無史也。荷人啟之，鄭氏作之，清代營之，開物成務，以立我丕（大）基，至於今三百有（ㄧㄡˋ）餘年矣。而舊志誤謬（ㄇㄧㄡˋ），文采不彰（明暢），其所記載，僅隸（隸屬）有清一朝；荷人、鄭氏之事，闕（ㄑㄩㄝ）而弗錄，竟以島夷海寇（指荷人、指鄭氏）視之。嗚呼！此非舊史氏之罪歟？且

翻譯

（一）台灣本來是沒有歷史記錄的。荷蘭人首先來開闢它，鄭成功父子接著建設它，清朝又繼續來經營它，開發各種物資，確立各項制度，因而建立起偉大的基業，至今已經有三百多年了。然而舊有志書的文獻記錄有所謬誤，文辭也不夠流暢優美，所記載的內容，也只限於清朝一代的事件；而荷蘭人及鄭成功等人的事情，卻缺漏而沒有記錄，竟然以未開化的民族和海盜來看待他們。唉！這不是舊

府《志》重修於乾隆二十九年，台、鳳、彰、淡諸志，雖有續修，侷促（侷限）一隅（ㄩˊ），無關全局，而書又已舊。苟欲以二三陳編（舊書）而知台灣大勢，是猶以管窺天，以蠡（ㄌㄧˊ，葫蘆瓢）測海，其被囿（ㄧㄡˋ，限制）也亦巨矣。

(二)夫台灣固海上之荒島爾！篳路（ㄌㄨˋ，通「輅」，車子）藍縷（破爛的衣服），以啟山林，至於今是賴。顧自海通以來，西力東漸，運會之趨（時勢所趨），莫可阻遏（ㄜˋ，阻擋）。於是而有英人之役，有美船之役，有法軍之役，外交兵禍，相逼而來，而舊志不及載也。草澤（鄉野民間）群雄，後先崛起，朱、林以

史作者的罪過嗎？況且《台灣府志》是在乾隆二十九年重新修纂的篡改，台灣、鳳山、彰化、淡水各地方的縣志與廳志，雖然有人接續編修，都只侷限在一個小角落，和台灣整體發展關係不大，而且這些歷史資料都已經很舊了。如果打算要拿這兩、三本舊書來了解台灣整體局勢的話，就好像是用竹管窺看天空，或是用葫蘆瓢測量海水一樣，所受到的局限是很大的。

(二)台灣本來只是海上的一座荒島而已！先人乘柴車，穿破衣，開闢山林，後代子孫到現在仍然受惠於他們的德澤。但是自從海運開通以來，西方的勢力入侵東方，這是時勢所趨，無法遏阻。因此，發生過英國人侵略進犯的戰爭、美國商船失事所引發的糾紛、法軍所引起的清法戰役，外交紛爭與戰爭災禍，接二連三相繼登場，可是舊有的史書

下，輒啟兵戎（戰爭），喋（ㄉㄧㄝˊ，通「蹀」）血山河，藉言（藉口）恢復，而舊志亦不備載也。續以建省之議，開山撫番，析（劃分）疆增吏，正經界（劃定田地的界限），籌軍防，興土宜，勵教育，綱舉目張，百事俱作，而台灣氣象一新矣。

(三)夫史者，民族之精神，而人群之龜鑑（借鏡）也。代之興衰，俗之文野，政之得失，物之盈虛，均於是乎在。故凡文化之國，未有不重其史者也。古人有言：「國可滅而史不可滅。」是以郢（ㄧㄥˇ）書燕（ㄧㄢ）說，猶存其名；晉乘（ㄕㄥˋ）楚杌（ㄨˋ），語多可採，然則台灣無

都來不及記載。鄉野間的草莽英雄們，先後興起，從朱一貴、林爽文之後，經常發生戰爭，血流成河，以反清復明為號召，舊有的史書上也沒有詳細的記錄。接著因為有人提出建省的建議，於是開發山地，管理原住民，劃分行政區域，增設官吏，釐清田地界限，籌畫軍事事務，興辦各種農業，獎勵教育，重要的大綱一旦提出，其他施政的細則也隨之臚列，因此，台灣的景象煥然一新。

(三)歷史，是民族精神的所在，也是人類行事的借鏡。時代的興盛與衰亡，風俗的文明或野蠻，政治的清明與失敗，物產的豐饒及匱乏，都保存在史書之中。所以凡是講究文明的國家，沒有不重視自己的歷史。古人曾說過：「國家可以被消滅，但是歷史卻不容掩滅。」因此，像燕國宰相曲解楚人的書信，這件事還能保存下來；晉國的史書乘，楚國的史書檮杌，

史，豈非台人之痛歟？

（四）顧（但是）修史固難，修台之史更難，以今日修之尤難，何也？斷簡殘編，蒐羅匪（不）易；郭公夏五，疑信相參（參雜）；①則徵文（典籍）難。老成（閱歷豐富者）凋謝，莫可諮詢；巷議街譚（通「談」），事多不實；②則考獻（請教耆老）難。重（ㄔㄨㄥˊ）以改隸之際，兵馬（戰爭）倥（ㄎㄨㄥ）傯（ㄗㄨㄥˇ），檔案俱失；私家收拾（收藏），半付祝融，則③欲取金匱（ㄍㄨㄟˋ，國家珍藏之書）石室之書，以成風雨名山之業，而有所不可。然及今為之，尚非甚難，若再經十年二十年而後修之，則真有難為者。是台灣三百年來之史，將無以昭示後

（修史之三難）

其中的內容也多值得採信；相較之下，台灣沒有史書留下紀錄，這難道不是台灣人的傷痛嗎？

（四）但是修纂史書本就艱難，修台灣的歷史更難，到了今日來編修又更加困難，為什麼呢？因為史料殘缺，蒐集並不容易；又有內容文字脫漏，真假資料參雜一起的現象，這就是想取證於典籍資料的困難。而閱歷豐富、熟習典故的耆老多已離開人世，沒有可以諮詢的對象；街頭巷尾的傳說，也大都與事實不符，因此要請教於熟悉掌故之耆老也困難。再加上統治權轉移的時候，戰事急迫，官署中的檔案大部分都亡佚了，民間私人藏書也被火焚毀，那麼想要取得國家珍藏的典籍，以完成亂世中的不朽著作，也是不可能的。但是，趁著現在立即著手去做，還不是太難，如果再經過十年或二十年才進行修纂，那就真的很難了。如此一來，台灣

人，又豈非今日我輩之罪乎？

（五）橫不敏，昭告神明，發誓述作，兢兢業業，莫敢自遑（偷閒），遂以十稔（ㄖㄣˇ，年）之間，撰成《台灣通史》。為〈紀〉四、〈志〉二十四、〈傳〉六十，凡八十有（ㄧㄡˋ）八篇，表圖附焉。起自隋代，終於割讓，縱橫上下，鉅細靡（ㄇㄧˇ）遺，而台灣文獻於是乎在。

（六）洪惟（深思）我祖先，渡大海，入荒陬（ㄗㄡ，角落偏僻處），以拓殖斯土，為子孫萬年之業者，其功偉矣！追懷先德，眷顧前途，若涉深淵，彌（更加）自儆（ㄐㄧㄥˇ）惕。嗚乎！念哉！凡我多士，及

三百年來的歷史，將無法明白昭告後代子孫，這難道不是我們這一輩的罪過嗎？

（五）我並不聰敏，但曾明白地向神明禱告，發誓要努力著述，懷著戒慎恐懼的心，不敢稍有懈怠，於是花了十年時間，寫成了這部《台灣通史》。內容包括〈紀〉四篇、〈志〉二十四篇、〈傳〉六十篇，共八十八篇，另外還附有圖表。內容編寫的年代從隋朝開始，直到割讓給日本為止，不論在空間或時間上，大小史事都沒有遺漏，台灣的歷史都保存在這部書裡了。

（六）想起我們的祖先，橫渡大海，進入荒遠偏僻的地方，來開墾這片土地，為子孫建立了可以綿延永久的基業，他們的功勞實在是偉大啊！追念祖先恩德，顧念著我們的前途，就好像徒步涉深水一般，必須更加小心謹慎。唉！想想吧！我所有的志士同胞及親朋好友們，只有秉持著仁愛孝順的美德，本著忠

我友朋，惟仁惟孝，義勇奉公（見義勇為，奉公行事），以發揚種性（民族性）；此則不佞（ㄋㄧㄥˋ）之幟（ㄓˋ，我的志向）也。婆娑之洋，美麗之島，我先王先民之景（大）命，實式憑之。

義勇敢的節操來奉公行事，並發揚光大我們的民族性；這就是我寫這部史書的目的！波濤洶湧的海洋，美麗多姿的島嶼，我們先王先民的偉大使命，實在是依託在這塊土地上啊。

現代放大鏡

據悉連橫十二、三歲時，他的父親曾購買一部《重修台灣府志》給他，並說：「汝為台灣人，不可不知台灣事。」自此啟迪了他編纂《台灣通史》的想法。連橫於清光緒三十四年（西元一九〇八年）開始編撰此書，完成於民國七年（西元一九一八年），仿紀傳體的體例，將全書分為「紀」、「志」、「列傳」三部分，計有〈紀〉四、〈志〉二十四、〈傳〉六十，共八十八篇，附有表圖，全書共三十六卷，約六十萬字，書中記錄的年限起自隋煬帝大業元年（西元六〇五年），終於台灣割讓日本

（西元一八九五年），記一千二百九十年間之事，為通史之作。

而「序」的部分除了交代連橫撰寫此書的動機與心得之外，歷來被視為一篇散文的佳作，主要在於它能以簡省之筆約略敘述台灣歷史上

第一層次（第一、二段） →反面立說。 以舊志的不足與闕漏說明為台灣撰寫新史的重要性	首段：①舊志謬誤，文采不彰 ②舊志缺漏 ③舊志內容偈促一隅
	第二段：①外交兵禍相逼而來，舊志不及載。 ②草澤群雄，喋血山河，藉言恢復，舊志不備載。
第二層次（第三、四段） →正面立說。 歷史存在的必要性，此刻修史固然不易，但現在不修更待何時。	第三段：夫史者，民族之精神，人群之龜鑑。郢書燕說，猶存其名；晉乘楚杌，語多可採。若台灣無史，豈非台人之痛歟？ 第四段：顧修史固難，修台灣之史更難，以今日修之尤難。然及今為之，尚非甚難，若再經十年二十年而後修之，則真有難為者。
第三層次（第五、六段） →說明《台灣通史》一書的內容體例，並遙念先祖創業維艱。	第五段：記敘《台灣通史》的內容：紀四、志二十四、傳六十，共八十八篇，縱橫上下，鉅細靡遺。 第六段：祖先開疆闢土，篳路藍縷，後世子孫當繼承遺志，繼續發揚光大。

的重要事件，說他們不見於文字記載，藉此以烘托沒有歷史的悲哀，更加凸顯台灣需有一部歷史存在的必要性；再加上以排比、對偶的修飾技巧鋪陳歷史的重要及修史的種種困難，駢散兼具，有詳有略，有簡省也有側重之處，對於一本篇幅頗大的巨帙來說，能夠在簡短文字中清楚扼要地呈現重點，也是此文值得參考之處呢！

連橫主要以台灣「無史」（無歷史記載）及「舊史殘缺」二者作為自己撰寫《台灣通史》一書的主要立論根基。全文可以分為六個段落三大層次來看，由於舊史缺漏不足，部分史事未及記載，而歷史又極其重要，它是民族傳承的重要憑藉，從正反兩個層面，說明個人發誓要述作一部完整的、屬於台灣的史書的想法：（全文脈絡如右頁表格）

若純以文學角度來看，此文屬於「書序」中的「自序」，自序主要是作者書寫撰書的緣由、歷程或概要介紹書中內容，而本文可稱得上具體而微。這篇文章就史學的角度看或許有些爭議之處，例如：第一句「台灣固無史」（台灣本來沒有歷史記載）有學者以為在連橫未寫此書之前，清朝、日人已經寫一些台灣的歷史，像《清代方志》、《台灣史志》等。

閱讀動動腦

以下問題，請以課文中的原句回答。

一、作者在文中提到編修《台灣通史》時產生許多困難，請你整理出他所遇到的困難有哪些？

二、你覺得讀完全文後，連橫有說明他想撰寫《台灣通史》的原因嗎？如果有，那原因是什麼呢？

三、如果你要接續《台灣通史》，繼續幫台灣寫歷史，你覺得有哪些事件或人物是一定得入鏡的呢？

參考答案

一、①斷簡殘編，蒐羅匪易；郭公夏五，疑信相參；則徵文難。（求證於典籍資料的困難）

②老成凋謝，莫可諮詢；巷議街譚，事多不實；則考獻難。（請教於熟習掌故者老的困難）

③重以改隸之際，兵馬倥傯，檔案俱失；私家收拾，半付祝融，則欲取金匱石室之書，以成風雨名山之業，而有所不可。（戰亂兵火交疊，使檔案遺失，於參考資料的蒐集上更為艱困）

二、有，因為舊史的不足、闕漏、未更新，凡此種種，促使作者急於為台灣寫一部完整的歷史（課文中的第一二段有相對應的文句）。

三、自由發揮

古文今讀：陪你輕鬆看經典(增訂版)

2011年5月初版　　定價：新臺幣390元
2011年6月初版第三刷
2012年7月增訂二版
2014年7月增訂二版四刷

		著者	楊曉菁
		發行人	林載爵
出版者	聯經出版事業股份有限公司	叢書主編	黃惠鈴
地址	台北市基隆路一段180號4樓	校對	馮蕊芳
編輯部地址	台北市基隆路一段180號4樓	內頁設計	陳淑儀
叢書主編電話	(02)87876242轉213	封面設計	李韻蒨
台北聯經書房	台北市新生南路三段94號		
電話	(02)23620308		
台中分公司	台中市北區崇德路一段198號		
暨門市電話	(04)22312023		
郵政劃撥帳戶第	0100559-3號		
郵撥電話	(02)23620308		
印刷者	文聯彩色製版印刷有限公司		
總經銷	聯合發行股份有限公司		
發行所	新北市新店區寶橋路235巷6弄6號2F		
電話	(02)29178022		

行政院新聞局出版事業登記證局版臺業字第0130號

本書如有缺頁，破損，倒裝請寄回台北聯經書房更換。　ISBN 978-957-08-4028-5 (平裝)
聯經網址 http://www.linkingbooks.com.tw
電子信箱 e-mail:linking@udngroup.com

國家圖書館出版品預行編目資料

古文今讀：陪你輕鬆看經典(增訂版)/
楊曉菁著．增訂二版．臺北市：聯經．
22012.07．392面．17×23公分
ISBN 978-957-08-4028-5（平裝）
[2014年7月增訂二版四刷]

1.國文科 2.文言文 3.閱讀指導 4.中等教育

524.311 101012387